Peter Strittmatter

# Schulangstreduktion

Praxishilfen Schule
Pädagogik

Peter Strittmatter

# Schulangstreduktion

## Abbau von Angst in schulischen Leistungssituationen

2. überarbeitete Auflage

Luchterhand

Die Deutsche Bibliothek – CIP-Einheitsaufnahme

**Strittmatter, Peter:**
Schulangstreduktion / Peter Strittmatter. – 2. Aufl. –
Neuwied ; Kriftel ; Berlin : Luchterhand, 1997
(Praxishilfen Schule)
ISBN 3-472-02877-7


Satz: KompetenzCenter Urban, Düsseldorf
Druck: Neuwieder Verlagsgesellschaft mbH, Neuwied
Printed in Germany, September 1997

∞ Gedruckt auf säurefreiem, alterungsbeständigem und chlorfreiem Papier

# Inhalt

# Vorwort zur zweiten Auflag

Das Thema »Schulangst« scheint gegenwärtig offensichtlich nicht im Zentrum wissenschaftlichen Interesses zu stehen. Im Gegenteil! Nimmt man die Anzahl von Publikationen als Indikator für die jeweilige Bedeutung und Attraktivität, die eine Wissenschaft einzelnen Fragestellungen und Gegenständen einräumt, so zeigt sich dieses Bild: Heute liegt die Zahl der durchschnittlichen Veröffentlichungen im Bereich der pädagogisch-psychologischen Schulangstforschung bei deutlich unter 10 % des Wertes, der bei unserer Recherche für die erste Hälfte der 80er Jahre ermittelt wurde. Die sicherlich vielfältigen Gründe dafür sind hier nicht näher zu untersuchen; zu fragen bleibt vielmehr, wie dennoch der Wunsch nach einer Neuauflage entstehen konnte.

Ein Überblick über die Themen der Lehrerfort- und -weiterbildung zeigt ein anderes, der wissenschaftlichen Forschung ziemlich konträres Bild. Schulpraktiker äußern vermehrt Interesse an Arbeiten zur Schulangst, wobei verständlicherweise Arbeiten mit großer Praxisrelevanz nachgefragt werden.

Die zweite überarbeitete und geänderte Auflage zeichnet sich deshalb durch eine größere Praxisnähe aus. Den vielfachen Wünschen von Seiten der mit diesem Thema konfrontierten Lehrern konnte insofern Rechnung getragen werden, als der zentrale Teil des Buches, die 4 Bausteine zur Angstreduktion, mehr als bisher durch Arbeitsmaterialien und Anregungen für den praktischen Einsatz in der Schule (Unterrichtsentwürfen, Hausaufgabenblättern, ...), aber auch durch Materialien für die Arbeit des Lehrers ergänzt wurden. Um den bisherigen Umfang im großen und ganzen beibehalten zu können, wurden einige spezielle empirische Teile gestrafft bzw. ganz gestrichen. Interessenten speziell dieses Teilgebietes verweisen wir deshalb auf die erste Auflage. Um die Aktualität zu wahren, wurde Kapitel 6 (Empirische Studien zum Thema Schulangst) aktualisiert und erweitert.

An der Überarbeitung des Manuskriptes hat Christoph Paulus, M. A., mitgearbeitet.

*Prof. Dr. Peter Strittmatter*

# 1 Einleitung

*»Was die Forschung heute nachweisen kann, ist u. a., daß es viel zu viel unnötige, zusätzliche, irrationale Angst gibt und daß daran nicht zuletzt die Erziehung selbst schuld hat. Wir haben erzogen, und wir erziehen immer noch zu viel durch Erzeugung von Angst. Was wir lernen müssen, ist die angstfreie Erziehung, deren Ziel es ist, Angst zu reduzieren, zu Angsttoleranz zu erziehen, Angst wagen zu lernen.«* (Roth 1971, S. 337).

Für unser Forschungsvorhaben, über das hier berichtet werden soll, charakterisierten diese Äußerungen Roths Ausgangspunkt und Ziel zugleich. Ausgangspunkt insofern, als wir durch eigene theoretische Überlegungen und empirische Arbeiten und durch die Forschungsergebnisse anderer die Aversivität von Schulangst und deren negativen Begleiterscheinungen erkannt haben. Die jahrelange wissenschaftliche Auseinandersetzung mit den Ursachen und Bedingungen von Schulangst und die Beschäftigung mit theoretisch einsichtigen und empirisch belegbaren Erklärungsmodellen hat in zunehmendem Maße zu der Einsicht geführt, daß es einen unnötigen, irrationalen und damit sinnlos induzierten Anteil von Angst in und vor der Schule gibt. Und: Diese eher auf theoretische Erklärung abzielende Forschungstätigkeit hat mit ihren Ergebnissen und Einsichten in uns die Überzeugung reifen lassen, durch die Entwicklung geeigneter pädagogischer Maßnahmen einen Beitrag zum Abbau bzw. zum Vermeiden unnötiger Angst in der Schule leisten zu sollen.

Ziel insofern, als wir immer wieder von der Annahme ausgegangen sind, daß es durch die Veränderung von Lern- und Umweltbedingungen und durch Einwirkungen auf die Schülerpersönlichkeit, durch Erziehung also, möglich sein muß, Angst zu reduzieren, zu Angsttoleranz zu erziehen, »Angst wagen«, d. h. Angst in einem konstruktiven Sinne bewältigen zu lernen.

Alle unsere Bemühungen haben nicht dem illusionären Ziel gegolten, eine völlig angstfreie Schule realisieren zu wollen. Wir wandten uns auch nicht jenen extremen Fällen zu, deren Behandlung differenzierter therapeutischer Maßnahmen in psychologischen Beratungsstellen bedurft hätte. Unser Ziel war es, praktikable Vorschläge für Lehrer und Schüler zu machen, die es ihnen ermöglichen, in ihrem schulischen Alltag ohne die gewissermaßen »normale«, aber deshalb nicht weniger unnötige Angst auszukommen und dort, wo diese Angst unvermeidbar ist, zu lernen, mit ihr umzugehen. Wir hatten und haben die Überzeugung, daß eine Schule – will sie eine humane sein – auf Dauer nicht umhinkommt, dieses Ziel immer wieder anzustreben und zu realisieren.

An dem Saarbrücker »Schulangst«-Projekt haben in unterschiedlichen Phasen mitgearbeitet:
Dr. H.-W. Bedersdorfer, Dr. N. Bohse-Wagner, W. Götzmann, M. A., W. Schäfer, M. A. und D. Schmitt, M. A.

An der Erstellung des Manuskripts haben mitgewirkt:
Forster, M. A., Dr. R. Riemann und M. Schemann, cand. phil.

Die Arbeit an diesem Forschungsprojekt[1] wurde von einem wissenschaftlichen Beirat begleitet; die Zusammenarbeit mit ihm war für uns anregend und konstruktiv. Diesem Beirat gehörten an:

- Prof. Dr. F. Achtenhagen, Seminar für Wirtschaftspädagogik der Universität Göttingen,
- Prof. Dr. H. Fend, Pädagogisches Institut der Universität Zürich,
- Prof. Dr. K. Hasemann, ehem. Bundesministerium für Bildung und Wissenschaft,
- Prof. Dr. A. Helmke, Universität Koblenz-Landau, Fachbereich 8, Psychologie,
- Prof. Dr. H.-G. Schönwälder, Fachbereich Erziehungswissenschaft der Universität Bremen,
- Dr. B. Weidenmann, Universität der Bundeswehr, Neubiberg,
- Studiendirektor D. Woysch, Studienseminar Saarbrücken.

Mit diesem Forschungsbericht möchten wir zunächst diejenigen Leser ansprechen, die sich sowohl einen Überblick über den Forschungsstand verschaffen als auch über bestehende Möglichkeiten der »Schulangstreduktion« erhalten möchten. Wir wenden uns an Lehrer, Schulleiter, Schulpsychologen ... – an all diejenigen, die nach theoretisch fundierten und empirisch erprobten Maßnahmen suchen, dem alltäglichen Problem Schulangst wirksam zu begegnen.

Theoretische Überlegungen zur Entstehung und Verarbeitung von Schulangst werden nur insoweit angestellt, als sie für das Verständnis der vermuteten Wirkung der schulangstreduzierenden Maßnahmen erforderlich sind. Im Mittelpunkt dieses Buches stehen Möglichkeiten pädagogischen und didaktischen Handelns – mit dem Ziel, Angst in und vor der Schule zu vermindern.

---

1 Projekttitel: »Konkretisierung, Durchführung und Evaluation pädagogischer Maßnahmen zum Abbau von Angst in schulischen Leistungssituationen«; Förderungs-Az.: II B 1-2991-B-3475.00 B, Bundesministerium für Bildung und Wissenschaft; Förderungszeitraum: 4/83–3/86; Leiter: Prof. Dr. P. Strittmatter

# 2 Projektgenese und theoretische Grundlagen des Projekts

Das Ziel des Forschungsprojektes drückt sich bereits in seinem Titel aus: »Konkretisierung, Durchführung und Evaluation pädagogischer Maßnahmen zum Abbau von Angst in schulischen Leistungssituationen«. Unsere Bemühungen, auf diese Weise einen konkreten Beitrag zur Verbesserung des schulischen Alltags zu leisten, setzten aber nicht am »Punkt Null« an; dieses Projekt ist vielmehr der vorläufige Abschluß einer längeren wissenschaftlichen Auseinandersetzung mit dem Phänomen »Angst«, seiner Entstehung und Ursachen ebenso wie seiner Verarbeitung und Konsequenzen.

## 2.1 Projektgenese

### *2.1.1 Deskription auf breiter Basis*

1976 haben wir im Auftrag des saarländischen Kultusministeriums eine empirische Untersuchung mit dem Ziel durchgeführt, »die Diskussion um den sogenannten ›Schul-Streß‹ aus dem Bereich pauschaler Vermutungen und der Polemik herauszuholen« (Schüler-Enquete »Streß in der Schule« 1977). Mit Hilfe einer Befragung von ca. 1800 Schülern der Sekundarstufe I und deren Eltern im Saarland sollten Antworten auf folgende zwei Fragenkomplexe gefunden werden:

1. In welchen mit der Schule in Zusammenhang stehenden Situationen reagieren wieviele Schüler mit welchen Angstreaktionen? Wie stark ist die Angst in der Schule ausgeprägt? Wann tritt diese Angst auf und wie drückt sie sich aus?
2. Wodurch könnte Schulangst verursacht werden? Worin sehen Eltern die Ursachen für Schulangst?

In die Untersuchung wurden auch 380 Lehrer einbezogen, die nach den eigenen und den bei ihren Schülern wahrgenommenen Belastungen gefragt wurden, und auch danach, welche Erklärungen sie dafür haben. Weitere Fragen bezogen sich auf die Zusammenarbeit mit Kollegen und Eltern sowie auf deren Erziehungsstil und auf die Einstellung zu institutionellen Bedingungen. Die Ergebnisse wurden einer interessierten Öffentlichkeit von Bildungspolitikern vorgelegt wobei man sich ausschließlich auf die Beschreibung der Daten und eine Kommentierung beschränkte.

### *2.1.2 Korrelationsanalyse zum »Schulangst-Syndrom«*

Jacobs & Strittmatter (1979) haben dann die Daten, die diese SCHÜLER-ENQUETE lieferte, stärker theorieorientiert ausgewertet und Aussagen über mögliche Ursachen, Determinanten und Konsequenzen von Schulangst gewinnen können.

Zum einen zeichnete sich ein recht stimmiges Bild einer »schulängstlichen Schülerpersönlichkeit« ab: Schulängstliche Schüler sind in erheblichem Maße mißerfolgsorientiert, d. h. sie haben Angst vor Mißerfolg, rechnen aber auch gleichzeitig mit ihm; sie sind davon überzeugt, daß Anstrengung sich nicht auszahlt, sie halten sich für ausgemachte »Pechvögel«; sie schätzen ihre eigene Leistungsfähigkeit – oft über den schulischen Bereich hinaus – generell negativ ein; sie machen sich ein negatives Bild von sich selbst und glauben, daß auch ihre Mitmenschen nicht viel von ihnen halten; hinzu kommen ein geringes Interesse an der Schule und ungünstige häusliche Arbeitsbedingungen.

Die Eltern schulängstlicher Kinder reagieren auf deren schlechte Noten in typischer Weise: Da sie die schlechten Noten hauptsächlich auf mangelnde Anstrengung zurückführen, reduzieren sie auch ihre Erwartungen hinsichtlich der Schulleistungen nicht, sondern versuchen eine schulische Verbesserung durch Strenge zu erzwingen.

Ein weiteres Ergebnis einer eher theorieorientierten Beschäftigung mit den Daten der SCHÜLER-ENQUETE war ein differenzierteres Verständnis für den Begriff »Schulangst«:

Schulangst wird als eine relativ überdauernde Bereitschaft angesehen, schulische – und hier vor allem Leistungssituationen – als persönliche Bedrohung zu empfinden. In dem Maße, in dem neuere kognitive, häufig am Handlungskonzept orientierte Angsttheorien in der deutschen Angstforschung Beachtung gefunden haben, tritt ein Aspekt immer deutlicher in den Vordergrund: Das zentrale Element für die Entstehung von Angst ist die subjektive Bewertung einer Situation als Bedrohung. »Äußere Einwirkungen wandeln sich erst durch die interpretierenden Filter unserer Wahrnehmung zu Störungen im psychologischen Sinne« (Boesch 1976). Eine bestimmte objektive Belastung wird folglich nicht in jedem Falle bei allen Schülern die gleiche Reaktion hervorrufen, denn die gleiche belastende Situation kann von verschiedenen Individuen unterschiedlich interpretiert und verarbeitet werden. Die Kognitionen eines Individuums also sind Dreh- und Angelpunkt dafür, ob es in bestimmten Situationen Angst (bzw. Schulangst) empfinden wird oder nicht.

Allgemein kann man sagen, daß die folgenden Zusammenhänge bei der Entstehung von Schulangst eine wichtige Rolle spielen:

- Ein Schüler beurteilt eine Prüfungs- bzw. Leistungssituation dann als bedrohlich, wenn in einer Prüfung etwas für ihn Wichtiges auf dem Spiel steht und wenn er gleichzeitig erhebliche Zweifel hat, ob er für ihn bedeutsame Ziele auch wirklich erreichen kann (vgl. JACOBS 1981). Eine notwendige, aber nicht hinreichende Bedingung der Angst besteht demnach in der Antizipation der Bedrohung. Es lassen sich zahlreiche Ziele bzw. Motive finden, die im Falle einer ungenügenden Leistung bedroht sind. Ein Beispiel: Ein Kind, das einerseits seine Eltern auf keinen Fall durch schlechte Noten enttäuschen will, das aber andererseits befürchtet die Klassenarbeit nicht so zu bewältigen, wie die Eltern es erwarten, wird vermutlich Angst vor und in dieser Klassenarbeit empfinden.
- Diese Angst wird verstärkt, wenn dieses Kind über keine Möglichkeiten verfügt, der Bedrohung wirksam zu begegnen. Wiederum am Beispiel verdeutlicht heißt dies: Ein Schüler, der an seiner Begabung zweifelt, wird mit Schulangst reagieren, weil er keine Chance sieht, durch zusätzliche Anstrengungen doch eine bessere Note zu erreichen.
- Schulische Leistungssituationen wirken immer dann besonders bedrohlich, wenn sie durch Unberechenbarkeit oder durch Unsicherheit gekennzeichnet sind. Ein Schüler, der nicht weiß, was in einer Klassenarbeit geprüft wird, sieht auch keine Möglichkeiten, sich wirksam darauf vorzubereiten. Er reagiert mit Angst und einer gewissen Hilflosigkeit angesichts dieser Bedrohung.

### *2.1.3 Adaptation und Überprüfung einer Angsttheorie*

Nachdem wir die Bedeutsamkeit von Kognitionen im Zusammenhang mit der Entstehung von Angst (bzw. dem Spezialfall Schulangst) erkannt hatten, kam nur eine kognitive Angsttheorie als Ausgangspunkt sowohl unserer theoretischen Überlegungen hinsichtlich zentraler Variablen und deren Wirkungszusammenhänge im Bereich »Schulangst« als auch im Hinblick auf unsere Interventionsplanung in Frage.

Wir haben auf die Angsttheorie von LAZARUS (1966) zurückgegriffen, der eigentlich nicht nur eine Angsttheorie, sondern eine umfassende Streßtheorie entwickelt hat (vgl. JACOBS 1982). Für LAZARUS ist Angst das Ergebnis eines subjektiven Bewertungsprozesses. Diesen Bewertungsprozeß unterteilt er in verschiedene Phasen:

Am Beginn steht die Frage, ob eine Bedrohung vorliegt bzw. eine Situation als bedrohlich zu bewerten ist *(primacy appraisal)*. Daran schließen sich Überlegungen an, wie die Bedrohung abgebaut werden könnte, d. h. was man aus eigenen Kräften gegen diese Bedrohung tun könnte *(secondary appraisal)*. Im günstigen Falle folgen dann Maßnahmen zum Abbau der Bedrohung *(coping)*. Ob diese Gegenmaßnahmen erfolgreich waren oder nicht, wird schließlich in einer Neubewertungsphase *(reappraisal)* entschieden, die wieder zur Ausgangsfrage führt.

Das Konzept der Bedrohung hat bei Lazarus (1966) eine Schlüsselstellung inne: Unter einer Bedrohung versteht Lazarus die Antizipation eines Schadens, wobei ein Schaden wiederum aus der nicht stattgefundenen Befriedigung von – für das Individuum – wichtigen Motiven besteht. Eine Situation wird vom Individuum dann als bedrohlich eingestuft, wenn

1. wichtige Motive auf dem Spiel stehen und
2. eine Motivfrustrierung möglich oder wahrscheinlich ist.

Die Bedrohung ist eine notwendige, aber nicht hinreichende Bedingung eines längerfristigen Angsterlebens. Damit Angst längere Zeit aufrecht erhalten wird, müssen folgende Bedingungen erfüllt sein:

- Das Individuum muß sich bedroht fühlen.
- Die bedrohliche Situation wird als unüberschaubar und mehrdeutig aufgefaßt.
- Das Individuum verfügt über keine geeigneten Strategien oder Maßnahmen, die Bedrohung zu beseitigen, so daß nur noch relativ ziellose, ineffektive oder realitätsunangepaßte Abwehrversuche übrig bleiben.

Also: Angst entsteht dann, wenn das Individuum nicht weiß, was es gegen diese Bedrohung tun kann, wie es der Bedrohung entgehen kann, ohne eine neue Bedrohung entstehen zu lassen.
In Anlehnung an Lazarus konzipierte Jacobs (1980, 1981, 1982) eine Theorie der Angstentstehung in Prüfungssituationen, die den Stellenwert folgender Variablen für die Entstehung von Angst hervorhebt:

1. Einschätzung des eigenen Könnens (subjektive Kompetenz),
2. Vorstellungen über das zu erreichende Ziel (Anspruchsniveau),
3. antizipiertes Ausmaß der Beeinträchtigung bei Nichterreichung des Zieles (Motivationsstärke).

Unter Berücksichtigung dieser Variablen läßt sich folgender Zusammenhang formulieren:

Eine geringe subjektive Kompetenz im Vergleich zum eigenen (hohen) Anspruchsniveau läßt eine Diskrepanz zwischen diesen beiden Variablen entstehen, die das Individuum häufig als hohes Kompetenzdefizit wahrnimmt. Wer nun ein hohes Kompetenzdefizit empfindet, schätzt die Wahrscheinlichkeit, das Anspruchsniveau zu erreichen, gering ein und rechnet mit einem Mißerfolg. Die Bedrohung (und somit die Angst) wird um so größer, je höher die Motivation ist, das eigene Anspruchsniveau zu erreichen.

Kurz (Haupthypothese): *Ein Prüfling hat dann Angst, wenn er im Vergleich zu seiner subjektiven Kompetenz ein hohes Anspruchsniveau hat und der Erreichung seines Anspruchsniveaus einen hohen Wert beimißt!*

Dieses angsttheoretische Grundgerüst von Variablen und ihren Zusammenhängen konnte JACOBS (1980, 1981) in einer Untersuchung an Studenten empirisch bestätigen.

Diese Konzeption war der theoretische Ausgangspunkt für unsere Interventionsplanung mit dem Ziel »Weniger Angst in der Schule!«. Nach unserer theoretischen Auffassung (vgl. dazu JACOBS 1980) kann dies realisiert werden über die Steigerung der Kompetenz, die Senkung des Anspruchsniveaus und die Reduzierung der Motivationsstärke (vgl. Abb. 1).

**Abb. 1: Beziehungen zwischen Kompetenz, Kompetenzdefizit, Anspruchsniveau, Mißerfolgswahrscheinlichkeit, Motivation und Angst in der Prüfung**

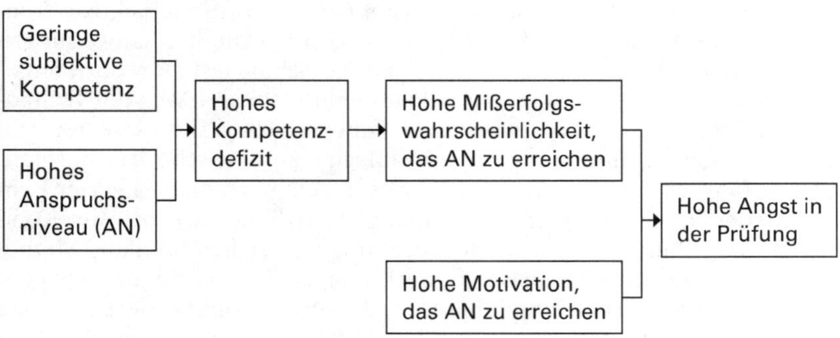


*Aus: Strittmatter & Bedersdorfer (1991), Pädagogische Interventionsforschung.*

## 2.2 Ableitung von technologischen Handlungsempfehlungen

Wer sich anschickt, wissenschaftlich gesicherte Empfehlungen zu entwikkeln, die geeignet sind, Schulangst abzubauen oder zu verhindern, der sieht sich zunächst mit einer überraschenden Frage konfrontiert: »Warum überhaupt Schulangst abbauen? So ein bißchen Angst hat doch noch niemand geschadet!« Wenngleich die in der Literatur diskutierte adaptive Funktion von Angst nicht ignoriert werden darf, so zeigen doch eine Reihe von empirischen Untersuchungen Ergebnisse, die zur Unterstützung unserer Entscheidung, Maßnahmen zur Verminderung von Schulangst zu entwickeln, herangezogen werden können:

- Angst beeinträchtigt sehr nachhaltig das subjektive Wohlbefinden eines Schülers und hat so erheblichen Einfluß auf die Schulverdrossenheit und das Interesse an der Schule.
- Die durch bestimmte Bedingungen in der Schule induzierte Angst kann sich zu einer überdauernden Ängstlichkeit stabilisieren, was unter Umständen zu allgemein ängstlichen Persönlichkeiten führt.
- Angst verringert zumindest bei komplexeren, schultypischen Aufgaben die Leistungsfähigkeit des Schülers.

Setzt man sich mit dem Ziel auseinander, ein praktisches Problem aus dem Erziehungsfeld mit Hilfe erziehungswissenschaftlicher Erkenntnisse zu lösen, so kommt man an der Diskussion des sog. Technologieproblems nicht vorbei. Dieses »Technologieproblem« ist an die Kernfrage geknüpft, wie empirische Theorien für die Lösung praktischer Probleme eingesetzt werden können, oder anders formuliert: Wie lassen sich aus nomologischen Theorien anwendungsorientierte Aussagensysteme gewinnen? Der Versuch, die theoretischen Erklärungsmuster (»Je höher die subjektive Kompetenz, desto geringer die Schulangst.«) in Handlungsanweisungen (»Erhöhe die subjektive Kompetenz, um die Schulangst zu reduzieren.«) umzuformulieren, stellt sich sehr bald als unbrauchbarer Weg der Technologiebildung heraus. Neben wissenschaftstheoretischen Einwänden spricht die praktische Erfahrung gegen diese einfache tautologische Transformation (ausführlich dazu: SCHÄFER 1982). Was soll ein noch so engagierter Lehrer mit der Handlungsempfehlung anfangen: »Erhöhe die subjektive Kompetenz der Schüler!«? Er wird mit Recht fragen, welche Mittel und Methoden er einsetzen muß, um dies zu bewerkstelligen. Er braucht für seine konkrete schulische Arbeit Empfehlungen, die soweit konkretisiert sind, daß er sie im täglichen Unterricht handhaben und umsetzen kann. Wie aber kommt man zu diesen konkreten Empfehlungen?

Wir haben eine entscheidungstheoretische Konzeptualisierung gewählt als »gangbaren« Weg zu einer adäquaten Technologiebildung.

Um zunächst einmal den Entscheidungsaspekt (Entscheidung zwischen alternativen Treatments bzw. Handlungsanweisungen) zu erfassen, entwickelte die Projektgruppe (vgl. SCHÄFER 1982) ein Technologiemodell mit folgender Entscheidungsstruktur:

- Um ein vorab legitimiertes Ziel (Reduktion von Schulangst, Steigerung von Interesse an der Schule) zu erreichen,

- müssen aus einer Menge von technologischen Regeln bzw. Treatments $R_l$-$R_n$ (Reduktion der Stoffpläne, Veränderung der Lehrer-Schüler-Interaktionen...)
- nach bestimmten Entscheidungskriterien $X_1$-$X_n$ (Treatmentkosten, Präzision, Manipulierbarkeit...)
- auf der Basis einer definierten Entscheidungsfunktion F (z. B.: das Treatment mit den geringsten Kosten und der höchsten Manipulierbarkeit) bestimmte Treatments ausgewählt werden.

Mit dieser Strategie war zunächst lediglich der Entscheidungsaspekt erfaßt, der gesamte Technologiebildungsprozeß aber war damit noch nicht strukturiert.

Dazu hat die Projektgruppe ein gebräuchliches Phasenmodell des Problemlöseprozesses in einem problemlöseorientierten Technologiebildungsansatz umgearbeitet (vgl. SCHÄFER 1982). Solche allgemeinen Problemlösemodelle sind innerhalb der Entscheidungstheorie betriebswirtschaftlicher oder politikwissenschaftlicher Prägung als sog. »offene« Konzeptionen entwickelt worden. Den einzelnen Phasen werden dabei üblicherweise folgende Funktionen zugeordnet:

1. Problemdefinition als Handlungsraum der generellen Zielbildung,
2. Informationsaufnahme als Handlungsraum der Entwicklung möglicher Maßnahmen,
3. Entscheidung als Handlungsraum der Bewertung/Selektion/Praxisabstimmung der Maßnahmen,
4. Durchführung als Handlungsraum der Umsetzung der Maßnahmen in der Praxis,
5. Evaluation als Handlungsraum der Effektivitätsbewertung der Maßnahmen.

Im folgenden wird nun unsere Konzeption eines problemlöseorientierten Interventionsplanungsmodells (einschließlich technologieorientierter Phasen-Funktions-Zuordnungen) beschrieben.

### *2.2.1 Problemdefinition*

Die Phase der Problemdefinition hat die Funktion, die defizitäre Ausgangssituation zu diagnostizieren und einen positiv bewerteten Endzustand zu formulieren, d. h. die allgemeine Zielbildung zu präzisieren und eine qualitative Richtschnur für die nachfolgenden Suchprozesse festzulegen.

Für die Technologiebildung lassen sich diese allgemeinen Vorgaben der Zielbildung beschreiben als Klärung der theoretischen Grundlagen. Im

Sinne einer Analyse des Ist-Zustandes war z. B. zu klären, wie Schulangst theoretisch verstanden werden kann, in welchem Bedingungsgeflecht sie auftritt, welche Ursachen und Konsequenzen damit verbunden sind und von welchen internen Verarbeitungsprozessen ausgegangen werden kann. Desweiteren fiel in die Phase: Adaptation der Angst-Theorie von Lazarus auf Prüfungssituationen durch Jacobs und Umformulierung der Haupthypothese (s. d.) nach dem Prinzip der tautologischen Transformation in Zwischenziele der Intervention: Erhöhung der subjektiven Kompetenz, Reduktion von Anspruchsniveau und Motivationsstärke.

### *2.2.2 Informationsaufnahme*

Funktion dieser Phase: Entwicklung möglicher Maßnahmen, Suchprozesse nach effektiven Mitteln zur Zielerreichung.

Leider existiert für die psychologische und pädagogische Forschung kein Nachschlagewerk oder sonst ein Verzeichnis deskriptiver (beschreibender und erklärender) Wissensbestände, das Auskunft gibt über die uns interessierenden Zusammenhänge hinsichtlich der Mittel, wie unsere Zwischenziele (vgl. Phase 1) zu erreichen sind, wobei die Zwischenziele selbst wiederum Mittel zum Oberziel »Abbau von Schulangst« sind. Unser psychologisches und pädagogisches Wissen über Realität ist leider unsicher, unvollständig; es gibt konkurrierende Aussagen über Zusammenhänge, und das Wissen liegt zudem noch in unterschiedlichen Begriffssystemen vor.

Deshalb stand in dieser Phase für uns an: Generierung von nicht routinemäßig zur Verfügung stehenden effektiven und begründeten Mitteln zur Zielerreichung; Suche nach möglichen Treatments in den unterschiedlichen Theoriefeldern von Erziehungswissenschaft und Psychologie.

Hier wandten wir das sog. Zielbaumverfahren an – ein mehrstufiger Definitionsprozeß führt von relativ abstrakten Oberzielen zu immer konkreteren Ziel- und entsprechenden Handlungsaussagen. In diesem hierarchisch konzipierten System werden jeweils zu Oberzielen Mittel entwickelt, die dann ihrerseits zu Oberzielen für weitere untergeordnete Mittel werden. Der Bezug zwischen Zielen und Mitteln soll entsprechend unserer erfahrungswissenschaftlichen Grundposition soweit wie möglich durch empirisch überprüftes theoretisches Wissen hergestellt werden.

Der Ausarbeitungsprozeß verlief vom Oberziel »Schulangstreduktion« über Zwischenziele zu konkreten Treatments. Es wurde in den Ziel-Mittel-Bäumen aber auch »von unten nach oben« gearbeitet, wenn »unten« ein Treatment bekannt, aber der Zusammenhang zum Oberziel (noch) nicht herstellbar war.

### *2.2.3 Entscheidung/Technologie I*

Funktion: Bewertung und Selektion der Maßnahmen aus dem Maßnahmenkatalog, Nebenwirkungsanalyse.

In der Entscheidungsphase mußten die einzelnen konkreten Empfehlungen auf der unteren Ebene der Ziel-Mittel-Bäume zunächst einer Analyse und Bewertung unterzogen werden. Alle Maßnahmen, die nicht bestimmten Kriterien standhielten, konnten nicht weiter berücksichtigt werden.

Als Entscheidungskriterien, nach denen die Treatments selektiert wurden, zog die Projektgruppe heran:

- Effektivität im Sinne der Zielvorgabe,
- Manipulierbarkeit (der in den Treatments enthaltenen Variablen), empirische Bestätigung,
- Abwesenheit ungünstiger Nebeneffekte,
- Vereinbarkeit der Maßnahmen mit schulischen Rahmenbedingungen,
- ökonomische Aspekte (möglichst breite Wirkungsweise, geringe zeitliche und arbeitsmäßige Belastung für Lehrer und Projektmitarbeiter),
- Bevorzugung präventiv/generalisierter Maßnahmen gegenüber therapeutisch/individueller,
- Bevorzugung von Treatments, auf deren Grundlage Materialien (vgl. Kapitel 3) erstellt werden können, die dann in der Lehrerfort- und Weiterbildung eingesetzt werden können.

Die Entscheidung fiel Anfang 1983 zugunsten der Elaboration von vier sog. Bausteinen, die nach einer Phase der Lehrerfortbildung in der Praxis erprobt werden sollten:

**Baustein I – Lehrer-Schüler-Interaktion** – vollzog eine Adaptation der Ideen von ROGERS (1973) auf Lehrer- und Schülerverhalten zum Zwecke der Angstverringerung. Lehrer-Schüler- und Schüler-Schüler-Interaktionen sollen verbessert, aversive Elemente im Lehrerverhalten abgebaut werden.

**Baustein II – Unterrichtseinheit »Angst und Angstabbau«** – macht Angst und Strategien des Umgangs mit ihr zum Unterrichtsthema. Im Rahmen dieses Bausteins sollen Lehrer dazu ermutigt und angeleitet werden, eine Unterrichtseinheit zu entwerfen, die Angst in der Schule thematisiert und in der Bewältigungsmöglichkeiten aufgezeigt und mit Schülern eingeübt werden.

**Baustein III – Angstabbau durch Veränderungen im Leistungsbewertungsprozeß** – Dieser Baustein hat zum Ziel, bedrohliche Aspekte im Leistungsbewertungsprozeß abzubauen. Dieses Ziel soll über zwei Wege erreicht werden: transparentere Gestaltung des Leistungsbewertungsprozesses und Veränderung in der Bezugsnormorientierung.

**Baustein IV – Schülerprogramm – vermittelt Lern- und Arbeitstechniken.** – Dieses »Bausteinpaket« versucht somit auf zwei unterschiedlichen Wegen, die Angst der Schüler vor und in der Schule zu reduzieren:

Weg 1: Abbau der Bedrohlichkeit von schulischen Leistungssituationen. Dieser Weg wird mit den Bausteinen I und III eingeschlagen; die Interventionsbemühungen betreffen hauptsächlich Lehrereinstellungen und -verhaltensweisen.
Weg 2: Verbesserung der Fähigkeit von Schülern, subjektiven Bedrohungen adäquat zu begegnen bzw. diese zu verarbeiten. Deshalb werden mit den Bausteinen II und IV indirekt oder direkt die Schüler angesprochen. Diese Bausteine intendieren eine Verbesserung der Schülerkompetenzen, die – langfristig gesehen – unabhängig von Lehrer und Fach positive Effekte auf das subjektive Angsterleben von Schülern erwarten lassen.

An dieser Stelle skizzieren wir nur kurz die Funktion der nächsten drei Phasen, auf die wir in Kapitel 4 und 5 nochmals ausführlich eingehen werden.

### *2.2.4 Entscheidung/Technologie II*

Funktion der Phase: Rückkoppelung mit den Lehrern der Versuchsschulen, Praxisabstimmung der Treatments.

Der Erfolg eines schulischen Interventionsprogramms hängt auch davon ab, inwieweit die Lehrer in der Lage und auch bemüht sind, dies entsprechend unserer Intentionen im schulischen Alltag umzusetzen.

Deshalb mußten die Programme in Zusammenarbeit mit den Lehrern überprüft und revidiert werden, um sie noch besser den jeweiligen schulpraktischen Bedingungen anzupassen. Gleichzeitig zielten unsere Bemühungen darauf ab, die Lehrer zur Mitarbeit zu motivieren, so daß sie das Interventionsprogramm »zu ihrer eigenen Sache« zu machen bereit waren.

### *2.2.5 Durchführung*

Umsetzen der Maßnahmen in die Praxis

### *2.2.6 Evaluation*

Effektivitätsbewertung der Maßnahmen /des Programms. Dazu folgendes Schaubild:

**Abb. 2: Modell einer problemlösenden Interventionsplanung**

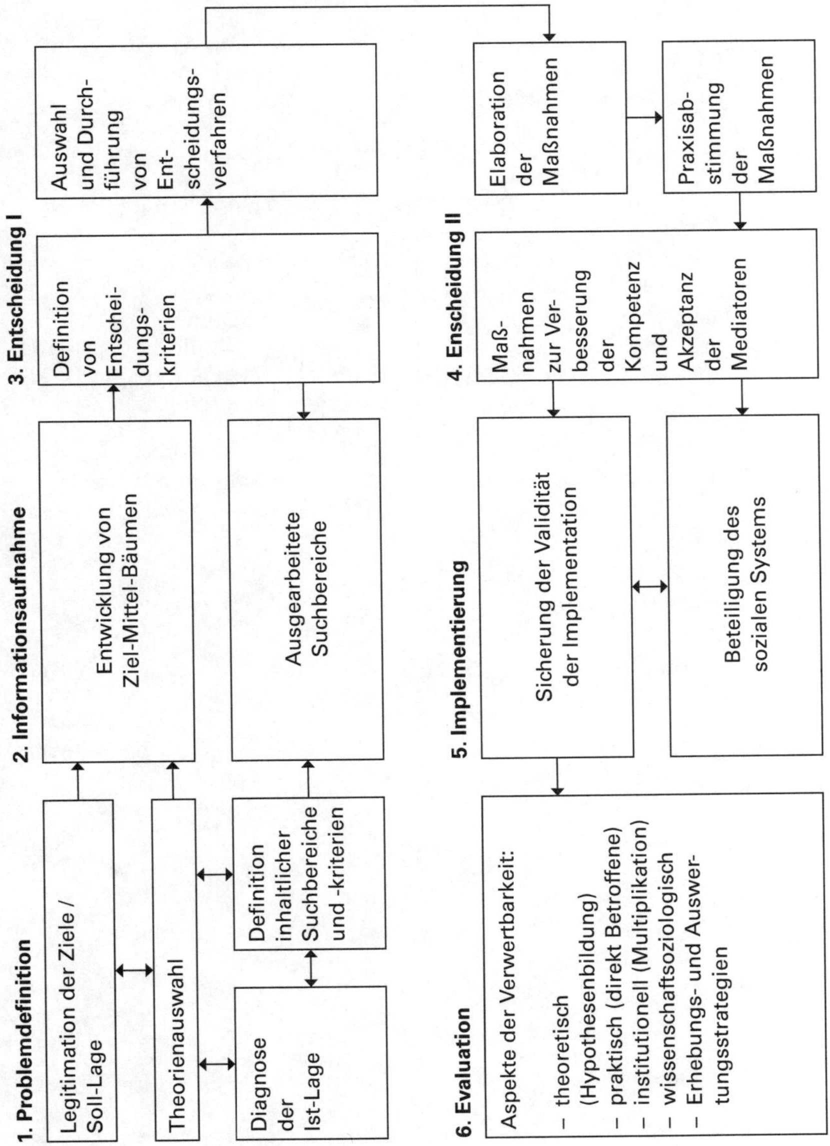

**Abb. 2: Modell einer problemlösenden Interventionsplanung**

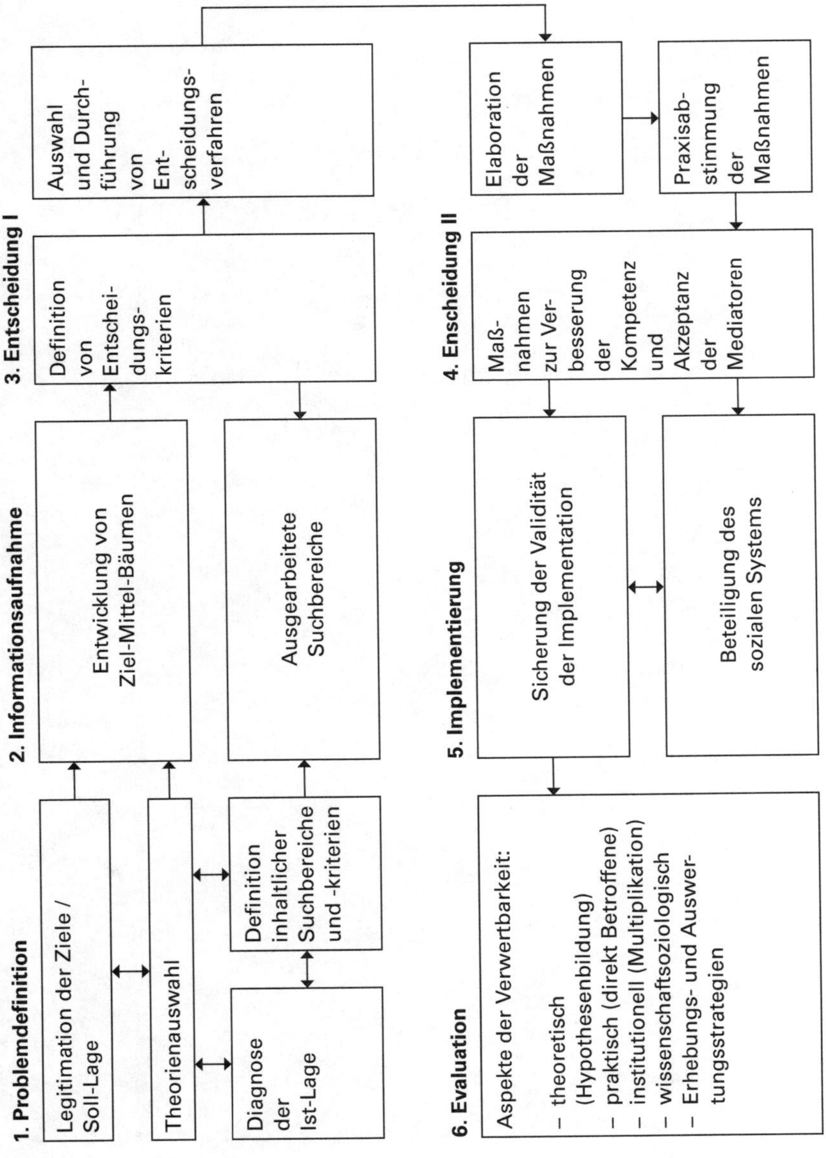

# 3 Bausteine I–IV

## 3.1 Baustein I: Lehrer-Schüler-Interaktion

### *3.1.1 Zielsetzung und theoretische Grundlagen*

Jedem ist wohl aus seiner Alltagserfahrung die Tatsache geläufig, daß man eine Situation (z. B. eine Lehrerkonferenz oder eine Besprechung mit Vorgesetzten) als angenehm empfindet, wenn eine positive Atmosphäre zwischen den Beteiligten herrscht, und daß umgekehrt die gleiche Situation Angst auslösen kann, wenn sie als bedrohlich und das Klima als wenig vertrauensvoll erlebt wird. Vergleichbares erleben Schüler täglich. Sie empfinden Angst in der Schule, weil sie sich ständig in der Gefahr sehen, kritisiert, abgewertet, bloßgestellt, verurteilt oder ausgelacht zu werden.

Ziel von Baustein I ist es, diese bedrohlichen Aspekte abzubauen und den Anteil der Schulangst, der auf die allgemeine negative Atmosphäre im Unterricht zurückzuführen ist, zu reduzieren. Das sozioemotionale Klima im Klassenzimmer soll verbessert werden, indem die Lehrer-Schüler-Interaktion verändert wird, indem also Lehrer und Schüler lernen, vertrauensvoll miteinander umzugehen und mehr Verständnis füreinander zu zeigen. Eine solche befriedigende soziale Beziehung läßt sich nach ROGERS (1973) mit folgenden drei Merkmalen beschreiben:

- uneingeschränktes Akzeptieren und Wertschätzen, einfühlendes, empathisches Verstehen
- Kongruenz, Echtheit, d. h. Vereinbarkeit des Verhaltens mit eigenen Einstellungen und Gedanken.

Diese Variablen gelten zwar allgemein für Sozialsituationen, lassen sich aber auch auf Schüler und Unterricht konkretisieren:

**Wertschätzen** bedeutet, daß der Lehrer den Schüler annimmt so wie er ist, ihn achtet mit all seinen Gedanken, Gefühlen und Verhaltensweisen. Das bedeutet nicht Zustimmung zu allem; der Lehrer kann durchaus inhaltlich anderer Meinung sein. Aber er soll seine Anerkennung für den Schüler nicht davon abhängig machen, daß dieser ihm zustimmt bzw. sich in seinem Sinne verhält oder gute Leistungen erbringt. Das Gegenteil von Wertschätzung drücken Verhaltensweisen aus wie scharfe Kritik, Abwertung und Mißachtung, Demütigung, Beleidigung, Ironie, Drohen, Ausschimpfen und Auslachen.

**Einfühlendes Verstehen** bedeutet, den Schüler ernst zu nehmen, ihm mitzuteilen, daß das, was er zu sagen hat, wichtig ist. Es ist ein intensives Bemühen, das, was der andere von dem, was er denkt und fühlt, mitteilt, in dessen »inneren Bezugsrahmen« zu erfassen, es mit seinen Augen zu sehen. Das Gegenteil davon wäre sofortige Bewertung des Schülerverhaltens, vorschnelle Ratschläge, Belehrungen und Unterstellungen.

**Kongruenz** des Lehrerverhaltens, also Vereinbarkeit des Verhaltens mit den Gedanken und Gefühlen des Lehrers, ist eine Voraussetzung dafür, daß Akzeptanz und einfühlendes Verständnis überhaupt günstige angstreduzierende Wirkungen haben können. Nehmen Schüler das Lehrerverhalten als unecht, gekünstelt und geschauspielert wahr, würden sie Akzeptanz und einfühlendes Verstehen eher als »Masche des Lehrers« oder gar als Täuschungsmanöver erleben. Der Lehrer soll also hinter dem, was er sagt und wie er sich verhält, mit seiner Person stehen können, es vor seinen Anschauungen und Meinungen vertreten können. Nicht gemeint ist ein maskenhaftes Verhalten, Imponiergehabe, Abwehrfassaden und ähnliches.

Da Lehrer und Schüler die Atmosphäre im Klassenzimmer prägen, liegt die Verantwortung für das Klima nicht allein beim Lehrer. Auch die Schüler sollen lernen, den Umgang mit ihren Klassenkameraden nach oben beschriebenen Merkmalen zu gestalten. Obgleich sich unser Trainingsprogramm direkt an Lehrer wendet, soll indirekt auch das Handlungsspektrum der Schüler in oben beschriebener Richtung verändert werden, indem der Lehrer als Modell wirkt und indem zwischen Lehrer und Schülern ein Vertragswerk ausgehandelt wird, das bestimmte Regeln des Zusammenlebens zu einer Art verpflichtender Grundlage erhebt. Unter diesen Bedingungen macht der Schüler die Erfahrung, daß Lehrer und Mitschüler Anteil an ihm nehmen und auf seine Äußerungen achten, statt Bloßstellung, Beschämung, Demütigung erfährt der Schüler Wertschätzung und emotionale Wärme. Es entsteht ein Klima des Vertrauens, in dem der Schüler entspannt lernen kann, ohne den Unterricht als allzu bedrohlich und angstauslösend zu erleben.

Der Zusammenhang zwischen Klassenzimmeratmosphäre bzw. Lehrer-Schüler-Interaktion und Schulangst war auch Gegenstand verschiedener empirischer Studien.

Fittkau (1969) stellte fest, daß sich positive emotionale Zuwendung von Lehrern angstvermindernd auswirkt, weil die Schüler dann weniger befürchten, vom Lehrer blamiert und lächerlich gemacht zu werden.

Wieczerkowski et al. (1969) beobachteten, daß positive Bekräftigungen und Ermutigung (durch Kopfnicken, Lächeln etc.) von Seiten des Lehrers bei hochängstlichen Schülern innerhalb von sechs Wochen zu einer deutlichen Verringerung von Schulangst und Neurotizismus führten. Nach HÖDER et al. (1979) fördern achtungsvoll-wertschätzende, einfühlende, echte Lehrer die kognitive und affektiv-emotionale Funktionsfähigkeit der Schüler. JACOBS & STRITTMATTER (1979) stellten bei Schülern, die die Interaktion mit dem Lehrer eher negativ wahrnehmen, ein negatives Selbstbild, eine negative Einschätzung der eigenen Leistungsfähigkeit und hohe Schulangst fest.

Neben diesen Untersuchungen, die die Auswirkungen der Lehrer-Schüler-Interaktion auf Schulangst thematisieren, gibt es eine zweite Gruppe wichtiger Arbeiten, die den Zusammenhang von Interaktionsstil und Selbstkonzept des Schülers in den Vordergrund rücken. Größere Wertschätzung und Akzeptanz bedeutsamer anderer Personen (Eltern, Lehrer, Mitschüler) führen zu einem günstigeren Selbstkonzept und höherem Selbstwerterleben bei Kindern (u. a. COPPERSMITH 1967). Ein ungünstiges Selbstkonzept und geringe Selbstachtung sind verbunden mit Gefühlen von Inkompetenz, Unsicherheit, Angst, Ungeliebtsein etc.

In einer Untersuchung von FELKER (1969) zeigten sich Kinder mit geringer Selbstachtung, die auch von anderen Kindern abgelehnt wurden, deutlich emotional beeinträchtigt und ängstlich. Indikatoren für die Art des Bildes, das eine Person von sich hat, sind z. B. ihre inneren Dialoge, die Kommunikation, die sie mit sich selbst führt. DIENER & DWECK (1978) unterscheiden Kinder nach der Art ihrer Attributionen bei Problemlöseaufgaben in »Zielorientierte« und »Hilflose«. Nach Mißerfolgsrückmeldungen verändern »Zielorientierte« die Strategien ihres Vorgehens und erreichen Leistungsverbesserungen. Sie überwachen ihr aufgabenbezogenes Verhalten, geben sich sachlich angemessene Selbstinstruktionen, äußern positive Gefühle und suchen nach Wegen, Abhilfe für Mißerfolge zu schaffen. Konträr hierzu stellen »Hilflose« Vermutungen über die Ursachen für ihr Versagen auf, zweifeln an ihren Fähigkeiten, haben negative Gefühle, machen sich lösungsirrelevante Gedanken und neigen zum Aufgeben.

Zu ähnliche Ergebnissen kommt HECKHAUSEN (1980) bei Studenten. Mißerfolgsängstliche hinderten sich während einer Prüfung selbst durch ihre negativen selbstwertbezogenen Gedanken, fühlten sich inkompetent und rechneten mit Mißerfolg. Erfolgszuversichtliche dagegen konzentrierten sich auf aufgabenbezogene Kognitionen und erzielten daher auch tatsächlich bessere Leistungsergebnisse. HERKNER et al. (1980) wiesen nach, daß sich die subjektiven Ursachenerklärungen für Erfolgs- und Mißerfolgsergebnisse, die inneren Dialoge und die Angst in Leistungssituationen durch gezieltes Training in positiver Richtung verändern lassen.

Die referierten Untersuchungen ergeben, daß es sinnvoll ist, zwei Wege zum Angstabbau anzunehmen. Zum einen bewirkt positives Verhalten des Lehrers und der Mitschüler, daß der Schüler Anerkennung erfährt, sich integriert fühlt, sein Konkurrenzdenken wird abgeschwächt, die Angst vor negativen Folgen etwaigen Versagens sinkt. Zum zweiten vermitteln gute sozioemotionale Bedingungen dem Schüler ein positives Selbstkonzept, er achtet und akzeptiert sich selbst stärker und entwickelt ein größeres Vertrauen in seine Leistungsfähigkeit, was wiederum die Schulangst verringert. Die beiden Wege, die von einer Veränderung der Lehrer-Schüler-Interaktion zum Angstabbau führen, sind in Abb. 3 zusammengefaßt.

Baustein I bildet das Fundament, auf dem das Erreichen der mit den übrigen Bausteinen angestrebten Ziele erst möglich wird. Erst wenn Lehrer und Mitschüler sich wertschätzend verhalten, zuhören und sich um Verstehen bemühen, können Schüler Vertrauen fassen, offener über sich selbst und die eigenen Ängste in der Schule reden. Ohne diese Voraussetzungen ist es z. B. unmöglich, die in Baustein II vorgeschlagene Unterrichtseinheit über »Angst und Angstabbau« durchzuführen. Schüler werden sich bedrohlichen Erlebnisinhalten eher zuwenden und nur dann über ihre Wahrnehmung der angstbesetzten Situation und über ihre Versuche der Angstbewältigung offen sprechen, wenn sie sicher sind, daß ihre Äußerungen von Lehrern und Mitschülern ernstgenommen werden.

### *3.1.2 Das Informationsmaterial für Lehrer*

Vor Beginn des Lehrertrainings erhielten alle Beteiligten zur ersten Information ein ca. 30seitiges Informationspapier mit Ausführungen zur Zielsetzung und zum theoretischen Hintergrund der Maßnahmen. Die Informationen hierzu decken sich sowohl inhaltlich als auch in ihrer Ausführlichkeit mit den Äußerungen, die oben unter »Zielsetzung und theoretische Grundlagen« zu finden sind. Auf eine erneute Darstellung wird an dieser Stelle verzichtet. Desweiteren enthält das Papier Informationen über die geplante Durchführung der Trainingssitzungen. Die Darlegungen sind immer wieder durch Arbeitsanregungen unterbrochen, die die Lehrer zur selbstständigen Auseinandersetzung mit der Thematik und zur Reflexion der im Papier enthaltenen Aussagen auf dem Hintergrund ihrer eigenen Erfahrungen motivieren sollen.

#### 3.1.2.1 Intentionen des Programms

Die Beschreibung der Programmziele ist mit einer ersten Arbeitsanregung verbunden. Zunächst werden die Lehrer über die Richtziele informiert, die mit Baustein I erreicht werden sollen:

- Das Handlungsspektrum des Lehrers und der Schüler soll dahingehend

**Abb. 3: Der theoretische Weg von einer Veränderung des Lehrer- und Mitschülerverhaltens zur Angstreduktion**

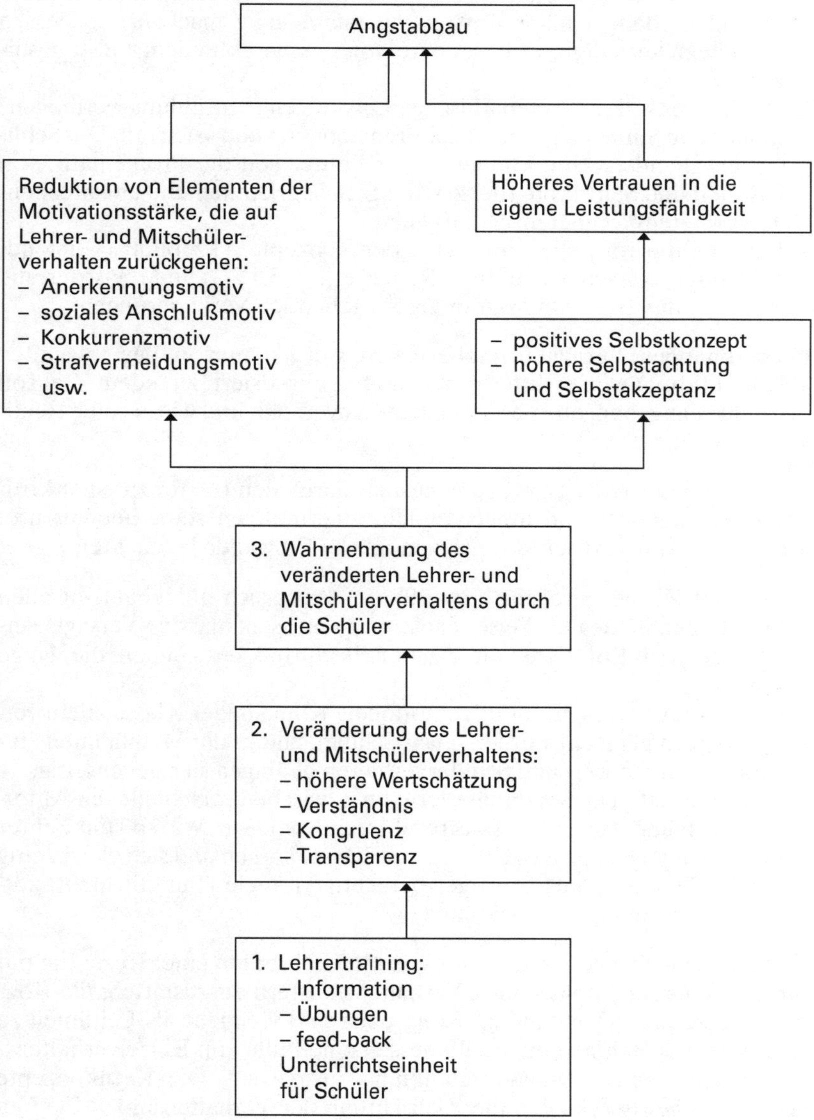

beeinflußt werden, daß bedrohliche Aspekte des Klassenraum-Klimas vermindert werden und eine Atmosphäre des Vertrauens entsteht.
- Der Lehrer soll Wertschätzung, Akzeptanz und emotionale Wärme gegenüber dem Schüler weitgehend unabhängig machen von dessen aktuellem Verhalten, insbesondere von dessen aktuellem Leistungsniveau.
- Der Lehrer soll seine empathischen Leistungen (Einfühlungsvermögen) steigern im Sinne von »besser zuhören können« und »sich mit dem Schüler auseinandersetzen können«. Der Lehrer soll die Problematik von Echtheit und Selbstkongruenz in der Schule erkennen und entsprechende Verhaltenskompetenzen aufbauen.
- Jeder Lehrer formuliert im Lichte der Konzepte Akzeptanz, Verständnis, Kongruenz sein subjektives Regelwerk (s. 3.1.2.3) und registriert die im Laufe des Trainingsprogramms entstehenden Veränderungen.

Diese knappen Lernzielformulierungen werden nun in der folgenden Tabelle (Tab. 1) weiter differenziert und konkretisiert; zu jedem Ziel soll der Lehrer angeben, ob er es für erstrebenswert hält und wie er seine Realisierbarkeit einschätzt.

Der Sinn dieser Arbeitsanregung besteht darin, den Lehrer zu einer kritischen Stellungnahme anzuregen und ihn zu ermutigen, seine Bedenken zu formulieren. Im Text selbst werden mögliche Einwände beleuchtet:

- Mit den Zielen wird ein unerfüllbarer Anspruch aufgebaut, in allen Situationen in idealer Weise reagieren zu müssen; massive Versagenserlebnisse und Konflikte mit eigenen Bedürfnissen können die Folge sein.
- Der Lehrer darf nicht für das emotionale Klima in der Klasse allein verantwortlich gemacht werden, auch Schüler sind in die Maßnahmen einzubeziehen; Lehrer- und Schülerverhalten bedingen sich gegenseitig.
- Lehrer arbeiten im Spannungsverhältnis zwischen verschiedenen Anforderungen und Zielen. Hieraus resultieren Konflikte: Wie soll ein Lehrer für ein günstiges soziales Klima in der Klasse sorgen und sich gleichzeitig um die Durchsetzung sonstiger berechtigter Ziele (Pünktlichkeit, notwendige Ordnung etc.) bemühen?

Es kann nicht Ziel des Programms sein, den Lehrer mit einer Rezeptur, mit für alle Situationen passenden Verhaltensmustern auszustatten; die Konzepte Akzeptanz, Verständnis, Kongruenz sind vielmehr als Leitlinien zu verstehen, als Rahmen innerhalb dessen eine Fülle von Einzelverhaltensweisen ein positives Klassenraumklima ausmachen. Die Kernkonzepte geben also gewissermaßen die Zielrichtung der Verhaltensmöglichkeiten an.

### 3.1.2.2 Die Kernkonzepte des Programms: Akzeptanz, Empathie, Kongruenz

Akzeptieren und Wertschätzen, empathisches Verstehen und Kongruenz werden von C. ROGERS (z. B. 1973) als Merkmale befriedigender sozialer Beziehungen beschrieben, als Verhaltensweisen, die zwischenmenschliche Interaktionen in hohem Maße erleichtern. Obwohl ROGERS sein Konzept ursprünglich im Kontext der klientenzentrierten Gesprächspsychotherapie entwickelte und als Modell des Therapeutenverhaltens begriff, übertrug er es später auf andere Sozialsituationen, u. a. auf Schule und Unterricht (ROGERS 1974). Im deutschen Sprachraum hat vor allem die Forschergruppe um A. und R. TAUSCH (z. B. 1979) diesen Ansatz aufgegriffen und weiterverfolgt. Andere Untersuchungen, die z. T. in anderen Forschungstraditionen stehen, bestätigen die Bedeutung emotionaler Interaktionsvariablen.

Was bedeuten nun die Konzepte im einzelnen?

**Wertschätzend und akzeptierend** verhält sich der Lehrer, wenn er die Persönlichkeit des Schülers achtet und ihn in all seinen Gedanken, Gefühlen und Verhaltensweisen annimmt. Der Lehrer macht seine Wertschätzung nicht von Bedingungen abhängig, die erfüllt sein müssen (z. B. Leistungen des Schülers), sondern akzeptiert den Schüler so, wie er ist. Dies heißt nicht, daß der Lehrer zu allem seine Zustimmung geben muß, aber er respektiert den Schüler als Person, auch wenn er sich anders als erwünscht verhält. Jemanden zu schätzen bedeutet, ihn zu ermutigen, Interesse an ihm zu zeigen, sich zu engagieren und ihm Geduld entgegenzubringen. Gegenteilige Verhaltensweisen wären etwa: bloßstellen, demütigen, ignorieren, auslachen, ausschimpfen, Angst einflößen. Wichtig ist, sich klarzumachen, daß Wertschätzung nicht nur direkt über verbale Äußerungen signalisiert wird, sondern auch indirekt über Mimik, Gestik, Tonfall.

Zum Abschluß der Ausführungen über Wertschätzen und Akzeptieren erhalten die Trainingsteilnehmer einige Arbeitsanregungen: Erstens werden sie aufgefordert, ihre eigene Einstellung zur Forderung nach unbedingter Wertschätzung zu reflektieren und ihre Einwände zu formulieren. Zweitens werden die Lehrer ermutigt, sich ihre negativen Gefühle und Antipathien bestimmten Schülern gegenüber einzugestehen und nach Ursachen für ihre Abneigung zu suchen. Die dritte Arbeitsanregung dient dazu, die Vorstellung von wertschätzendem bzw. nicht-wertschätzendem Verhalten anhand von Beispielen zu konkretisieren. Viertens soll die Realisierbarkeit wertschätzenden Lehrerverhaltens diskutiert und möglicherweise auftretende Konflikte antizipiert werden.

**Tab. 1: Differenzierung der Richtziele**

| | Realisierbarkeit (+) (–) | Wünschbarkeit (+) (–) |
|---|---|---|
| – Annahme und Wertschätzung des Schülers als Person (so wie er ist) – unabhängig davon, wie sich dieser momentan verhält oder was er leistet. | | |
| – Vermindern von bedrohlichen Lehrerhandlungen wie<br>• abschätzige Bemerkungen nach Fehlleistungen,<br>• Abwertung der Person nach bestimmtem Verhalten,<br>• unfreundliches, unhöfliches Verhalten,<br>• Rückbezug jeglichen Schülerverhaltens auf die eigenen Anschauungen und Wertungen. | | |
| – Erfüllung menschlicher Grundbedürfnisse nach Achtung und Anerkennung, besonders »schlechten«, abgelehnten Schülern gegenüber, da diese am wenigsten davon abbekommen. | | |
| – Förderung der Selbstachtung und Selbstakzeptanz der Schüler. Selbstachtung und Selbstakzeptanz sind entscheidend für eine konstruktive Persönlichkeitsentwicklung im sozialen, gefühlsmäßigen und intellektuellen Bereich. Geringschätzige, pessimistische Selbstäußerungen des Schülers hängen mit den verschiedensten Störungen (z. B. auch Angst) zusammen und fördern ihrerseits gerade Leistungshemmungen, die der Selbstachtung abträglich sind. | | |
| – Ein positives Klassenklima, geprägt durch Anerkennung, Akzeptanz und Wärme scheint eine Vorbedingung für das Gelingen vieler Maßnahmen zum Abbau von Schülerängsten zu sein. Erst in einem derartigen »Milieu« wird es dem Schüler möglich, vor sich selbst und anderen seine Ängste und Probleme überhaupt zuzugeben und sie so bearbeitbar zu machen. | | |

**Konzentriertes Zuhören und einfühlendes Verstehen** (Empathie) sind eine wichtige Möglichkeit, einer anderen Person zu zeigen, daß ich sie ernstnehme und daß mir das, was sie zu sagen hat, wichtig ist. Dieses Zuhören, das es nicht gestattet, zeitweise innerlich abzuschalten oder mit den Gedanken abzuschweifen, ist besonders im Unterricht eine schwer zu erfüllende Aufgabe: Ein Lehrer hat es mit vielen Schülern gleichzeitig zu tun, Unterrichtsinhalte müssen bewältigt werden, der Unterrichtsablauf ist zu steuern u.v.m. Der Lehrer soll nicht nur akustisch erfassen, was der Schüler sagt, sondern gleichzeitig visuell auf dessen nonverbale Signale achten. Konzentriertes Zuhören ist nur eine Voraussetzung für einfühlendes Verstehen. Mit den Arbeitsanregungen wird der Leser des Bausteins dazu angehalten,

- Beispiele für verbale und nonverbale Signale konzentrierten Zuhörens zu suchen,
- sich gedanklich in eine Situation zu versetzen, in der er selbst spricht, und an sich zu beobachten, welche emotionalen Wirkungen das konzentrierte Zuhören des Gesprächspartners hat:
- Hindernisse und Schwierigkeiten zu reflektieren, die sich dem Lehrer beim Versuch, Schülern im Unterricht konzentriert zuzuhören, in den Weg stellen.

Um den Terminus »einfühlendes Verstehen« zu begreifen, muß man sich vor Augen halten, daß die Menschen nicht eine objektive Umwelt erleben, sondern daß die objektiv gleiche Welt von verschiedenen Personen unterschiedlich wahrgenommen und interpretiert wird. Der Mensch lebt und erfährt seine subjektive Welt, er greift auf individuelle Begriffe und Kategorien zur Erklärung und Einordnung von Ereignissen zurück, er bildet subjektive Erwartungen über zukünftige Geschehnisse aus etc. Entsprechend dieser unterschiedlichen Attributionen und Erwartungen differieren auch die Verhaltensweisen von Menschen. Um Verhalten verstehen zu können, ist also die Kenntnis des inneren Bezugssystems des Individuums, seiner subjektiven Umwelt, vonnöten. Einfühlendes Verstehen ist gekennzeichnet vom Versuch, das, was der andere von dem mitteilt, was er denkt und fühlt, in dessen innerem Bezugsrahmen zu erfassen und es mit seinen Augen zu sehen. Der Zuhörende vollzieht nach, was das Gesagte für den Sprecher bedeutet. Zum einfühlenden Verstehen gehört zweitens, dem Sprecher konkret und verbindlich mitzuteilen, was man von seiner inneren Welt verstanden zu haben glaubt. Die Entscheidung, ob er tatsächlich richtig verstanden wurde, bleibt bei ihm; er muß die Chance haben, eventuelle Mißverständnisse richtigzustellen. Ein hohes Maß an einfühlendem Verstehen schließt (vorschnelle) Ratschläge, Belehrungen, Kritik, Aufforderungen, Unterstellungen aus, kurz alles, was einem anderen Hintergrund als dem subjektiven inneren Bezugsrahmen des Sprechers entspringt.

Für den Lehrer ist es notwendig, einfühlendes Verstehen zu realisieren. Das verlangt von ihm, sich auf die Orientierungsmuster, Erfahrungen, Erwartungen, auf das Situationserleben jedes einzelnen Schülers einzulassen, Verständigung nicht als etwas Gegebenes hinzunehmen, sondern sich über Verständigung zu verständigen. Einschätzungen und Etikettierungen von Schülern nach dem ersten Eindruck, aufgrund »implizierter Persönlichkeitstheorien« von Lehrern usw., müßten offengehalten und ergänzt werden. Das bedeutet aber auch, daß der Lehrer eine höhere Toleranz, Unsicherheit in der Einschätzung der Schüler zu ertragen, entwickeln müßte.

**Kongruenz oder Echtheit** des Lehrerverhaltens ist eine Voraussetzung dafür, daß Wertschätzung und einfühlendes Verstehen überhaupt positiv auf Schüler wirken und zum Angstabbau beitragen können. Einen »unechten« Lehrer empfinden Schüler als Heuchler oder Schauspieler, seine Bemühungen um Akzeptanz und Empathie als Masche oder Trick. Kongruenz meint die Übereinstimmung dessen, was eine Person denkt oder fühlt mit dem, was sie äußert. Dies heißt nicht, daß der Lehrer seine Schüler mit seinen Gedanken und Gefühlen überschüttet, sondern daß alle Aspekte, die in seinen Äußerungen und seinem Verhalten zutage treten, tatsächlich seinen Einstellungen entsprechen. Das Gegenteil wäre Imponiergehabe, professionelle Maschen, Abwehrfassaden etc., also alle Techniken, um etwas anderes darzustellen als es den eigenen Interessen und Ansichten entspricht. Zur Vertiefung erhält der Leser abschließend wieder einige Arbeitsanregungen:

Zur Abklärung des Begriffs sollen Negativ-Beispiele aus der eigenen Erfahrung gesucht werden, also Situationen, in denen sich Personen nicht kongruent verhielten. Der Leser sollte weiter die Grenzen der Angemessenheit kongruenten Lehrerverhaltens und Schwierigkeiten bei seiner Realisierung reflektieren. Problematisiert wird auch der mögliche Konflikt zwischen Wertschätzung und Kongruenz.

#### 3.1.2.3 Der didaktische Aufbau des Trainingsprogramms

Im abschließenden Kapitel werden die Lehrer über den Aufbau und das didaktische Konzept des Trainingsprogramms informiert, zu dessen Vorbereitung die Lektüre des Bausteins dient. Es wird erläutert, über welche Zwischenschritte und mit welchen Trainingselementen das Ziel, die Veränderung von Lehrerverhalten in Richtung größerer emotionaler Wärme, erreicht werden soll.

Die zugrundeliegende Veränderungsstrategie basiert auf der Erkenntnis, daß zielgerichtetes Verhalten aus handlungsleitenden Vorstellungen resultiert. Hierzu gehören beispielsweise die individuelle Situationswahrnehmung, subjektive Begriffsstrukturen, naive Verhaltenstheorien (vgl. dazu

Hofer 1981), Menschenbilder, sozialisierte Interaktionsgewohnheiten und ähnliches mehr. Wie diese Faktoren im Einzelfall zusammenwirken, so daß sich der Mensch für eine bestimmte Handlungsweise entscheidet, ist unbekannt, der Ablauf konkreter Entscheidungsprozesse kann wissenschaftlich (noch?) nicht prognostiziert werden. Bekannt ist jedoch, daß diese Variablen korrigiert werden müssen, wenn man das durch sie gesteuerte Verhalten ändern will. Dies sei an einem Beispiel erläutert: Der Lehrer X hat – wie alle Lehrer – ein bestimmtes Konzept darüber, wie er auf eine problematische Schüleräußerung zu reagieren hat. Diese Sichtweise, zu der seine Erklärungsmuster, seine Erwartungen über Handlungsergebnisse etc. gehören, steuert sein konkretes Verhalten. Er wird sie solange beibehalten, wie er damit die gewünschten Resultate erreicht, wie also antizipierte und tatsächlich eintretende Ereignisse übereinstimmen. Kommt es allerdings zu Diskrepanzen zwischen theoretisch erwarteten und faktisch entstandenen Folgen (Wirkungen), muß der Lehrer seine Sichtweise ändern und neue Verhaltensmöglichkeiten in Erwägung ziehen bzw. ausprobieren.

Analoges geschieht in unserem pädagogischen Trainingsprogramm. Die Beteiligten sollen lernen, ihre eigene Sichtweise, ihre Situationswahrnehmung und die auf ihr basierenden Verhaltensentscheidungen zu analysieren. Um die Notwendigkeit neuer Verhaltensmöglichkeiten plausibel zu machen, wird es erforderlich sein, die Wahrnehmung zu verfeinern und neue Wahrnehmungskategorien zu erarbeiten. Im nächsten Schritt sollen neue Lehrerverhaltensweisen trainiert werden, das Handlungsspektrum wird allmählich erweitert. Abschließend gilt es, die in den Sitzungen neu erworbenen Kompetenzen in der Schulpraxis auszuprobieren und zu evaluieren.

Die einzelnen Trainingsschritte sind in der folgenden Übersicht genauer aufgeführt; eine ausführliche Beschreibung erfolgt in unter dem Stichwort *»Lehrertraining«*.

1. Herstellen persönlicher Betroffenheit,
2. Analyse der eigenen Wahrnehmungsprozesse und darauf bezogener Verhaltensentscheidungen,
3. Kognitive Differenzierung von Lehrer-Schüler-Interaktionen. Erlernen »neuer« Wahrnehmungskategorien; Zwischenphase: Konfrontation der Lehrerwahrnehmung der Schüler mit dem eingeschätzten Idealbild und Realbild der Lehrer (empirischer Vergleich),
4. Erweiterung des Lehrer-Verhaltensspielraums durch videogestütztes Einüben alternativer Verhaltensweisen. Die Anforderungen steigen durch zunehmende Komplexität der eingegebenen Situationen:
   - Schriftliches Reagieren auf isolierte Situationsvorgaben mit gegenseitigem Feedback,

- Interaktives Entwickeln von Gesprächsleiterverhalten durch Rollenspiele,
- Interaktives Entwickeln von Gesprächskompetenzen der Kernvariablen Akzeptanz, Verständnis und Kongruenz in einem simulierten Konfliktlösungsgespräch mit Schülern,

5. Evaluation der entwickelten Verhaltenskompetenzen und Erfahrungen. Analyse und Austausch über schwierige Unterrichtssituationen,
6. Erweiterung des Trainingsprogramms: Lehrer erarbeiten eine Unterrichtseinheit zur Verbesserung der Schülerinteraktionskompetenzen und vereinbaren gemeinsame Regeln.

Um den Lehrern eine Möglichkeit zu geben, die stattfindenden Veränderungen ihrer handlungsleitenden Vorstellungen selbst zu kontrollieren (und nun eine Daten-Basis für die Evaluation des Projektes zu erhalten), werden die persönlichen Regelwerke der beteiligten Lehrer zu Beginn des Projektes erhoben, fortlaufend expliziert und zum Schluß mit der Ausgangslage verglichen. Unter Regelwerken verstehen wir hierbei ein System von Entscheidungsregeln, das der Lehrer insbesondere in konfliktträchtigen Interaktionssituationen anwendet. Diese Regeln sind eng verflochten mit Persönlichkeitsaspekten, Erfahrungen und bildungstheoretischen Vorstellungen.

Die Lehrer sollen sich ihr Regelwerk zunächst selbst verdeutlichen; zur Explikation dient eine Reihe von Situationsbeschreibungen problematischer Lehrer-Schüler-Interaktionen *(critical incidents)*: Die Projektteilnehmer versetzen sich in die Lage der beschriebenen Lehrer und halten schriftlich fest, wie sie selbst an deren Stelle reagieren würden. Zur Verdeutlichung sind die Instruktion und die fünf Fälle zur Regelwerk-Erhebung wiedergegeben. Die Explikation der Regelwerke wird am Ende des Trainings wiederholt und mit den Ergebnissen der ersten Erhebung verglichen.

## Baustein I: Lehrer-Schüler-Interaktion

*Persönliches Regelwerk*

Fragen zu den Fällen:

Lesen Sie bitte den folgenden Fall aufmerksam durch. Versetzen Sie sich dabei so realistisch wie möglich in die Lage des beteiligten Lehrers. Möglicherweise ist Ihnen ein ähnlich gelagerter Fall auch schon einmal passiert.

1. Wie wirkt das Geschehen auf Sie? Wie kommen Sie sich in dieser Situation vor? Was denken Sie? Was fühlen Sie?
2. Sehen Sie sich zum Handeln aufgefordert oder denken Sie, nicht eingreifen zu müssen? Begründen Sie bitte!
3. Welche Gründe sehen Sie in den Handlungsweisen der übrigen beteiligten Personen?

4. Angenommen, Sie greifen nicht ein: Wie werden sich die Ereignisse vermutlich weiter entwickeln?
5. Angenommen, Sie greifen ein:
   a. Welche Ziele wollen Sie erreichen?
   b. Wie handeln Sie, um diese Ziele zu erreichen?
   c. Was geht diesen Handlungen an Überlegungen voraus?
   d. Wie fühlen Sie sich, wenn Sie so handeln?
   e. Wie sicher, glauben Sie, führen Ihre Handlungen zu den genannten Zielen?
   f. Sehen Sie alternative Handlungsmöglichkeiten? Wenn ja, welche? Warum haben Sie diese nicht gewählt?

**Baustein I: Lehrer-Schüler-Interaktion**
»Fälle« zur Regelwerk-Erhebung (nach BECKER 1981)

*Fall 1: Ein Schüler kommt zu spät zur Klassenarbeit*
Sie lassen im achten Schuljahr eine Mathematikarbeit schreiben und haben dafür die ersten beiden Stunden des Vormittags ausgewählt. Alles verläuft wie vorgesehen. Die Schüler sind pünktlich an ihren Plätzen, die Hefte werden ausgeteilt, Sie schreiben die Aufgaben an die Tafel, es gibt noch einige Rückfragen, dann beginnen die Schüler zu arbeiten. Nach etwa einer halben Stunde kommt ein Schüler, den Sie schon als fehlend eingetragen haben, ins Klassenzimmer und entschuldigt sich damit, daß er den Bus verpaßt habe. Der Schüler steht in seinen schriftlichen Leistungen zwischen »ausreichend« und »mangelhaft« und Sie sind sich nicht sicher, ob seine Entschuldigung der Wahrheit entspricht oder ob es sich um einen Versuch handelt, die Arbeit nicht mitzuschreiben.

Ihre Auswertung (vgl. »Fragen zu den Fällen«)

...

**Baustein I: Lehrer-Schüler-Interaktion**
»Fälle« zur Regelwerk-Erhebung (nach BECKER 1981)

*Fall 2: Ihr methodisches Vorgehen wird kritisiert*
Sie bekommen eine neue Klasse, sind vom Wert eines demokratischen Lehrstils überzeugt und möchten Gruppenunterricht durchführen. Nachdem Sie mit den Schülern über die Vorzüge der Gruppenarbeit gesprochen und bei der Kleingruppenbildung geholfen haben, beginnen die Schüler mit der Arbeit. Natürlich wird es in den einzelnen Gruppen manchmal etwas laut; schließlich sind die Schüler diese neue Form der Kooperation nicht gewöhnt, und deshalb kommt es zu kleinen Streitigkeiten. Manchmal dringt etwas Lärm aus ihrem Raum

in das Nachbarzimmer. Eines Tages, als Sie wieder Gruppenarbeit durchführen, klopft es an. Ein älterer Kollege, der nebenan unterrichtet, fragt, ob es nicht möglich sei, in der Klasse mehr Disziplin zu wahren, denn seine Schüler würden durch die anderen Schüler gestört. Als Sie die Schüler, die mitgehört haben, bitten, etwas leiser zu sein, geht das 5 Minuten lang ganz gut. Dann pendelt sich der alte Lärmpegel wieder ein...

Ihre Auswertung (vgl. »Fragen zu den Fällen«)

...

**Baustein I: Lehrer-Schüler-Interaktion**
»Fälle« zur Regelwerk-Erhebung (nach BECKER 1981)

*Fall 3: Eine Schülerin ist nervös*
Eine Ihrer Schülerinnen (Monika) in der 9 b hat gute Schulleistungen aufzuweisen, ist aber ausgesprochen gehemmt und nervös. Am Unterricht beteiligt sie sich nur, wenn sie aufgerufen wird. Muß sie vor der Klasse sprechen, dann stottert sie ein bißchen, im Gesicht und am Hals werden rote Flecken sichtbar, und ihre Hände sind immer in Bewegung.
Sie bemühen sich, der Schülerin besonders ruhig und freundlich zu begegnen, aber das nützt wenig. Sie sprechen mit Monikas Freundin und hören von ihr, daß Monika immer schon so nervös gewesen sei.

Ihre Auswertung (vgl. »Fragen zu den Fällen«)

...

**Baustein I: Lehrer-Schüler-Interaktion**
»Fälle« zur Regelwerk-Erhebung (nach BECKER 1981)

*Fall 4: Lieblingsschüler*
Seit vier Wochen gehen Sie morgens gemeinsam mit einem Ihrer Schüler zur Schule. Michael ist 12 Jahre alt. Er steht um halb acht vor Ihrer Haustür, um Sie abzuholen. Zwischen Michael und Ihnen entwickelt sich eine kleine Freundschaft. Auf dem Schulweg unterhalten Sie sich mit ihm über die Ereignisse des Vortages, über die kommenden Ereignisse am Vormittag und über das, was so alles im Ort passiert ist.
Seit einer Woche werden Sie nicht mehr abgeholt. Michael weicht Ihnen aus. Als Sie ihn mal allein treffen und nach dem Grund fragen, antwortet er Ihnen: »Die anderen sagen, ich sei Ihr Liebling. Und das will ich nicht.«

Ihre Auswertung (vgl. »Fragen zu den Fällen«)

...

**Baustein I: Lehrer-Schüler-Interaktion**
»Fälle« zur Regelwerk-Erhebung (nach BECKER 1981)

*Fall 5: Frank stört immer*
Seit einigen Wochen führen Sie in Ihrem siebten Schuljahr Kleingruppenarbeit durch. Die Arbeit verläuft nach einigen Anfangsschwierigkeiten erwartungsgemäß, nur in einer Gruppe kommt es immer wieder zu Problemen. In dieser Gruppe ist Frank. Er kann sich offensichtlich nicht konzentrieren, ist nicht bereit oder in der Lage, einen Arbeitsauftrag auch nur durchzulesen, leistet nach Aussage seiner Mitschüler keine konstruktiven Beiträge, sondern versucht pausenlos, die Arbeit seiner Mitschüler zu stören, indem er Bücher versteckt, Protokolle zerreißt, die anderen mit spitzen Gegenständen sticht usw.
Schließlich möchten die unmittelbar betroffenen Schüler nicht mehr mit ihm zusammenarbeiten. Sie kommen zu Ihnen und fordern: »Wir wollen den Frank nicht mehr in unserer Gruppe, der macht immer nur Blödsinn.«

Ihre Auswertung (vgl. »Fragen zu den Fällen«)

...

Die zeitliche Parallelität von Trainingsprogramm und Regelwerk-Erhebung ist in der folgenden Graphik (Abb. 4) wiedergegeben:

Durch die Explikation des Regelwerks zu Beginn und die Überprüfung der Veränderungen im Laufe des Interventionsprogramms sollen sich die beteiligten Lehrer zunehmend Klarheit über ihre handlungsleitenden Vorstellungen verschaffen. Dies ist eine wichtige Voraussetzung

a) für die Überprüfung, ob die eigenen Handlungen bzw. deren Ergebnisse dem eigenen Regelwerk entsprechen;
b) dafür, den Schülern Lehrerreaktionen auf eigene Verhaltensweisen vorhersehbar und berechenbar zu machen. Der Schüler erfährt so, daß er schulische Ereignisse kontrollieren kann, was eine Voraussetzung für den Abbau von Angst darstellt. Nur wenn der Lehrer die Richtlinien seines Verhaltens offenlegt, können Lehrer und Schüler gemeinsame Verhaltensregeln aushandeln, die zu einem emotional wärmeren Klima in der Klasse beitragen.

**Abb. 4: Verknüpfung des Trainingsprogramms mit der Regelwerkformulierung**

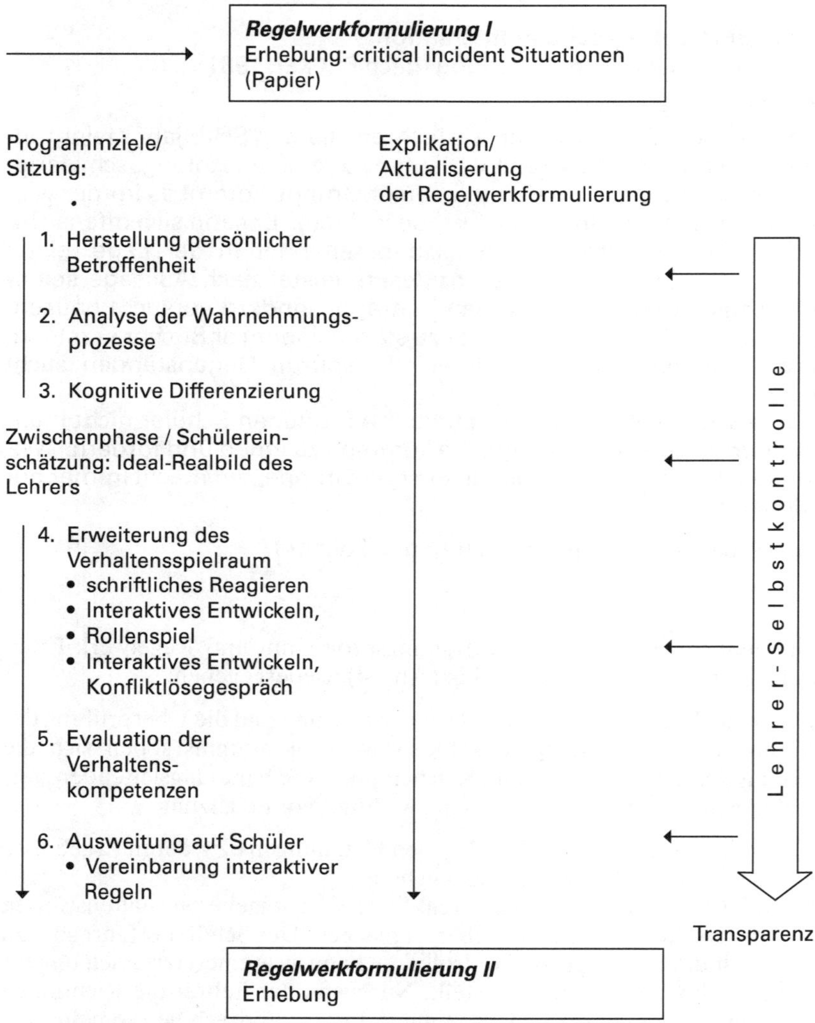

### *3.1.3 Das Lehrertraining*

Dem Selbstverständnis der Teamleiter entsprechend sollte das Training nicht dazu dienen, die von uns entwickelten Maßnahmen den Teilnehmern als von »Experten« erarbeitete und verbindliche »Rezeptur« zu vermitteln, die dann von den Praktikern nur noch umgesetzt zu werden braucht. Vielmehr verstanden wir unsere Beiträge als Vorschläge, die wir als mögliche Vorgehensweisen zur Diskussion stellen. Unsere Rolle ist nicht die von »Weisen« oder »Experten«, sondern wir waren Mitlernende und Moderatoren in einer Gruppe, in der alle Beteiligten kompetent sind; gemeinsam mit den Lehrern beratschlagten wir, welche unserer Vorschläge sie aufgreifen, umsetzen oder den konkreten Praxisbedingungen gemäß modifizieren könnten. Ziel war es, erst in gemeinsamer Arbeit zu endgültigen Konzepten und Verhaltensregeln zu gelangen und damit theoretische Vorschläge und praktische Erfahrungen auf einen Nenner zu bringen.

Es ergaben sich folgende Phasen in der Zusammenarbeit mit den Lehrern:

- Konfrontation mit dem Problem und darauf aufbauend die Erstellung gemeinsamer Arbeitsziele;
- sukzessive Erweiterung des Verhaltensrepertoires in Richtung der angestrebten Ziele (vom schriftlichen Reagieren auf isolierte Situationsvorhaben über das Entwickeln von Gesprächsverhalten durch Rollenspiele bis zum Erproben der Verhaltensweisen in Unterrichtsversuchen);
- Erarbeitung einer Unterrichtseinheit zur Verbesserung der Schülerinteraktionskompetenzen und zur Aushandlung eines gemeinsamen »Verhaltensvertragswerks«;
- Übertragung auf den realen Unterricht, Nachbetreuung bezüglich auftretender Schwierigkeiten.

Insgesamt erstreckte sich das Training über sieben Sitzungen, wovon eine als ganztägige Blockveranstaltung durchgeführt wurde. Vor Beginn erhielten die Teilnehmer das oben beschriebene Informationspapier zur privaten Bearbeitung und Vorbereitung. Die Inhalte wurden nur soweit im Plenum thematisiert, als der ausdrückliche Wunsch hierzu geäußert wurde.

In der **ersten Sitzung** wurden die Lehrer mit dem Thema »unbefriedigend verlaufende Gespräche« konfrontiert. Wir wollten persönliche Betroffenheit herstellen und eigene Erfahrungen zur Thematik aufgreifen.

Zunächst wurden die Ziele der Sitzung erläutert: Die Teilnehmer sollten

- lernen, unbefriedigende Bedingungen der Gesprächssituation und des Partnerverhaltens von befriedigenden Bedingungen zu unterscheiden,
- diese (un-)befriedigenden Bedingungen mit eigenen Erfahrungen verknüpfen,

**Abb. 5: Baustein I: Lehrer-Schüler-Interaktion I; 1. Sitzung; Arbeitsblatt: »Mögliche Ursachen für Unbefriedigtsein in einem Gespräch«**

| Die wichtigsten Gründe ... | .... für mich | Gruppen-auswertung |
|---|---|---|
| 1. Der Gesprächspartner hört mir nicht richtig zu. Er scheint kein Interesse am Gespräch und an mir zu haben. Er wirkt abgelenkt und unkonzentriert. | | |
| 2. Der Gesprächspartner ist mir von vornherein unsympathisch. | | |
| 3. Ich habe das Gefühl, daß der Gesprächspartner ein Vorurteil oder eine vorgefaßte Meinung hat. Er verdreht häufig das, was ich sage. | | |
| 4. Das Gespräch wird durch andere unterbrochen oder gestört. | | |
| 5. Der Altersunterschied zwischen mir und meinem Gesprächspartner ist zu groß. | | |
| 6. Der Gesprächspartner kritisiert oder belehrt mich häufig. | | |
| 7. Das Gespräch findet in einer ungünstigen Umgebung statt, z. B. in einem ungemütlichen Raum. | | |
| 8. Der Gesprächspartner spielt mir was vor. Er verbirgt mir das, was er wirklich denkt. | | |
| 9. Zwischen dem Gesprächspartner und mir besteht ein hohes soziales Gefälle. | | |
| 10. Das Gespräch findet zu einem ungünstigen Zeitpunkt statt, z. B. unter Zeitdruck. | | |
| 11. Sonstige Gründe, und zwar | | |
| .................................................................... | | |
| .................................................................... | | |
| .................................................................... | | |
| .................................................................... | | |

- einige dieser Bedingungen im eigenen Lehrerverhalten ausfindig machen.

Der erste Arbeitsschritt bestand in der Analyse unbefriedigender Gesprächssituationen, die die Teilnehmer selbst erlebt hatten: Was waren die Gesprächsanlässe, wie verlief das Gespräch, wie verhielt sich der Partner, welche emotionalen Auswirkungen hatte das Gespräch auf die Beteiligten? Anhand einer vorgegebenen Liste (Abb. 5) überlegten die Teilnehmer, welche Gründe zum Mißlingen des Gesprächs führten.

Aus der genaueren Betrachtung der Gründe für das Scheitern von Gesprächen wurden abschließend positive Bedingungen für zufriedenstellende Gesprächsverläufe formuliert.

Im nächsten Schritt wurde der Bezug zum eigenen Lehrerverhalten geschaffen: Welche günstigen emotionalen Bedingungen können im Unterricht bereitgestellt werden, welche sind schwer zu realisieren?

Die erarbeiteten Inhalte wurden nun auf die Kommunikation in der Sitzung bezogen: In kurzen Stellungnahmen äußerten die Teilnehmer, wie sie die Gesprächsbedingungen empfanden und ob sie sich in der Situation wohlfühlten.

Die **zweite Sitzung** diente der Sicherung theoretischen Wissens, das sich die Lehrer teilweise schon durch die vorbereitende Lektüre des Informationspapiers angeeignet hatten. Die Kernbegriffe Akzeptanz, Empathie und Kongruenz sollten als wesentliche Aspekte emotional günstigen Lehrerverhaltens beschrieben und in ihrer Bedeutung für den Abbau von Schulangst erkannt werden. Erreicht wurde dieses Ziel durch den Rückgriff auf das Informationspapier, zu dem die Teilnehmer Verständnisfragen stellten und dessen Inhalte sie mit den Ergebnissen der ersten Sitzung verglichen.

Zum zweiten sollte den Teilnehmern als wichtige Erkenntnis zur menschlichen Wahrnehmung vermittelt werden, daß Wahrnehmung nicht nur von den Reizen der wahrgenommenen Umwelt determiniert wird, sondern daß auch Wechselwirkungen zur Person des Wahrnehmenden bestehen. Hierzu wurde ein Rollenspiel durchgeführt (in Anlehnung an Antons 1976, S. 51), in dem sich die Teilnehmer über ihre unterschiedliche Wahrnehmung der gleichen Person (der bekannten Kippfigur »alte Frau – junge Frau«) verständigen mußten. Den Lehrern soll hiermit verdeutlicht werden, daß die Annahme, die Reizstruktur der Umwelt bestimme linear und direkt die Wahrnehmung und diese wiederum das Verhalten, naiv und verkürzt ist und zugunsten eines adäquaten Modells abgelöst werden muß: Wie ein Individuum eine Situation wahrnimmt, hängt von persönlichkeitsspezifischen Faktoren und Kontextvariablen ab, die quasi zu einer subjektiven Filterung der Wahrnehmungsreize führen; verschiedene Personen können demnach die objektiv gleiche Situation völlig unterschiedlich wahrnehmen.

Illustriert wurde dies anhand von Beispielen aus dem Alltagsleben und der Schule, etwa: Ein hungriger Tourist nimmt in einer ihm fremden Stadt zunächst alle Restaurants und Cafes wahr, während sich ein satter Tourist in der gleichen Situation auf die Kunstschätze und baulichen Besonderheiten konzentriert; oder: In einer sehr ruhigen Klasse wirkt ein lebhafter Schüler schnell verhaltensauffällig, während er vor dem Hintergrund temperamentvoller Mitschüler ganz anders wahrgenommen wird.

Abschließend werden Verhaltenskonsequenzen aus diesem mehrdimensionalen Modell der Wahrnehmung gezogen: Der Lehrer sollte seine Wahrnehmung auf ihre Adäquatheit überprüfen und sich hierüber bei den Schülern rückversichern (Verständigung über Verständigung).

Lehrerverhalten im sozioemotionalen Bereich genauer differenzieren zu können, war Ziel der **dritten Sitzung.** Zu diesem Zweck erhielten die Lehrer Schätzskalen, auf denen die verschiedenen Grade und Abstufungen wertschätzenden, einfühlenden und echten Lehrerverhaltens genau definiert sind. Beispielhaft sei hier die Trainingsskala »Wertschätzung« wiedergegeben.

**Baustein I: Lehrer-Schüler-Interaktion**
Material zur 3. Sitzung
*Arbeitspapier: Trainingsskala »Wertschätzung«*

Stufe 1: Der Lehrer drückt in dem, was er sagt und/oder seiner Mimik und Gestik eine deutliche Mißachtung des Schülers aus. Er wertet ab, schreibt Schuld zu, verurteilt, demütigt, entmutigt, nimmt den Schüler nicht ernst.

Stufe 2: Der Lehrer bringt dem Schüler Anerkennung und Wertschätzung stark selektiv entgegen: Er macht dies davon abhängig, ob der Schüler Leistungen und Wohlverhalten zeigt.

Stufe 3: Der Lehrer ist vor allem sachorientiert. Er ist auf ein gutes Arbeitsklima bedacht, wahrt aber eine kühle und freundliche Distanz und ignoriert emotionale Aspekte des Unterrichts.

Stufe 4: Der Lehrer zeigt ein deutliches Bemühen um Wertschätzung des Schülers. Er achtet den Schüler als eigenständige Person. Er reduziert jedoch seine Wertschätzung, wenn der Schüler gegen grundlegende Normen verstößt.

Stufe 5: Der Lehrer zeigt sich an der Person des Schülers und ihren Entwicklungsmöglichkeiten stark interessiert. Er behandelt den Schüler achtungsvoll und wertschätzend, unabhängig von Leistungen und Wohlverhalten des Schülers.

Beispiel zur Erläuterung der Skalenstufen:

Schüler: (zaghaft): *»Ich glaube, ich habe mich da gestern, hm, wie soll ich sagen, äh, etwas danebenbenommen. Ich... (zögerlich, kleinlaut) möchte mich entschuldigen.«*

Stufe 1: Das hättest Du Dir früher überlegen sollen. Jetzt ist es zu spät.
Stufe 2: Wenn Du Dich reuig zeigst, dann wollen wir es mal vergessen.
Stufe 3: Gut, dann wollen wir nicht mehr darüber reden.
Stufe 4: Es belastet Dich wohl auch, und Du willst das aus der Welt schaffen. Mir geht es ebenso. Sollen wir gemeinsam überlegen, was uns gestern so gegeneinander aufgebracht hat?

Anhand dieser Skalen stuften die Teilnehmer vorgegebene Beispiele von Lehrerantworten auf Schüleräußerungen nach dem Grad der gezeigten Wertschätzung und Empathie ein; von den Beispielen sei eines herausgegriffen:

*Sie führen eine Übungsstunde in Mathematik durch. Jürgen bemerkt: »Solche Aufgaben zu rechnen ist doch das letzte. Wir brauchen das doch nie im Leben.«*

*L1: Kennst Du die Fabel vom Fuchs und den Weintrauben? Ich will sie Dir mal erzählen...*
*L2: Jetzt hört Euch mal den da an? Jetzt kann er gerade das kleine Einmaleins, und schon will er in den Lehrplan eingreifen.*
*L3: Du magst diese Rechenaufgaben nicht, ja?*
*L4: Du empfindest diese Aufgaben als sinnlos für Dich, ist das so?*

Im nächsten Schritt übten die Lehrer, in vorgegebenen Schüleräußerungen die ausgedrückten Gefühle wahrzunehmen und emotional positive, also akzeptierende und einfühlsame Antworten schriftlich zu formulieren. Sie erhielten hierzu eine Hilfestellung in Form des folgenden Arbeitspapiers:

**Baustein I: Lehrer-Schüler-Interaktion**
Material zur 3. Sitzung
*Arbeitspapier: Situationen zum Üben fördernder Lehrerreaktionen*

INFORMATIONEN:
Versuchen Sie bitte, zu den folgenden Äußerungen von Schülern Antworten zu finden, die fördern. Fördernde Antworten sind solche, die dem anderen mitteilen: Er wird akzeptiert. Der Lehrer versucht ernsthaft, ihn zu verstehen.

1. Die einfachste Form (aber auch das ist sicher nicht leicht), dies mitzuteilen, besteht darin, dem anderen konzentriert zuzuhören und

den Inhalt mit eigenen Worten zusammenzufassen und wiederzugeben. Sie überprüfen damit Ihre Wahrnehmung und geben dem Schüler die Chance, etwas richtigzustellen, wenn er sich mißverstanden fühlt.

2. Schwieriger wird es, die Gefühle wahrzunehmen und auszudrücken, die hinter dem stehen, was der andere sagt oder die eigenen Gedanken und Gefühle auszudrücken, ohne den anderen zu belasten.
3. Versuchen Sie, Antworten zu vermeiden, die den anderen hindern oder blockieren. Hinderlich sind Reaktionen, die
   - emotional verpflichten (»Wie kannst Du nur so etwas sagen?«),
   - Gefühle entwerten (»Aber wir sind doch alle so bemüht, und Du...?«),
   - eine Person nicht ernst nehmen durch bagatellisieren (»So schlimm auch nicht«), anordnen, moralisieren, belehren (»Du solltest...«) usw.

BEISPIEL:

»Ich habe in dieser Klasse oft das Gefühl, ein Außenseiter zu sein. Ich habe zu keinem richtig Kontakt.«

*Fördernde Antworten:*
- Ist es so, Du meinst, alleingelassen zu werden? (Zusammenfassung)
- Wie Du das sagst, klingt es, als seist Du sehr traurig darüber. Stimmt das? (Überprüfung der Wahrnehmung)
- Du wünschst Dir bessere Beziehungen zu den anderen? (Benennung der Gefühle)
- Ich habe mich auch schon gefragt, was wir da unternehmen können. (Mitteilung der eigenen Gedanken und Gefühle)

*Hinderliche Antworten:*
- Du bist gehemmt und kannst nicht aus Dir herausgehen. (Interpretation)
- Aber wir bemühen uns doch alle um Dich. (emotionale Verpflichtung)
- Ich weiß nicht, wie Du das sagen kannst, wo wir uns doch um ein gutes Klima bemühen. (Verneinung des Gefühls)
- Du solltest selbst offener und zugänglicher sein. (Ratschlag)

Im folgenden finden Sie Äußerungen von Schülern (und Kollegen). Versuchen Sie bitte, zu jeder Äußerung
a) das darin enthaltene Gefühl zu benennen (Ärger, Wut, Freude...),
b) eine förderliche Äußerung zu formulieren.

Die Arbeitsergebnisse der Teilnehmer wurden jeweils im Plenum verglichen und diskutiert und ihre Antwortvorschläge auf den oben beschriebenen Schätzskalen eingeordnet.

Zweck der ganztägigen Blockveranstaltung war es, emotional positives Lehrerverhalten im Unterrichtsgespräch mit der ganzen Klasse zu üben. Das Training erfolgte unter reduzierten, aber dennoch unterrichtsnahen Bedingungen, analog zum Verfahren des Micro-Teachings.

Jeder Teilnehmer hatte als Vorbereitung auf das Training eine Mini-Unterrichtseinheit von 5–10 Minuten Dauer geplant, die er als Unterrichtsversuch durchführte. Die übrigen Teilnehmer übernahmen dabei jeweils die Rolle der Schüler. Das ganze wurde auf Video aufgezeichnet und zunächst in Einzelarbeit nach dem SIK-System (WAGNER et al. 1976) analysiert. Diese **S**ozioemotionalen **I**nteraktions-**K**ategorien sind u.E. gut geeignet, Lehrerverhalten auf das Erreichen unserer Trainingsziele hin zu analysieren. Die Kodierung von aufgezeichneten Unterrichtssequenzen nach dem SIK-System ist zu Beginn der **vierten Sitzung** eigens trainiert worden.

Nach der Analyse des Unterrichtsversuchs in Einzelarbeit sah man sich im Plenum die Aufzeichnung nochmals an. Dann fand eine Diskussion darüber statt, inwieweit es dem einzelnen Lehrer gelungen war, seinen Schülern die Möglichkeit zu eigenen Beiträgen und zur Äußerung von Gefühlen und Gedanken einzuräumen; es wurde reflektiert, ob der Lehrer wertschätzendes und verständnisvolles Verhalten zeigte, indem er die Schüler ausreden ließ, ihnen aufmerksam zuhörte, ihre Beiträge aufgriff oder klärte usw. In einer Alternativdiskussion sammelte man jeweils weitere Vorschläge, um das Lehrerverhalten in der angestrebten Richtung zu erweitern und günstige Interaktionsmuster zu entwickeln. In einem zweiten Unterrichtsversuch realisierte der Lehrer dann die in einer Alternativdiskussion vorgeschlagenen und als sinnvoll erachteten Verhaltensweisen; es schloß sich wie beim Erstversuch die SIK-Kodierung an, und das Plenum überprüfte abschließend mittels Vergleich von Erst- und Zweitversuch, ob eine Annäherung an die Trainingsziele erreicht wurde. Wichtig war allen Beteiligten, am Ende der Sitzung ein Resumee über den gesamten Ablauf zu ziehen und das Trainingskonzept zu bewerten.

Schwerpunkt der **fünften Sitzung** war das Training schülerzentrierter Einzelgespräche. Die Lehrer sollten lernen, in besonderen Unterrichtssituationen oder bei Problemen und Konflikten Verhalten zu zeigen, das durch Wertschätzung, Ermutigung, Verständnis und Echtheit gekennzeichnet ist und das den Schüler zu eigenen Überlegungen und Problemlösungen anregt. Nach der Besprechung des geplanten Sitzungsverlaufs trainierten die Teilnehmer zunächst, Verständnis durch geeignete Formulierungen auszudrücken (z. B. »Du glaubst, daß«, »Wenn ich Dich richtig verstanden habe«) und die von Schülern geäußerten Inhalte als Synonym, Antonym oder als Wunsch widerzuspiegeln:

Beispieläußerung: »Ich bin einfach zu höflich.«
Synonym: »Du erlebst Dich sehr steif.«
Antonym: »Du kannst Dich irgendwie nicht frei fühlen.«
Wunsch: »Du möchtest gern mehr aus Dir herausgehen.«

Im nächsten Schritt sammelten die Lehrer aus ihrem Erfahrungsbereich Situationen, in denen sie den Wunsch hatten, dem betreffenden Schüler zu helfen; Anlässe waren Schüleräußerungen wie: »Wenn wir eine Klassenarbeit schreiben, kann ich am Abend vorher nicht einschlafen.« oder: »In Mathe komme ich eh' auf keinen grünen Zweig, da brauche ich mich erst gar nicht anzustrengen.« Diese Situationen stellten nun je zwei Teilnehmer in einem Rollenspiel als Lehrer und Schüler nach. Analog zum oben beschriebenen Trainingskonzept der Blockveranstaltung wurden diese Rollenspiele auf Video aufgezeichnet und nach der Rückmeldung durch das Plenum in einem Zweitversuch wiederholt. Als »Hausaufgabe« wurden die Lehrer aufgefordert, die trainierten Verhaltensweisen unter schulischen Bedingungen auszuprobieren.

Auf der Tagesordnung der **sechsten Sitzung** stand die Planung einer Unterrichtseinheit »Schüler-Schüler-Interaktion und Lehrer-Schüler-Interaktion«. Hier wird der Einfluß der Schüler auf das Klassenklima thematisiert, nachdem in den vorangegangenen Sitzungen die Lehrer ihre Verantwortung reflektiert und förderliche Verhaltensweisen trainiert hatten. Als Arbeitsgrundlage teilten wir ein Papier aus, das die Lehrer über Zielsetzung und mögliche Elemente der Unterrichtseinheit informierte. Wie aus der Bezeichnung bereits ersichtlich, wird mit dem Unterricht eine Verbesserung der Interaktion im Klassenzimmer auf zwei Ebenen angestrebt: Erstens sollen Schüler untereinander ein positives Klima schaffen und lernen, befriedigender miteinander umzugehen. Zweitens sollen sie erkennen, daß sie über Verstärkungs- und Rückmeldeprozesse auch das Lehrerverhalten beeinflussen. Im Informationspapier stellen wir den Lehrern drei curriculare Elemente und zwei Unterrichts-»Institutionen« vor, die zur Erreichung dieser Ziele beitragen sollen:

1. **Das Schülerinformationspapier**
   Auf vier Seiten werden die Schüler über den Zusammenhang zwischen Umgangsformen im Klassenzimmer und Schulangst informiert, und sie erhalten einen Überblick über das, was in der Unterrichtseinheit auf sie zukommen wird; die entsprechenden Übungen und curricularen Elemente (Rückmeldeübung, Manöverkritik, Kummer-Komplimente-Kasten, kontrollierter Dialog, vgl. weiter unten) werden in ihrer Sinnhaftigkeit/Notwendigkeit begründet.

**2. Die Übung »Kontrollierter Dialog«**

Der Sinn der Übung liegt darin, genaues Zuhören zu lernen und sich beim Sprecher jeweils über die Angemessenheit der eigenen Zusammenfassung und Interpretation des Gehörten zu vergewissern. Von ANTONS (1976, S. 88 f.) haben wir die Instruktion zu dieser Übung größtenteils wörtlich übernommen und nur geringfügig modifiziert (Ausweitung auf vier statt drei Teilnehmer):

**Baustein I: Lehrer-Schüler-Interaktion**
Material zur 6. Sitzung
*Übung: »Kontrollierter Dialog« (nach ANTONS 1976, S. 88 f.)*

Instruktionen zum kontrollierten Dialog:

Aufteilen der Teilnehmer in Vierer-Gruppen (Rollen A, B, C, D); je zwei dieser 4 Teilnehmer (A und B) wählen sich ein Thema und versuchen, darüber ein Gespräch zu führen und zwar mit folgenden Spielregeln:

A beginnt mit einem Satz, einer These, B muß vorerst den Satz von A genau sinngemäß wiederholen; daß der Sinn des Satzes durch B nicht entstellt worden ist, muß von A daraufhin mit »stimmt« oder »richtig« bestätigt werden, erst dann darf B auf den Satz von A antworten.

Wird ein Satz z. B. von B (oder A) nicht ganz sinngemäß wiederholt, wird er nicht von A (oder B) mit »stimmt« bzw. »richtig« bestätigt, sondern verneint mit »falsch« oder »nein« und muß von B (oder A) nochmals wiederholt werden. Ist er dann noch immer falsch, muß ihn A (oder B) selbst nochmals sagen, B wiederholt ihn. C und D sind Beobachter und schalten sich verbal ein, wenn die Spielregeln nicht eingehalten werden. Die Zeit wird auch von ihnen gestoppt. Dieses Gespräch dauert jeweils 10 Minuten (insgesamt dreimal), nach 10 Minuten werden die Rollen gewechselt, so daß jeder Teilnehmer einmal auch Beobachter war (C und D reden, A und B Beobachter).

Nach 20 Minuten Treffen zur gemeinsamen Diskussion.

Beispiel eines kontrollierten Dialogs:
Angenommen, das Thema wäre: Wieviele Klassenarbeiten sollten im Fach ... geschrieben werden?

*A: Ich bin der Meinung, wir sollten mehr Arbeiten schreiben. Dann kann man sich auch mal einen Ausrutscher leisten.*

*B: Du bist dafür, häufiger Klassenarbeiten zu schreiben, weil sich dann eine verbaute Klassenarbeit nicht so stark auf die Zeugnisnote auswirkt.*

A: *Stimmt.*
B: *Mir wäre das zu stressig. Wenn wir mehr Arbeiten schreiben würden, müßte man nur häufiger diesen Streß aushalten.*
A: *Du bist da anderer Ansicht als ich. Du meinst, das wäre vor allem mit einer häufigeren Belastung verbunden.*
B: *Stimmt.*
A: *Ich finde aber, daß ...*

Zusammenfassung: Kontrollierter Dialog

Welche Arten von Problemen machen es für zwei Menschen schwierig, sich in einer Unterhaltung ausreichend zu verstehen?

Häufige Fehler auf der Seite des Sprechenden:

- Organisiert seine Gedanken nicht, bevor er spricht.
- Drückt sich ungenau aus.
- Versucht, zu viel in einer Aussage unterzubringen, so daß sie verwirrend wirkt. Wirksamkeit nimmt mit der Kürze zu.
- Bringt zu viele Ideen in seine Äußerungen ein, oft untereinander nicht verbunden, so daß eine Zusammenfassung für den Partner schwierig ist.
- Redet aus Unsicherheit immer weiter, ohne die Auffassungskapazität seines Partners abzuschätzen: Fehlende Resonanz bei langem Sprechen erhöht ein Bestätigungsbedürfnis, das wirkungslos bleiben muß.
- Übersieht bestimmte Punkte der Antwort des vorausgegangenen Sprechers und antwortet daher nicht aktuell zu dem, was zuvor gesagt wurde: Das Gespräch kommt nicht vorwärts.

Häufige Fehler auf der Seite des Zuhörers:

- Hat keine ungeteilte Aufmerksamkeit.
- Denkt schon an seine Antwort, statt aufmerksam zuzuhören, legt sie sich zurecht, während der Partner noch spricht. Folge: Er kann nicht vollständig wiederholen, vergißt, was gesagt ist und was er sagen will.
- Neigt eher dazu, auf Details zu hören und sich evtl. über sie zu echauffieren, anstatt den ganzen Sinn und die wesentlichen Mitteilungen zu erfassen.
- Denkt den Gedanken des Sprechenden schon weiter.

Die reale Erfahrung, daß Verstehen und Verstandenwerden keineswegs so selbstverständlich sind, wie oft naiverweise angenommen wird, macht sensibler gegenüber den Möglichkeiten des Mißverstehens, Mißhörens und Mißverstandenwerdens in einer größeren Gruppe. Diese Erfahrung kann zu einem Bewußtsein dafür führen, wie leicht von dem unbewußten Vorurteil ausgegangen wird, die eigene Psychologie sei jeweils auch die des anderen.

3. **Feedback-Regeln und Feedback-Übungen**
   Oft ist einem Menschen nicht bewußt, wie sein Handeln auf andere wirkt. Um Verhalten ändern und den Umgang miteinander positiver gestalten zu können, ist es erforderlich, Rückmeldung über die Wirkung seines Tuns zu erhalten. Damit dieses Feedback nicht verletzend wirkt, sollten bestimmte Regeln erfüllt werden, die ANTONS (1976, S. 109 f.) beschreibt.

**Baustein I: Lehrer-Schüler-Interaktion**
Material zur 6. Sitzung
*Feedback-Regeln (nach ANTONS 1976, S. 109 f.)*

Das Feedback soll sein:
- *Beschreibend:* Das steht im Gegensatz zu bewertend, interpretierend oder Motive suchend. Indem man seine eigene Reaktion beschreibt, überläßt man es dem anderen, diese Information nach seinem Gutdünken zu verwenden oder nicht. Indem man moralische Bewertungen unterläßt, vermindert man im anderen den Drang, sich zu verteidigen und die angebotene Information abzulehnen.
- *Konkret:* Das steht im Gegensatz zu allgemein. Beispiel: Wenn man jemandem sagt, er sei dominierend, so hilft ihm das vielleicht viel weniger als wenn man sagt: »Gerade jetzt, als wir in dieser Sache zu einer Entscheidung kommen wollten, hast du nicht auf das gehört, was andere sagten, und ich hatte das Gefühl, daß du mich angreifen würdest, wenn ich deinen Argumenten nicht zustimme.«
- *Angemessen:* Feedback kann zerstörend wirken, wenn wir dabei nur auf unsere eigenen Bedürfnisse schauen und wenn dabei die Bedürfnisse der anderen Person, der wir diese Information geben wollen, nicht genügend berücksichtigt werden. Angemessenes Feedback muß daher die Bedürfnisse aller beteiligten Personen in gerechter Weise berücksichtigen.
- *Brauchbar:* Es muß sich auf Verhaltensweisen beziehen, die der Empfänger zu ändern fähig ist. Wenn jemand auf Unzulänglichkeiten aufmerksam gemacht wird, auf die er keinen wirksamen Einfluß ausüben kann, fühlt er sich nur um so mehr frustriert.
- *Erbeten:* Das steht im Gegensatz zu aufgezwungen. Feedback ist dann am wirksamsten, wenn der Empfänger selbst die Frage formuliert hat, auf die der Beobachter ihm dann antwortet.

- *Zur rechten Zeit:* Normalerweise ist Feedback um so wirksamer, je kürzer die Zeit zwischen dem betreffenden Verhalten und der Information über die Wirkung dieses Verhaltens ist. Es müssen jedoch auch noch andere Gegebenheiten berücksichtigt werden, z. B. die Bereitschaft dieser Person, solche Information anzunehmen, die mögliche Hilfe von anderen usw.
- *Klar und genau formuliert:* Das kann man nachprüfen, indem man den Empfänger auffordert, die gegebene Information mit eigenen Worten zu wiederholen und dann seine Antwort mit der Intention des Beobachters vergleicht.
- *Korrekt:* In einer Gruppe haben sowohl der Beobachter als auch der Empfänger des Feedbacks die Möglichkeit, die mitgeteilte Beobachtung nachzuprüfen, indem auch die anderen Mitglieder der Gruppe nach ihren Eindrücken befragt werden. Dadurch werden mögliche Fehler und Ungenauigkeiten vermieden.

Die Spielregeln für wirksames Feedback können wie folgt zusammengefaßt werden:

- Für den, der Feedback erteilt:
- Beziehe Dich auf konkrete Einzelheiten, auf Material der »Hier-und-Jetzt-Situation«.
- Unterwirf Deine Beobachtung der Nachprüfung durch andere.
- Gib Deine Information auf eine Weise, die wirklich hilft.
- Gib sie sobald als möglich.
- Vermeide moralische Bewertungen und Interpretationen.
- Biete Deine Information an, zwinge sie nicht auf, dränge dich nicht auf.
- Sei offen und ehrlich.
- Gib zu, daß Du Dich möglicherweise auch irrst.

- Für den, der Feedback erhält:
- Nicht argumentieren und verteidigen.
- Nur zuhören, nachfragen und klären.

Die Wirksamkeit der Hilfe hängt auch von der Offenheit des Empfängers ab.

Um diese Regeln einzuüben, erhalten die Schüler folgende Arbeitsaufträge:

1. Angenommen, Euer Lehrer ist im Stoff zu schnell vorgegangen und Ihr habt fast alle nichts mehr mitbekommen. Überlegt Euch Formulierungen, wie Ihr dem Lehrer Eure Schwierigkeiten mitteilen könnt, wobei die Formulierungen so sind, daß der Lehrer sich nicht angegriffen fühlt. Formulierungen, die nicht verärgern:

Bei welchen Formulierungen würde sich Euer Lehrer wahrscheinlich eher ärgern? Überlegt Euch auch hierzu ein paar Formulierungen! Formulierungen, die eher verärgern:

2. Überlegt Euch ein Verhalten Eures Nachbarn in der letzten Zeit, das Euch gut gefallen hat! Schreibt es auf und teilt es ihm in der nächsten Stunde mit! Er wird sich darüber freuen.

3. Überlegt Euch ein Verhalten an Eurem Lehrer aus der letzten Zeit, das Euch gut gefallen hat und von dem Ihr gern hättet, daß er öfter so ist. Schreibt es auf einen Zettel und legt ihn das nächste Mal in den Kummer-Komplimente-Kasten!

4. **Die »Manöverkritik«**
Jeweils die letzten fünf Minuten einer Unterrichtsstunde für eine rückblickende Besprechung zu benutzen, sollte eine feste Institution werden. Lehrer und Schüler geben sich gegenseitig Rückmeldung über positiv und negativ erlebte Aspekte des Unterrichts.

5. **Der »Kummer-Komplimente-Kasten«**
Ein Briefkasten im Klassenzimmer stellt eine zweite Rückmelde-Institution dar, die im Gegensatz zur »öffentlichen« Manöverkritik auch anonym genutzt werden kann. Der Lehrer sollte in Einzel- oder Klassengesprächen auf die Rückmeldungen eingehen. Für eine weitere Unterrichtsstunde schlagen wir die Ausarbeitung und Vereinbarung eines Vertragswerks zwischen Lehrer und Schüler vor, dessen Befolgung zu einer Verbesserung des Klassenklimas beitragen soll. In Anlehnung an die Überblick-Regeln sammeln die Schüler in Kleingruppen Vorschläge für Verhaltensmaximen, die das Leben miteinander umgänglicher gestalten sollen. Im Plenum werden diese Regeln dann diskutiert, bewertet, ausgewählt und zu einem Vertrag zusammengestellt.

In der **Trainingssitzung** diskutierten die Teilnehmer, ob mit diesen curricularen Elementen die Ziele der Unterrichtseinheit erreicht werden können. Ein wichtiges Gesprächsthema war auch, welche Auswirkungen Rückmeldungen seitens der Schüler auf den Lehrer haben können. Für die Unterrichtseinheit wurden anschließend alternative Ideen gesammelt und zu einem Entwurf zusammengetragen. Das Plenum suchte nach Möglichkeiten, eine solche Unterrichtseinheit im Schulalltag einzubauen.

Vor der Umsetzung der Planung in die Praxis hielten wir es für erforderlich, eine für die Schüler vorgesehene Übung, den kontrollierten Dialog, mit den Teilnehmern selbst durchzuführen. Diese Erfahrung ist notwendig, um Zumutbarkeit und Schwierigkeitsgrad abklären zu können.

Für die **siebte Sitzung** waren keine neuen Trainingsziele vorgesehen. Sie diente vielmehr den Teilnehmern zum Erfahrungsaustausch und zur Diskussion schwieriger Situationen. Konfliktträchtige Situationen wurden nachgestellt, alternative Lehrerverhaltensweisen diskutiert und in einem Alternativversuch unter Videokontrolle ausprobiert. Mit diesem Vorgehen wollten wir zu einer Stabilisierung des neu erlernten Lehrerverhaltens auch in problematischen Situationen beitragen.

Nach mehrmonatigem Abstand fand eine **Sitzung zur Auffrischung** der Inhalte von Baustein I statt. Thematisiert wurde auch, inwieweit sich die Lehrer noch mit den Zielen und Maßnahmen des Programms identifizieren konnten, welche Schwierigkeiten bei der Umsetzung auftraten und wie man ihnen begegnen könnte. Für individuelle Beratung standen die Projektmitarbeiter den Lehrern auch außerhalb der Sitzungen zur Verfügung.

## 3.2 Baustein II: Angst und Angstabbau

### *3.2.1 Zielsetzungen und theoretische Wirkungsweise*

Angst ist ein Phänomen im Leben eines jeden Menschen. Zwar kann man unter günstigen Bedingungen Angstquellen reduzieren, allerdings läßt sich Angst nicht – oder allenfalls kurzfristig – völlig ausschalten. Wenn auch alle Menschen irgendwann Angst haben, so unterscheiden sie sich doch in der Häufigkeit, mit der sie in angstbesetzte Situationen kommen, in dem Maß, in dem sie die Angst spüren, in der Art und Weise, in der sie ihr Befinden beeinträchtigt. Kurz: Menschen unterscheiden sich darin, wie sie objektiv gleiche Situationen wahrnehmen und strukturieren und wie sie mit ihrer Angst umgehen. Mit Angst umzugehen kann man lernen – und wie man Schülern Strategien zum Umgang mit Angst vermittelt, wollen wir Lehrern mittels Baustein II zeigen. Denn: Was hier für das alltägliche Leben gesagt wurde, gilt auch für die Schulen. Auch in der Schule läßt sich Angst nur in begrenztem Umfang verhindern. Auch in der Schule gibt es ein weites Spektrum im individuellen Angsterleben. Und da die Schule der Aufgabe verpflichtet ist, Kinder zur Bewältigung ihres Lebens zu befähigen, gehört u.E. auch die Vermittlung positiver Angstverarbeitungstechniken zum Auftrag der Schulen.

Um zerstörerische Aspekte der Angst abzubauen, die Schüler daran hindern, sich in der Schule wohlzufühlen und ihren Fähigkeiten entsprechende Leistungen zu erbringen, liegt es nahe, gemeinsam mit den Schülern Bedrohungsfaktoren aufzudecken und darauf aufbauend Bewältigungsstrategien zu entwickeln. Aktive Auseinandersetzung mit angstauslösenden Situationen ist für den Abbau von Angst unumgänglich; eine Verdrängung oder Vermeidung bedrohlicher Situationen verschafft zwar kurzfristig Erleichterung, ändert aber nichts an den Ursachen der Angst. Nur die Konfrontation mit den Bedrohungsfaktoren kann zu der Erfahrung führen, daß die befürchteten aversiven Konsequenzen nicht eintreten, daß also die Angst unbegründet ist.

Ziel von Baustein II ist es nicht, ängstliche Schüler zu therapieren. Das Interventionsprogramm soll präventive statt therapeutische Funktion erfüllen: Im Baustein werden Lehrern eine Fülle von Anregungen gegeben, das Thema »Schulangst« zum Unterrichtsgegenstand zu machen und Schülern zu positivem Umgang mit Angst zu verhelfen. Adressaten des Bausteins sind also Lehrer und nicht wie in Baustein IV die Schüler selbst.

Eine Unterrichtseinheit »Angst und Angstabbau« läßt sich grob in folgende Schritte gliedern:

1. Unterricht über Angst sollte damit beginnen, die Schüler für ihre eigenen Ängste zu sensibilisieren. Nur wenn Angsterleben artikuliert wird, ist Angst besprechbar und bearbeitbar.
2. Im zweiten Schritt werden die Angsterfahrungen systematisch analysiert: In welchen Situationsklassen wird Angst empfunden, wie reagieren die Schüler (offenes Verhalten), welche physiologischen Prozesse laufen ab, welche Gedanken tauchen auf, welche Konsequenzen werden befürchtet? An dieser Stelle tritt wahrscheinlich ein paradox anmutender Nebeneffekt auf: Indem Angst ins Zentrum der Aufmerksamkeit rückt, verstärkt sich zumindest für einige Schüler das Angstempfinden. Dies sollte jedoch nicht Bestürzung hervorrufen oder gar zum Abbruch der Unterrichtseinheit führen; vielmehr ist diese Angsterhöhung als positives, funktionales Phänomen zu betrachten. Die persönliche Betroffenheit ermöglicht nämlich eine wesentlich höhere Effektivität beim Erarbeiten von Bewältigungsmöglichkeiten.

3. Im nächsten Schritt werden die Zusammenhänge zwischen der Entstehung von Angst und der Bedrohung bestimmter Motive aufgedeckt.

4. Zur Angstreduktion führen nun zwei (sich u. U. ergänzende) Wege: Zum einen werden Bedrohungsfaktoren relativiert und in ihrer Bedeutsamkeit abgeschwächt, indem der Schüler ihre Irrationalität erkennt und ihren Absolutheitsgrad reflektiert. In der Folge reduziert sich die Stärke der bedrohten Motive, es werden weniger aversive Konsequenzen erwartet, und die Angst sinkt.

   Der zweite Weg läuft über die Einübung von Angstverarbeitungsstrategien (z. B. positive Selbstverbalisierungen). Die Kompetenz im Umgang mit Angst steigt, die Schüler fühlen sich ihrer Angst nicht mehr hilflos ausgeliefert, sondern verfügen über geeignete Möglichkeiten, der Bedrohung zu begegnen.

Durch den Abbau leistungshemmender Aspekte der Angst können positive Nebeneffekte erzielt werden. Wenn Schüler von den – aufgabenirrelevanten – Katastrophierungskognitionen befreit werden, haben sie zusätzliche Ressourcen für eine effektive Aufgabenbearbeitung frei. Die hierdurch zu erwartende Erfolgssteigerung wirkt sich günstig auf die Lernmotivation aus.

Die angenommene theoretische Wirkungsweise einer Unterrichtseinheit über das Thema »Angst« wird in der folgenden Graphik (Abb. 6) zusammengefaßt.

Unterricht über Angst verfolgt also folgende Ziele:

1. Sensibilisierung der Schüler gegenüber eigenen Ängsten in der Schule und im Unterricht.
2. Reduzierung der Motivationsstärke durch Veränderung der angstauslösenden Antizipation aversiver Konsequenzen.
3. Erwerb von Kompetenzen zur Bewältigung bedrohlicher Situationen.

Mögliche Wege zu diesen Zielen werden im folgenden Kapitel beschrieben.

### *3.2.2 Das Informationsmaterial für Lehrer*

Die mit uns kooperierenden Lehrer erhielten vor Kursbeginn schriftliche Materialien über die Inhalte des Bausteins, darunter auch einen Beispielentwurf für eine Unterrichtseinheit und über den geplanten Ablauf der anstehenden Arbeitssitzungen. Im Kapitel werden die vorgeschlagenen Materialien ausführlich dargestellt.

**Abb. 6: Der angenommene theoretische Weg zur Angstreduktion durch eine Unterrichtseinheit**

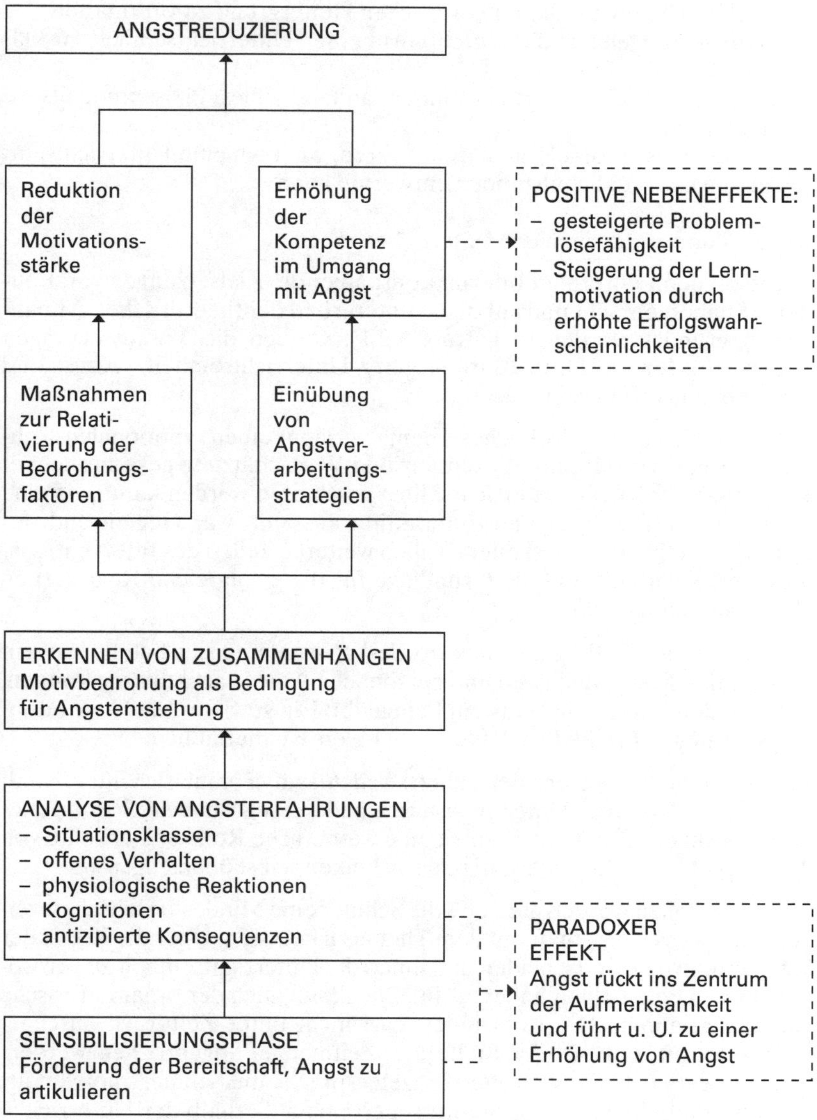

Die Funktionen der Materialien bestanden darin,

- die Lehrer mit der Idee der Unterrichtseinheit vertraut zu machen,
- die Maßnahmen mit dem theoretischen Hintergrund zu verknüpfen,
- Voraussetzungen für die Durchführung der Unterrichtseinheit zu klären
- den Aufbau der Unterrichtseinheit anhand eines Phasenmodells zu erläutern und
- anhand eines Beispiels zu demonstrieren, wie man eine Unterrichtseinheit von ca. 8–10 Schulstunden entwerfen kann.

3.2.2.1 Voraussetzungen der Unterrichtseinheit

Nachdem den Lehrern im Informationspapier die Zielsetzungen von Baustein II nähergebracht und auf dem Hintergrund der theoretischen Annahmen begründet wurden (vgl. Kap. 3.2.1), werden die Voraussetzungen geklärt, die für die Durchführung einer Unterrichtseinheit »Angst und Angstabbau« erfüllt sein müssen.

Ein so heikles und bedrohliches Thema verlangt einen emotionalen Rahmen, der von Verständnis, Akzeptanz und Wertschätzung gekennzeichnet ist. Wie ein derartiges Unterrichtsklima geschaffen werden kann, wie eine befriedigende Lehrer-Schüler-Interaktion aussieht, war Gegenstand des ersten Bausteins, der quasi quer zu allen weiteren Teilen des Interventionsprogramms verläuft und die Grundlage für die erfolgreiche Realisierung aller Maßnahmen bildet.

Auch die zweite Bedingung, die erforderlich ist, damit sich Schüler auf ein so brisantes Thema einlassen und persönliche Ängste artikulieren können, wird mit den Lehrern in Baustein I eingeübt: Ein gewisses Maß an Einfühlungsvermögen für die Probleme des Schülers ist unerläßlich.

Ebenso ist die Kompetenz des Lehrers bedeutsam: Er muß sich intensiv mit dem Thema und den Materialien auseinandergesetzt haben. Sein eigenes Interesse an der Problematik spielt eine wesentliche Rolle und er sollte von den empfohlenen Angstbewältigungstechniken selbst überzeugt sein.

Nicht übersehen werden darf, daß die Schüler eine Mindestbereitschaft zeigen müssen, sich ernsthaft mit dem Thema zu befassen. Über die Köpfe der Schüler hinweg zu entscheiden und ihnen die Unterrichtseinheit zu verordnen, kann fatale Folgen haben. Schließlich muß auch der organisatorische Rahmen stimmen: Die Kurseinheit darf nicht unter Zeitdruck durchgeführt oder an unpassender Stelle aus Zeitmangel abgebrochen werden. Gegebenenfalls sind ergänzende Einzelgespräche mit Schülern notwendig, oder es empfiehlt sich, eine Interessengruppe außerhalb der Unterrichtseinheit anzubieten.

Das Thema sollte in einer kompakten Unterrichtseinheit von mindestens 3–4 Wochenstunden behandelt werden, sodaß keine allzu großen Lücken im zeitlichen Verlauf entstehen. Falls erforderlich können zwei Kollegen zu diesem Zweck ihre Stunden zusammenlegen und/oder bei der Durchführung der Unterrichtseinheit kooperieren. Das Thema sollte nicht nach einmaligem Durchlaufen erledigt sein und zu den Akten gelegt werden, sondern in größeren Abständen und bei aktuellen Anlässen wieder aufgegriffen werden.

Generell sollen die Schüler innerhalb der Unterrichtseinheit ausreichend Gelegenheit haben, über ihre Erfahrungen mit neu erlernten oder auch alten Angstbewältigungstechniken zu sprechen.

#### 3.2.2.2 Allgemeiner Aufbau der Unterrichtseinheit

Bevor im nächsten Kapitel konkrete didaktische Empfehlungen gegeben, Lernziele formuliert, Arbeitsformen vorgeschlagen und Unterrichtsmaterialien vorgestellt werden, soll hier ein allgemeiner fach- und altersübergreifender Phasenablauf skizziert werden, vor dessen Hintergrund der jeweilige Unterricht mit einer bestimmten Klasse geplant werden kann.

Zu Beginn der Unterrichtseinheit sollen Schüler für das Phänomen »Angst in der Schule« sensibilisiert werden. Nachdem sie zunächst anhand projektiven Materials (Textstellen aus Romanen, Kurzgeschichten, Märchen, Filmausschnitte etc.) das Phänomen Angst »anschauen«, diskutieren und analysieren können, werden sie schrittweise dazu aufgefordert, sich auch mit ihrer eigenen Angst auseinanderzusetzen **(Problematisierungsphase)**.

Danach wird versucht, Ursachen für die Angstentstehung ausfindig zu machen, um gemeinsam mit der Klasse zu überlegen, welche Angstursachen angegangen werden sollen und welche nicht **(Zielformulierung)**.

Der zeitlich größte Teil der Unterrichtseinheit wird dann darauf verwandt, daß Schüler lernen, selbstabwertendes, katastrophierendes Gedankengut, das der Angst vorausgeht oder sie begleitet, durch positives ermutigendes Denken zu ersetzen. Dies wird in mehreren Schritten mit ansteigender Schwierigkeit und zunehmender Realitätsanpassung versucht **(Repertoireerweiterung)**.

Innerhalb der nächsten Phase liegt es im Ermessen jedes einzelnen Schülers, inwieweit er positives Verbalisieren als neu erlernte Technik, andere im Unterricht besprochene oder selbst entwickelte bzw. von anderen Schülern übernommene Angstbewältigungsstrategien einsetzt bzw. ausprobiert **(Realerprobung)**. In dieser Phase kann der Lehrer lediglich die Schüler dazu ermutigen, die eben genannten Techniken in kritischen Situationen einzusetzen sowie Unterstützung bei Umsetzungsschwierigkeiten anbieten.

Besonders wichtig gerade für die Stabilisierung des neu Gelernten ist es, in zeitlichen Abständen, vor allem auch bei aktuellen Anlässen (z. B. Klassenarbeiten und mündlichen Prüfungen) noch einmal auf Inhalte der Unterrichtseinheiten zurückzugreifen, Erfahrungen der Schüler zu erfragen und im Gespräch auszutauschen oder an die verschiedenen Angstbewältigungsmöglichkeiten zu erinnern. **(Verhaltensstabilisierung)**.

Die fünf Phasen der Unterrichtseinheit sind in folgender Graphik (Abb. 7) noch einmal zusammengestellt.

**Abb. 7: Die fünf Phasen der Unterrichtseinheit**

**Problematisierungs- und Motivationsphase**
Einführung in das Thema
Was ist Angst? Wie zeigt sie sich?
Herstellen des persönlichen Bezuges
Motivierung für das Thema Angst
Abbau von Abwehrhaltungen

↓

**Zielformulierung und Planung konkreter Veränderungsschritte**
Welche Angst gilt es abzubauen?
Wie können konkrete Schritte aussehen, um der Angst zu begegnen?

↓

**Erweiterung des Verhaltensrepertoires**
Einübung verschiedener Angstbewältigungstechniken

↓

**Realerprobung**
Einsatz des Neuerlenten in Realsituationen
Erfahrungsaustausch im Unterricht

↓

**Verhaltensstabilisierung**
Nachsorgeaspekte des Angstcurriculums

*Aus: Götzmann (1986), Weniger Schulangst.*

Da die Phasen des Modells logisch aufeinander aufbauen, ist es notwendig, alle Phasen nacheinander zu durchlaufen und sie vollständig und ausreichend zu berücksichtigen. Daß die Phasen nacheinander folgen, liegt auf der Hand; dies heißt jedoch nicht, daß es nicht notwendig werden kann, in Schleifen noch einmal auf frühere Phasen zurückzugehen.

Die Phasen müssen vollständig durchlaufen werden. So darf z. B. die Zielformulierungsphase nicht fehlen, da ansonsten für die Beteiligten unklar bleibt, ob sie überhaupt an einem gemeinsamen Ziel arbeiten. Besonders wichtig ist auch, daß der Ablauf des Curriculums nicht zu früh, etwa nach der Repertoireerweiterung, endet. Denn neu im Unterricht erlerntes Verhalten wird nicht notwendigerweise sofort und erfolgreich übertragen. Deshalb sind stützende Maßnahmen und eine Besprechung im Unterricht notwendig, um den Transfer zu erleichtern, auftretende Schwierigkeiten zu erkennen, um Lösungsansätze ausfindig zu machen und eine Etablierung des neuen Verhaltens einzuleiten.

Alle Phasen sollen ausreichend berücksichtigt werden. Auftretende Schwierigkeiten im Verlauf der Unterrichtseinheit sind möglicherweise auf ein verfrühtes Fortschreiten im Phasenmodell zurückzuführen.

#### 3.2.2.3 Strukturierung einer exemplarischen Unterrichtseinheit

Die im folgenden vorzustellende Unterrichtseinheit haben wir als Beispiel und Orientierungshilfe vorgesehen, die die Lehrer bei der Konzipierung ihres eigenen Unterrichts heranziehen können. Die von uns geplante Unterrichtseinheit folgt dem oben erläuterten Phasenmodell; sie umfaßt 8 Schulstunden und kann fächerübergreifend für Schüler von der Mittelstufe an eingesetzt werden.

Jede einzelne Stundenplanung wurde auf einem Formblatt (Abb. 8) festgehalten, das Erläuterungen zu den folgenden Kategorien enthält:

**Phase:** Jede Stunde wird innerhalb des allgemeinen Verlaufsmodells lokalisiert, wobei eine Stunde durchaus mehrere Phasen umfassen kann.

**Stunde:** Die Stunden stehen in einer bestimmten zeitlichen Reihenfolge innerhalb der Einheit.

**Thema der Stunde:** Die Benennung erfolgt anhand der eingesetzten Materialien oder vorgesehenen Lerninhalte.

**Didaktische Leitlinien bei der Unterrichtsplanung:** Hier wird nochmals an die allgemeinen Voraussetzungen für Unterricht über Angst erinnert und auf darüber hinausgehende, besonders zu beachtende Aspekte hingewiesen.

**Lernziele:** Sie sind hilfreich bei der Suche nach geeigneten Materialien, bei der Planung des Ablaufs und der abschließenden Beurteilung des Unterrichts.

**Unterrichtsmaterialien:** Unserer Planung haben wir die entsprechenden Materialien beigefügt; mit dem Baustein erhält der Lehrer also fertig ausgearbeitete, kopierfähige Arbeitsblätter, Tafelbilder und Textvorlagen. Sie sollten so interessant sein, daß sie die Schüler zur aktiven Teilnahme am Unterricht motivieren.

**Arbeitsform:** Wir favorisieren Kleingruppenarbeit und andere Arbeitsformen, die dem einzelnen Schüler mehr Partizipationsmöglichkeiten bieten, die Redeschwelle herabsetzen und Erfahrungsaustausch und Kommunikation über gemeinsam erlebte Schwierigkeiten ermöglichen.

**Ablauf:** Trotz unseres Bemühens, eine Überfrachtung zu vermeiden, kann es notwendig werden, bestimmte Elemente zu streichen. Wir empfehlen, Minimal- und Maximalplan *(Fundamentum* und *Additum)* festzulegen.

**Hausaufgaben:** Nicht zu viele Aspekte sollten aus dem Unterricht auf die Hausarbeit verlagert werden. Die Erteilung eines Auftrags, der im Zentrum der Aufmerksamkeit steht, ist am wirkungsvollsten.

**Anregungen für einen veränderten Ablauf:** Hier ist Raum für Erfahrungen, die aus dem Unterricht für künftige Planungen genutzt werden können.

### 3.2.2.4 Beispielentwurf einer Unterrichtsreihe

Für die **erste Stunde** der Unterrichtsreihe schlagen wir vor, daß die Schüler eine literarische Beschreibung von Angstempfindungen analysieren. Wir haben eine Stelle aus den »Buddenbrooks« ausgewählt (s. u.). TH. MANN beschreibt hier, was in Hanno Buddenbrook vorgeht, als er im Lateinunterricht unvorbereitet Verse von Ovid aufsagen soll. Der Text dient als Anlaß, in Kleingruppen über fremdes und über eigenes Angsterleben in der Schule zu sprechen. Erreicht werden soll mit dieser Stunde, daß die emotionale Abwehr gegen das Thema Angst vermindert wird und die Schüler bereit sind, von ihren Gefühlen, Kognitionen und Verhaltenstendenzen in angstauslösenden Situationen zu berichten. Der dazugehörige Unterrichtsentwurf ist in Abb. 9 dargestellt

**Abb. 8 Formblatt (leer) zur Unterrichtsvorbereitung**

Std.

| | | |
|---|---|---|
| **Phase** | | |
| **Thema der Stunde** | | |
| **Didaktische Leitlinien bei der Unterrichtsplanung** | | |
| **Lernziele** | | |
| **Unterrichtsmaterialien** | | |
| **Arbeitsform** | | |
| **Ablauf** | | |
| **Hausaufgaben** | | |
| **Anregungen für einen veränderten Ablauf** | | |

## Abb. 9: Unterrichtsentwurfsbeispiel 1. Stunde

Std.

| **Phase** | PROBLEMATISIERUNG UND MOTIVATION | 1 |
|---|---|---|
| **Thema der Stunde** | Hanno Buddenbrook | |
| **Didaktische Leitlinien bei der Unterrichtsplanung** | – Partizipierung aller Schüler<br>– Vermeiden eines »Zeigefinger«-Phänomens<br>– Herstellen eines persönlichen Bezuges zum Thema Angst<br>– Minimierung emotionaler Abwehrhaltung | |
| **Lernziele** | – erkennen, an welchen Textstellen Angst deutlich wird<br>– Ursachen von Angst ausfindig machen<br>– Gefühl der Angst beschreiben können<br>– angstbegleitende Gedanken verbalisieren (s. Katastrophierung)<br>– eigene Angsterfahrung artikulieren mit Gefühlsbeschreibungen, Kognitionen, Verhaltenstendenzen (Flucht, Vermeidung, Aggression, Selbstverbalisiation, ...) | |
| **Unterrichtsmaterialien** | Kopien der Arbeitsblätter 1 (»Hanno Buddenbrook«) und 2 (Situationsbeschreibungen »Angst«) | |
| **Arbeitsform** | Textanalyse in Kleingruppen | |
| **Ablauf** | 1. Allgemeine Einführung des Themas Angst als universelles, von jedem erlebbares Phänomen<br>2. Lesen des Textes<br>3. Didaktische Fragen zur Textanalyse:<br>– Worum geht es in dieser Geschichte? Wovor hat Hanno Buddenbrook Angst? Wie zeigt sich seine Angst? Was geht ihm durch den Kopf? Was kann die Ursache seiner Angst sein?<br>4. Persönlichen Bezug herstellen<br>5. Generalisierung/Übertragung auf die »Hier-und-Jetzt«-Situation:<br>– Wo habt Ihr das letzte Mal Angst empfunden? Wie macht sich Angst bei Euch bemerkbar? Wie ist es heute in der Schule? | |
| **Hausaufgaben** | s. Arbeitsblatt 2 (Situationsbeschreibung »Angst«) | |
| **Anregungen für einen veränderten Ablauf** | | |

## Arbeitsblatt 1: Hanno Buddenbrook

*Mit seinem Roman »Die Buddenbrooks (1901) begründete THOMAS MANN (1875–1955) seinen Ruhm als einer der scharfsinnigsten Zeitkritiker und sensibelsten Erzähler der neueren deutschen Literatur. Es geht in diesem Roman vordergründig um die Blüte und den Niedergang einer großbürgerlichen Kaufmannsfamilie im Laufe mehrerer Generationen; eigentliches Thema ist aber der Verfall einer Epoche. Hanno Buddenbrook, der letzte Sproß der Familie, aus dessen Schulalltag der vorliegende Text eine Episode wiedergibt, zählt zu jenen Menschen des Fin de Siècle, die, zum praktischen Leben völlig untauglich, sich in die berauschende Welt der Kunst flüchten. Die Diskrepanz zwischen dieser ästhetischen Scheinwelt und der brutalen Realität, verkörpert von den Mitschülern und Lehrern, ist besonders im letzten Teil des Romans zu spüren.*

»Ich habe Angst«, sagte Hanno zu Kai, indem er an der einen Seitenwand des Hofes stehenblieb, sich gegen die Mauer lehnte und mit fröstelndem Gähnen seine Jacke fester zusammenzog ... »Ich habe eine unsinnige Angst, Kai, sie tut mir überall weh im Körper. Ist nun Herr Mantelsack der Mann vor dem man sich derartig fürchten dürfte? Sag selbst! Wenn diese widerliche Ovidstunde erst vorüber wäre! Ich fürchte mich nicht davor! Ich fürchte mich vor dem Eklat, der damit verbunden ist ...«
»Mumme«, sagte Doktor Mantelsack. »Noch einmal! Aurea prima ...?« Also Mumme! Gott sei gelobt, nun war Hanno wohl in Sicherheit! Zum drittenmal wurden die Verse kaum rezitiert werden müssen, und bei der Neupreparation war der Buchstabe B erst kürzlich an der Reihe gewesen ... Mumme erhob sich. Er war ein langer, bleicher Mensch mit zitternden Händen und außerordentlich großen, runden Brillengläsern. Er war augenleidend und so kurzsichtig, daß es ihm unmöglich war, im Stehen aus einem vor ihm liegenden Buche zu lesen. Er mußte lernen, und er hatte gelernt. Da er aber herzlich unbegabt war, und außerdem nicht geglaubt hatte, heute aufgerufen zu werden, so wußte er dennoch nur wenig und verstummte schon nach den ersten Worten. Doktor Mantelsack half ihm ein, er half ihm zum zweiten Male mit schärferer Stimme und zum dritten Male mit äußerst gereiztem Tone ein; als aber Mumme dann ganz und gar festsaß, wurde der Ordinarius von heftigem Zorne ergriffen. »Das ist vollständig ungenügend, Mumme! Setzen Sie sich hin! Sie sind eine traurige Figur, dessen können Sie versichert sein, Sie Kretin! Dumm und faul ist zuviel des Guten!« ... Mumme versank. Er sah aus wie das Unglück, und es gab in diesem Augenblick niemanden im Zimmer, der ihn nicht verachtet hätte. Abermals stieg ein Widerwille, eine Art von Brechreiz

in Hanno Buddenbrook auf und schnürte ihm die Kehle zusammen. Gleichzeitig aber beobachtete er mit entsetzlicher Klarheit, was vor sich ging. Doktor Mantelsack malte heftig ein Zeichen von böser Bedeutung hinter Mummes Namen und sah sich dann mit finsteren Brauen in seinem Notizbuch um. Aus Zorn ging er zur Tagesordnung über, sah nach, wer eigentlich an der Reihe war, es war klar! Und als Hanno von dieser Erkenntnis gerade gänzlich überwältigt war, hörte er auch schon seinen Namen, hörte ihn wie einen bösen Traum. »Buddenbrook!« Doktor Mantelsack hatte ›Buddenbrook‹ gesagt, der Schall war noch in der Luft und dennoch glaubte Hanno nicht daran. Ein Sausen war in seinen Ohren entstanden! Er blieb sitzen.

»Herr Buddenbrook«, sagte Doktor Mantelsack und starrte ihn mit seinen saphirblauen, hervorquellenden Augen an, die hinter den scharfen Brillengläsern glänzten. »Wollen Sie die Güte haben?« Gut, also es sollte so sein. So hatte es kommen müssen. Ganz anders als er es sich gedacht hatte, aber nun war dennoch alles verloren. Er war nun gefaßt. Ob es wohl ein sehr großes Gebrüll geben würde? Er stand auf und war im Begriff, eine unsinnige und lächerliche Entschuldigung vorzubringen, zu sagen, daß er ›vergessen‹ habe, die Verse zu lernen, als er plötzlich gewahrte, daß sein Vordermann ihm das offene Buch hinhielt. Sein Vordermann, Hans Hermann Kilian, war ein Kleiner, Brauner, mit fettem Haar und breiten Schultern. Er wollte Offizier werden und war so beseelt von Kameradschaftlichkeit, daß er selbst Johann Buddenbrook, den er doch nicht leiden mochte, nicht im Stiche ließ. Er wies sogar mit dem Zeigefinger auf die Stelle, wo anzufangen war, ... Und Hanno starrte dorthin und fing an zu lesen Mit wankender Stimme und verzogenen Brauen und Lippen las er von dem Goldenen Zeitalter, das zuerst entsprossen war und ohne Rächer, aus freiem Willen, ohne Gesetzesvorschrift, Treue und Recht gepflegt hatte. ›Strafe und Furcht waren nicht vorhanden‹, sagte er auf lateinisch. ›Es wurden weder drohende Worte auf angehefteter eherner Tafel gelesen, noch scheute die bittende Schar das Antlitz ihres Richter.‹ ... Er las mit gequältem und angeekeltem Gesichtsausdruck, las mit Willen schlecht und unzusammenhängend, vernachlässigte absichtlich einzelne Bindungen, die in Kilians Buch mit Bleistift angegeben waren, sprach fehlerhafte Verse, stockte und arbeitete sich scheinbar nur mühsam vorwärts, immer gewärtig, daß der Ordinarius alles entdecken und sich auf ihn stürzen werde ... Der diebische Genuß, das offene Buch vor sich zu sehen, verursachte ein Prickeln in seiner Haut; aber er war voll Widerwillen und betrog mit Absicht so schlecht wie möglich, nur um den Betrug dadurch weniger gemein zu machen. Dann schwieg er, und es entstand eine Stille, in der er nicht aufzublicken wagte. Diese Stille war entsetzlich; er war überzeugt, daß Doktor Mantelsack alles gesehen habe, und seine Lippen waren ganz weiß. Schließlich aber seufzte der Ordinarius und sagte: »Oh Buddenbrook, si tacuisses! Sie entschuldigen wohl ausnahmsweise das klassische Du! ... Wissen Sie, was Sie getan haben? Sie haben die Schönheit in den Staub gezogen, Sie haben sich benommen wie ein Vandale, wie ein Barbar. Sie sind ein amusisches Geschöpf, Buddenbrook, man sieht es Ihnen an der Nase an. Wenn ich mich frage, ob Sie die ganze Zeit gehustet oder erhabene Verse gesprochen haben, so neige ich mehr der ersteren Ansicht. Timm hat wenig rhythmisches Gefühl entwickelt, aber gegen Sie ist er ein Genie, ein Rhapsode ... Setzen Sie Sich, Unseliger, Sie haben gelernt, gewiß, Sie haben gelernt. Ich kann Ihnen kein schlechtes Zeugnis geben, Sie haben sich nach Kräften bemüht ... Hören Sie, erzählt man sich nicht, daß Sie musikalisch sind, daß sie Klavier spielen? Wie ist das möglich? ... Nun, es ist gut, setzen Sie Sich. Sie mögen fleißig gewesen sein, es ist gut.«

(Quelle: Th. Mann: Die Buddenbrooks. Fischer Bibliothek. Frankfurt/M. 1960).

**Arbeitsblatt 2: Situationsfragen »Angst«**

*Wir haben gesehen, daß auch in vergangener Zeit Schüler Angst in der Schule hatten und daß sich ein Teil dieser Ängste auch in der heutigen Zeit wiederfindet.*

*In der nächsten Stunde wollen wir uns weiter mit unseren eigenen Ängsten beschäftigen. Aus diesem Grund bitte ich Euch, Euch an die Situationen zu erinnern, in denen Ihr besonders Angst empfunden habt. Es interessieren dabei vor allem Situationen, die mit der Schule zu tun haben.*

*Versucht bitte drei Situationen zu beschreiben, in denen Ihr besonders Angst gehabt habt.*

**Situation 1:**

**Situation 2:**

**Situation 3:**

Ebenfalls zur Phase der Problematisierung und Motivation gehört die **zweite Stunde.** Wiederum geht es um die Artikulation eigener Angsterfahrungen, diesmal anhand eines Arbeitsblattes, auf dem die Schüler zu verschiedenen schulischen Leistungssituationen (aufgerufen werden, an die

Tafel gehen, mündliche Prüfung, Rückgabe einer Klassenarbeit etc.) eigene angstbegleitende Kognitionen und vermutete Ursachen von Angst sammeln. Der Lehrer sollte den Schülern – etwa auch indem er von eigenen Angsterlebnissen erzählt – die Erfahrung ermöglichen, daß Angst nichts Negatives, sondern etwas Alltäglich-Menschliches darstellt und bei jedem in gewissem Ausmaß vorkommt.

**Abb. 10: Unterrichtsentwurfsbeispiel 2. Stunde**

Std.

| **Phase** | PROBLEMATISIERUNG UND MOTIVATION | 2 |
|---|---|---|
| **Thema der Stunde** | Eigene Angsterfahrung | |
| **Didaktische Leitlinien bei der Unterrichtsplanung** | – s. 1. Stunde<br>– besondere Beachtung der Dimensionen Wertschätzung, Empathie, Kongruenz.<br>– Erfahrungen ermöglichen, daß Angst nichts Negatives, sondern etwas Alltäglich-Menschliches darstellt. Angst ist bei allen in gewissem Ausmaß vorhanden.<br>– Lehrer sollte eigene Angsterlebnisse aus seiner Schulzeit einbringen. | |
| **Lernziele** | Artikulation eigener Angsterfahrungen (Situationen) | |
| **Unterrichtsmaterialien** | Kopien des Arbeitsblattes 3 (situative Gedanken) | |
| **Arbeitsform** | Beginn in Kleingruppen | |
| **Ablauf** | 1. Besprechung der verschiedenen angstauslösenden Situationen, wenn möglich in Kleingruppen; s. Hausaufgaben<br>2. Zusammentragen der Ergebnisse der Kleingruppen zu einem unstrukturierten Tafelbild mit der Überschrift »Ursachen der Angst«<br>3. Erstellung einer Rangreihe »Was macht uns am häufigsten Angst?« (Tafelbild fixieren, evtl. auf Folie)<br>4. Diskussion/Gesprächsmöglichkeit – z. B. anhand der Frage »Welche der genannten Situationen erlebt Ihr als am schlimmsten?« | |
| **Hausaufgaben** | s. Arbeitsblatt 3 (Perspektivübernahme) | |
| **Anregungen für einen veränderten Ablauf** | | |

## Arbeitsblatt 3: Perspektivenübernahme

*Wir haben uns in der letzten Stunde über verschiedene Situationen unterhalten, in denen wir mehr oder weniger Angst haben. Diese Situationen sind nicht für jeden von uns in gleichem Maße angsterzeugend. Genausowenig sind die Ursachen der Angst für jeden von uns gleich. So kann z. B. die Angst, an die Tafel gerufen zu werden, verschiedene Ursachen haben. Betrachten wir uns diese Situation mal etwas näher: Sie ist in irgendeiner Weise unangenehm, wir haben Angst!*

*Warum haben wir Angst? Eine erste Erklärung, ein erster Gedanke könnte sein, daß wir Angst haben, an die Tafel gerufen zu werden, weil wir befürchten, keine Antwort zu wissen, d. h. weil wir befürchten zu versagen. Warum ist so schlimm, in den jeweiligen Situationen zu versagen? Dafür gibt es Gründe, die uns zwar nicht direkt bewußt werden, aber dennoch existieren und Ergebnisse unserer Erfahrungen sind.*

*Jedem von uns gehen nach einem Versagen bestimmte Gedanken durch den Kopf; z. B.: Wenn ich mit einer 5 nach Hause komme, sind meine Eltern enttäuscht oder wütend. Um diese Gedanke geht es hier, und sie sollen uns näher interessieren. Dazu habe ich ein paar Situationen aufgeschrieben, in denen ein Schüler X besonders Angst empfindet.*

*Versucht mal, Euch in die Lage dieses Schülers zu versetzen und seine Befürchtungen nachzuvollziehen. Sucht Euch aus den folgenden Situationen die drei heraus, die Euch am meisten interessieren und schreibt die Gedanken, die Euch dabei durch den Kopf gehen, auf.*

A) Der Lehrer stellt ein Frage und ruft den Schüler X auf.

B) Schüler X soll an die Tafel kommen um seine Aufgabe zu lösen.

C) Die Pause ist um, und in der kommenden Stunde soll eine Klassenarbeit geschrieben werden.

D) Der Lehrer kommt zur Tür herein und hat die Klassenarbeitshefte, die er zurückgeben will, unter dem Arm.

E) Zu Beginn der Stunde ruft der Lehrer den Schüler X nach vorne um ihn mündlich zu prüfen.

F) Schüler X sitzt zu Hause und versucht seine Hausaufgaben zu machen, aber er kann sie nicht.

Situation:

Situation:

Situation:

Mit der **dritten Stunde** beginnt die Phase der Zielformulierung. Um Strategien zum Angstabbau finden zu können, müssen sich die Schüler zunächst über die Ursachen und den Prozeß der Entstehung von Angst klar werden. In Kleingruppen klären die Schüler anhand eines Arbeitsblattes, was sie in Leistungssituationen erreichen und was sie vermeiden wollen, also welche ihrer Motive in diesen angstauslösenden Situationen bedroht werden. Die Arbeitsergebnisse werden in Tafelbildern (Abb. 11 und 12) zusammengetragen, so daß der Prozeß der Angstentstehung und die zentrale Rolle der Selbstverbalisationen deutlich werden.

Die Schüler sollen erkennen, daß das Ausmaß, in dem jemand Angst empfindet, von den Gedanken bestimmt wird, die er sich in der angstbesetzten Situation macht. Die abschließende Aufgabe besteht darin, Beispiele für Gedanken zu finden, die einem Schüler mit hoher bzw. niedriger Angst durch den Kopf gehen; die angstauslösende Wirkung von Selbstverbalisationen soll hiermit konkretisiert werden (Arbeitsblatt 4).

**Abb. 11: Tafelbild 1: Ursachen der Angst**

| *wir möchten erreichen . . .* | *wir möchten vermeiden . . .* |
|---|---|
| – gute Noten | – jemanden zu enttäuschen (Lehrer, Eltern, uns selbst, . . .) |
| – Beruf, der uns Spaß macht | – Strafen |
| – Numerus Clausus erreichen | – einen langweiligen Beruf erlernen zu müssen |
| | – uns zu blamieren, ausgelacht zu werden |

**Abb. 12: Tafelbild 2: Wie entsteht Angst?**

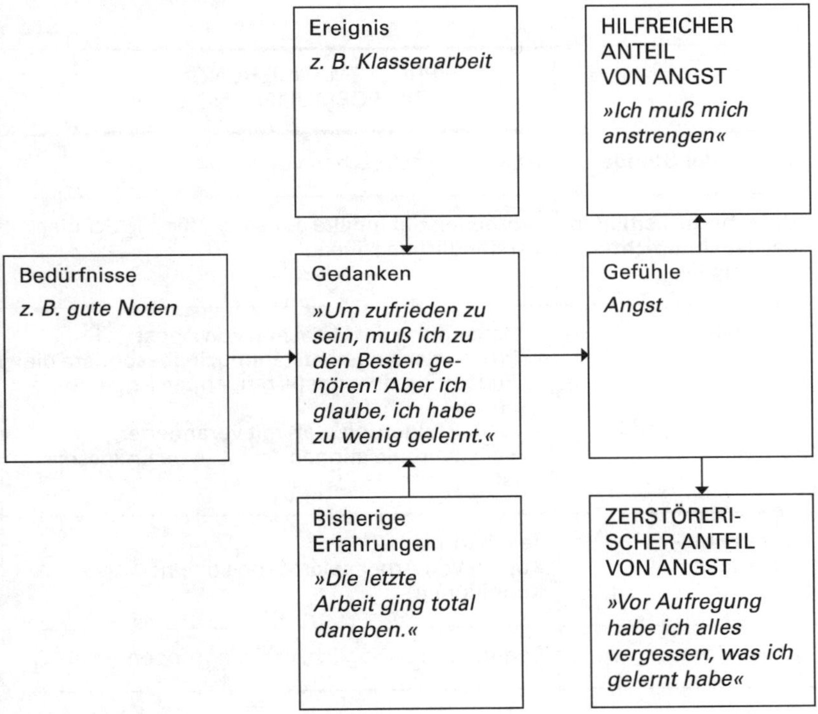

**Abb. 13: Unterrichtsentwurfsbeispiel 3. Stunde**

Std.

| | | |
|---|---|---|
| **Phase** | PROBLEMATISIERUNG/ ZIELFORMULIERUNG | 3 |
| **Thema der Stunde** | Analyse der Ursachen von Angst | |
| **Didaktische Leitlinien bei der Unterrichtsplanung** | Erarbeiten der Inhalte auf einem <u>für alle</u> Schüler verständlichen Niveau | |
| **Lernziele** | – Benennung der Ursachen von Angst<br>– Prozeß der Angstentstehung, insbesondere die Bedeutung der angsterzeugenden Kognitionen<br>– Schlußfolgerung, daß mit veränderten Selbstverbalisationen Angst zu beeinflussen ist | |
| **Unterrichtsmaterialien** | Tafelbild 1 und 2<br>Kopien von Arbeitsblatt 4 (positive/negative Kognitionen) | |
| **Arbeitsform** | Beginn, wenn möglich, in Kleingruppen | |
| **Ablauf** | 1. Besprechung der Motive/Ursachen von Angst<br>2. Zusammentragen der Ergebnisse zum Tafelbild 1<br>3. Erarbeitung des Tafelbildes 2 (Wie entsteht Angst?). Wo können wir hier Ursachen der Angst wiederfinden?<br>4. Zielformulierung: Welche Angst wollen wir angehen? Was könne wir dazu tun? Wie kann ich Euch dabei helfen?<br>5. Wie unterscheidet sich jemand, der viel Angst hat von jemandem, der wenig Angst hat? (Beispiel für Selbstverbalisationen) | |
| **Hausaufgaben** | s. Arbeitsblatt 4 | |
| **Anregungen für einen veränderten Ablauf** | | |

## Arbeitsblatt 4: Positive vs. negative Selbstverbalisierung

*In einer Klasse wird eine Mathematikarbeit geschrieben. Schüler X und Y wissen gleich viel und möchten eine gute Note erreichen. Trotzdem hat der Schüler X sehr viel, der Schüler Y dagegen kaum Angst vor der Arbeit.*

*Nehmt als Ausgangspunkt das Tafelbild, das Ihr heute erarbeitet habt. Welche Gedanken, die viel oder wenig Angst hervorrufen können, gehen diesen beiden Schülern möglicherweise durch den Kopf? Schreibt soviele Gedanken auf, wie Ihr finden könnt.*

**Schüler X mit viel Angst:**

- z. B.: »Heute haue ich bestimmt mal wieder daneben.«
- 
- 
- 
- 

**Schüler Y mit wenig Angst:**

- z. B.: »Das werde ich schon schaffen.«
- 
- 
- 
- 

In der **vierten Stunde** der Unterrichtsreihe wird der Zusammenhang zwischen negativen Gedanken und hohem Angstausmaß wieder aufgegriffen: An Fallbeispielen und durch die Reflexion eigener Erfahrungen erkennen die Schüler, daß Katastrophierungsgedanken Angstgefühle steigern und daß vorgestellte bedrohliche Auswirkungen oft nicht mit den tatsächlich eintretenden Konsequenzen übereinstimmen. Aus diesem Wissen um die Entstehung von Angst leitet sich zur Angstbekämpfung ab, daß positive Selbstverbalisationen eine wirksame Möglichkeit darstellen, der Angst zu begegnen. Die Schüler lernen, negative, also angstmachende, selbstabwertende, katastrophierende von positiven, angstlösenden und ermutigenden Gedanken zu unterscheiden und innere Sätze zu formulieren, die auf Vertrauen in die eigene Person beruhen. Der erste Schritt zur Erweiterung des Verhaltensrepertoires ist getan.

**Abb. 14: Ein mit Schülerbeiträgen versehenes Tafelbild (2) zur Unterscheidung katastrophierender und ermutigender Gedanken**

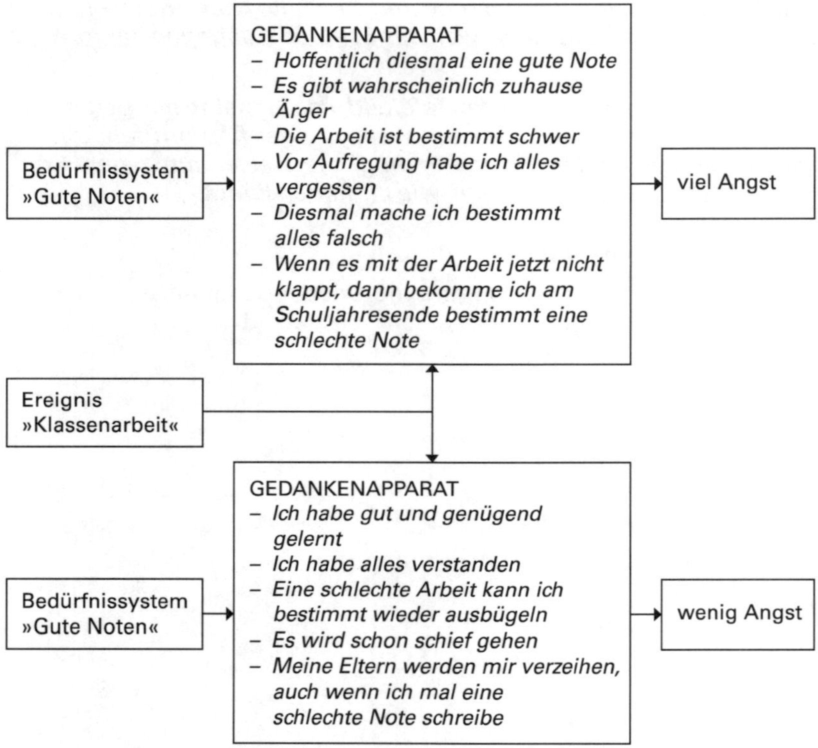


*Aus: Götzmann (1986), Weniger Schulangst.*

**Abb. 15: Unterrichtsentwurfsbeispiel 4. Stunde**

Std.

| Phase | ZIELFORMULIERUNG/ REPERTOIREERWEITERUNG | 4 |
|---|---|---|
| **Thema der Stunde** | Analyse negativer Selbstverbalisation | |
| **Didaktische Leitlinien bei der Unterrichtsplanung** | – Möglichst breite Partizipierung<br>– Bevorzugung entdeckenlassender Lernverfahren | |
| **Lernziele** | – Zusammenhänge zwischen Gedanken und Angstausmaß erkennen und auf Fallbeispiele übertragen können<br>– Erkennen, daß vorgestellte Bedrohlichkeiten häufig nicht mit den tatsächlich eingetretenen Konsequenzen übereinstimmen<br>– Positive Selbstverbalisation als eine Möglichkeit, der Angst zu begegnen, kennenlernen<br>– Negative (= angstmachende, selbstabwertende, katastrophierende, verunsichernde) innere Sätze definieren und unterscheiden | |
| **Unterrichtsmaterialien** | Tafelbild 3<br>Arbeitsblätter 5 und 6 | |
| **Arbeitsform** | evtl. Punkt 3 des Ablaufes in Kleingruppen | |
| **Ablauf** | 1. Besprechung der Hausaufgaben (s. Tafelbild 3), Unterschiede positiver und negativer Gedanken erläutern (Tafelbild fixieren, wird in der 6. Stunde wieder benötigt!)<br>2. »Peter auf dem Weg zur Schule« (s. Arbeitsblatt 5)<br>a) Angstindizierende Verbalisationen aufsuchen<br>b) Realitätsprüfungen<br>c) Bewältigungsmöglichkeiten finden lassen<br>d) Positive Selbstverbalisationen finden<br>3. Besprechung eigener Kognitionen von Schülern; Schritte analog zu 2 a–d | |
| **Hausaufgaben** | Arbeitsblatt 6 | |
| **Anregungen für einen veränderten Ablauf** | | |

## Arbeitsblatt 5: Peter auf dem Weg zur Schule

*Peter ist auf dem Weg zur Schule. Er denkt an die erste Stunde und daran, was passiert, wenn er wieder an die Tafel muß. Er hofft, daß es nicht so laufen wird wie in der letzten Stunde, wo er mitten in der Aufgabe nicht mehr weiter wußte. Aber insgeheim sieht er die Katastrophe kommen – welch eine Blamage!*

*Der Lehrer wird ihn wieder verächtlich anschauen und die Klassenkameraden werden wieder miteinander tuscheln.*

*Peter spürt, wie bei diesen Vorstellungen sein Herz zu klopfen beginnt. Seine Gedanken gehen indes weiter zur Fünf in der letzten Klassenarbeit.*

*›Sehr wahrscheinlich war das das Aus für mich. Meine Hoffnung, einmal in einer Bank zu arbeiten, kann ich wohl begraben. Ich weiß, daß das für meine Eltern schlimm ist, besonders für meine Mutter, die so sehr auf mich gebaut hat; und was werden die anderen sagen im Sportverein? Ob ich mich da nochmal blicken lassen kann?*
*Ich könnte ja in Mathematik besser sein, wenn mir jemand dabei helfen würde. Aber es fehlen die Mittel für Nachhilfeunterricht. Eigentlich könnte ich ja auch den Willi fragen, der ist fit in Mathe. Aber der ist imstande und plaudert alles aus. Wie steh' ich dann da? Es ist wohl alles verloren ...‹*

*Peter schaut auf die Uhr; er erschrickt, denn er kommt zu spät. Die Kehle scheint sich ihm zuzuschnüren.*
*Was soll er tun?*

1. Welche Gedanken lösen Peters Angst aus?
2. Seht ihr Peters Situation auch so ausweglos wie er?
3. Was könnte Peter tun, um seine Angst zu verringern?
4. Was könnte er sich sagen, um seiner Angst zu begegnen?

Eine weitere wichtige Strategie zum Umgang mit Angst wird in der **fünften Unterrichtsstunde** erarbeitet: Die realistischere Einschätzung bedrohlicher Situationen stellt einen nächsten Schritt zur Erweiterung des Verhaltensrepertoires dar. Der Schüler soll lernen, realistisch abzuschätzen, wie häufig Angstsituationen tatsächlich so enden, wie er es sich in seinen Katastrophierungen ausmalt, und er soll überprüfen können, ob befürchtete Ausgänge wirklich so bedrohlich sind, wie er sie sich vorstellt. Als zweites sollen die Schüler lernen, ein realistisches Anspruchsniveau zu wählen, statt sich unangemessene Ziele zu setzen.

Der methodische Weg zu diesen Lernzielen gliedert sich in zwei Schritte: Zunächst analysieren die Schüler anhand eines Hausaufgabenblattes (s.u.) und im Unterrichtsgespräch ihre Angsterfahrungen und vergleichen, welche befürchteten Konsequenzen angstbesetzter Situationen tatsächlich eingetreten sind und wie oft die Ereignisse besser verliefen als zunächst erwartet. Im anschließenden »Lehrerbildspiel« (nach Grundke, 1975) erhalten die Schüler Gelegenheit, das Bild, das sie sich von ihrem Lehrer gemacht haben, zu überprüfen und gegebenenfalls zu verändern. Aber auch der Lehrer erhält Gelegenheit, in diesem Interaktionsspiel seine Schüler näher kennenzulernen. Das Spiel basiert darauf, daß jeder Schüler dem Lehrer eine Frage zu seiner Person, zu seinen Einstellungen usw. stellt; die Antwort des Lehrers wird dann mit der vom Schüler vermuteten Lehrerreaktion verglichen. Methodische Hinweise zum Lehrerbildspiel finden sich auf Seite 79.

**Beispiel eines Hausaufgabenblattes:**

**Instruktion: Wir haben in den letzten Stunden gesehen, daß wir meistens dann Angst haben, wenn wir befürchten zu versagen. Der folgende Fragebogen will Dir dabei helfen, solche Situationen besser einzuschätzen.**

1. Versuche Dich daran zu erinnern, welche Situationen Dir am meisten Angst gemacht haben.
2. Warum waren diese Situationen so schlimm?
3. Befürchtest Du, daß diese Situationen wieder eintreten?
4. Wie oft gingen die Situationen schlimm für Dich aus?
   Was waren die Gründe?
5. Befürchtest Du, daß das wieder passiert?
   Wenn ja, warum befürchtest Du das?
6. Wie oft gingen die Situationen gut für Dich aus?
   Was waren die Gründe?

**Abb. 16: Unterrichtsentwurfsbeispiel 5. Stunde**

Std.

| | | |
|---|---|---|
| **Phase** | ERWEITERUNG DES VERHALTENSREPERTOIRES | 5 |
| **Thema der Stunde** | Realitäts- und Wahrnehmungsüberprüfungen | |
| **Didaktische Leitlinien bei der Unterrichtsplanung** | – Besondere Beachtung der drei Kernvariablen<br>– Bevorzugung entdeckenlassenden Lehrverfahrens<br>– Erleben des Lehrers als nicht bedrohlichen, selbstkongruenten Gesprächspartner | |
| **Lernziele** | – Realistischere Einschätzung bedrohlicher Situationen bzgl.<br>• der Häufigkeit, mit der die befürchteten Ausgänge eintreten<br>• des Ausmaßes an Bedrohlichkeit eines gefürchteten Ausganges<br>– Realistischere Anspruchsniveausetzung (erhöht Lernmotivation!)<br>– Abbau von Katastrophierungen | |
| **Unterrichtsmaterialien** | Anweisung zum Lehrerbildspiel | |
| **Arbeitsform** | Punkt 1 des Ablaufes in Kleingruppen | |
| **Ablauf** | 1. Besprechung des Hausaufgabenblattes (s. o.), Zusammenfassen der gefundene Punkte (Festhalten der Ergebnisse)<br>2. Herausarbeiten der o.g. Lernziele möglichst im entdeckenlassenden Lehrverfahren durch entsprechende Fragestellungen, z. B. »Vergleicht mal positive mit negativen Ausgängen, vergleicht mal Eure Ziele mit dem, was Ihr bisher erreicht habt, . . .«<br>3. Lehrerbildspiel<br>4. Nachbesprechung: Was ist Euch aufgefallen? Was hat Euch erstaunt? Was hattet Ihr erwartet? Was hat Euch betroffen? | |
| **Hausaufgaben** | | |
| **Anregungen für einen veränderten Ablauf** | | |

## Methodische Hinweise zum Lehrerbildspiel:

### Das Lehrerbildspiel

**1. Ziel**

Durch das Lehrerbildspiel sollen die Schüler Gelegenheit erhalten, das Bild, das sie sich von ihrem Lehrer gemacht haben, auf Adäquadheit zu überprüfen und ggf. zu modifizieren. Desweiteren bietet dieses Spiel auch dem Lehrer die Gelegenheit, seine Schüler näher kennenzulernen.

**2. Spielanweisung**

Jeder Schüler schreibt eine Frage an seinen Lehrer auf einen Zettel. Hinter die Frage schreibt er die Antwort, die der Lehrer seiner Meinung nach geben wird. Wenn alle ihre Fragen und Antworten aufgeschrieben haben, werden die Zettel gefaltet, gemischt und wieder verteilt. Jeder Schüler hat nun einen fremden Zettel. Der erste Schüler ließt die Frage laut vor, und der Lehrer beantwortet sie. Nun wird die Antwort vorgelesen, die der Fragesteller erwartet hätte, sodaß man die tatsächliche Antwort mit der vermuteten vergleichen kann. Auf diese Weise lesen alle Schüler ihre Fragen und Antworten vor.

**3. Leitlinien zur Durchführung**

- Die Teilnahme am Spiel ist freiwillig.
- Jede Frage ernst nehmen, d. h. auch »banale« Fragen (z. B. Wie heißen Sie mit Vornamen?) <u>ohne Kommentierung</u> der Frage beantworten.
- Fragen zu persönlichen Einstellungen und Wertungen sollten möglichst konkruent beantwortet werden.
- Fragen, die zu intim oder konfliktträchtig (z. B. Welchen Schüler mögen Sie am liebsten?) erscheinen, können unbeantwortet bleiben; dafür sollte aber ein Begründung angegeben werden.
- Keine Frage mit einer Gegenfrage beantworten.
- Vermeiden Sie bei der Beantwortung die Formulierung »man«. Sie sind nach Ihrer persönlichen Meinung gefragt; antworten Sie deshalb mit »ich«.
- Versuchen Sie »zwischen den Zeilen zu lesen«. Was beabsichtigt ein Schüler mit seiner Frage?
- Beantworten Sie mehrdeutige Fragen so, wie Sie sie verstehen.
- Bieten Sie Einzelgespräche an, wenn Fragen bzw. Antworten Betroffenheit beim Schüler hervorgerufen haben oder für den Schüler unbefriedigend waren.

*Quelle: Grundke, P. (1975): Interaktionserziehung in der Schule. Modell eines therapeutischen Unterrichts. München: Juventuta*

**Abb. 17: Unterrichtsentwurfsbeispiel 6. Stunde**

| | | Std. |
|---|---|---|
| **Phase** | REPERTOIREERWEITERUNG/ REALERPROBUNG | 6 |
| **Thema der Stunde** | Einübung positiver Verbalisation | |
| **Didaktische Leitlinien bei der Unterrichtsplanung** | – ausreichend Gelegenheit zum Einüben positiver Verbalisationstechniken bereitsstellen<br>– möglichst viele Schülerbeiträge anregen und aufgreifen<br>– Motivierung zu gegenseitiger Hilfestellung über die Unterrichtsstunde hinaus<br>– zur Realerprobung ermutigen und in diesem Zusammenhang<br>– Gesprächsmöglichkeiten mit dem Lehrer außerhalb der Stunde anbieten | |
| **Lernziele** | – Unterscheidung angstinduzierender (= negativer) und angstvermindernder (= positiver) Gedanken<br>– Sicherheit im Formulieren positiver, angstvermindernder Gedanken<br>– Auffinden subjektiv hilfreicher Gedanken<br>– Anwenden der Strategie in bedrohlichen Situationen | |
| **Unterrichtsmaterialien** | Kopien der Arbeitsblätter 7–9<br>Tafelbild 3 aus der dritten Stunde | |
| **Arbeitsform** | je nach Übungsstand Punkt 3 des Ablaufes in Kleingruppen | |
| **Ablauf** | 1. Einführung in das Thema durch Aufgreifen des Tafelbildes 3<br>Funktionen positiver/negativer Gedanken erläutern (lassen)<br>2. Unterscheidungsübung positiver/negativer Gedanken (s. Arbeitsblatt 7)<br>3. Besprechung: Welche Gedanken rufen am meisten Angst hervor? Warum?<br>4. Finden von positiven zu vorgegeben negativen Verbalisationen (s. Arbeitsblatt 8)<br>5. Finden von möglichst vielen positiven Verbalisationen und Umwandlung negativer Verbalisationen in positive (s. Arbeitsblatt 9) | |
| **Hausaufgaben** | Arbeitsblatt 9 | |

Die Phase der Realerprobung neu erlernter Angstverarbeitungstechniken wird mit der **sechsten Stunde** der Unterrichtsreihe erreicht. Um dem Leser eine genauere Vorstellung von der Struktur und der Ausführlichkeit der von uns vorgegebenen Unterrichtsplanung zu vermitteln, seien im folgenden das Formblatt zur Unterrichtsvorbereitung und alle beigefügten Materialien *(Abb. 17–21)* wiedergegeben.

**Abb. 18: Tafelbild (3)**

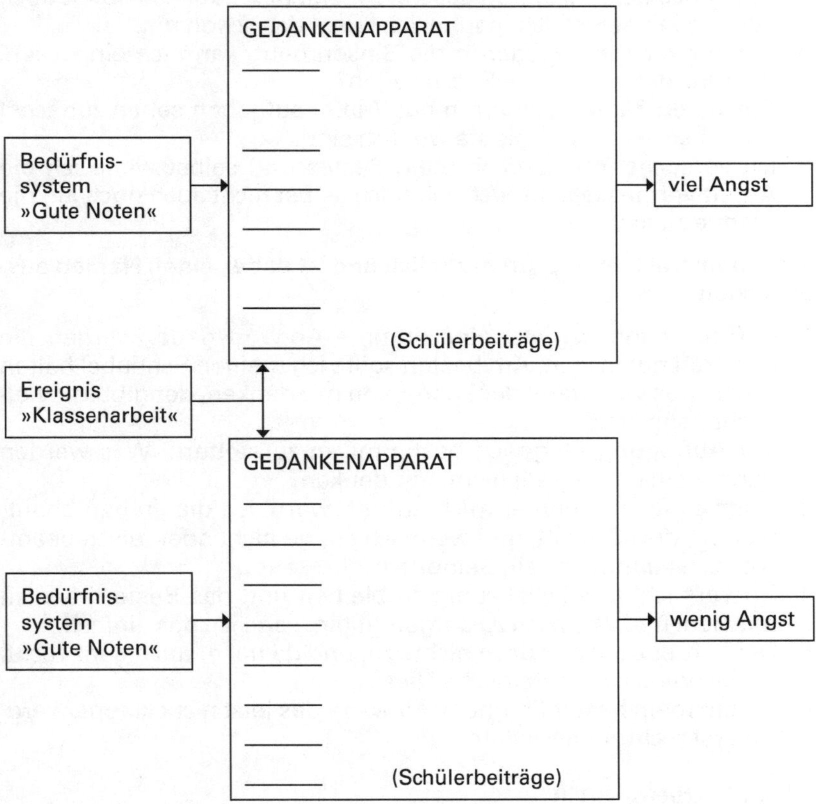


**Abb. 19: Arbeitsblatt 7**

Welche Schüler, die sich folgende Gedanken machen, haben am meisten Angst?

Warum?

Welche Gedanken findest Du am hilfreichsten?

**Situation: Die Aufgaben in der Klassenarbeit erscheinen sehr schwer**

1. Am besten geb' ich ab. Ich hab's ja gleich gewußt.
2. Jetzt versuch' ich erst mal ruhig zu werden, und nach einer kleinen Pause werd' ich mich noch mal dransetzen und genau überlegen, was bei den einzelnen Aufgaben gefragt ist.
3. Das gibt's doch nicht. So schwere Aufgaben habe ich sonst doch auch schon gelöst. Ich glaube, ich krieg' das schon hin.
4. Wenn die Arbeit wieder in die Binsen geht, kann ich einpacken. Was werden nur meine Eltern sagen?
5. Die vielen Zahlen verwirren nur. Matheaufgaben sehen zunächst immer schwerer aus als sie wirklich sind.
6. Ich versuche jetzt einfach mein Bestes und selbst wenn ich die Arbeit vermassele, brauch' ich mich selbst nicht auch noch »in die Pfanne zu hauen«.

**Situation: Der Lehrer prüft mündlich und ist dabei, einen Namen auszusuchen**

1. O Gott, wenn ich jetzt eine dumme Antwort gebe, werden die Anderen nur lachen. Am besten sollte ich meinen Schnabel halten – aber was wird dann der Lehrer von mir denken, der gibt mir vielleicht dann 'ne 6.
2. Vor Aufregung fange ich bestimmt an zu stottern. Was werden dann meine Kameraden von mir denken?
3. Ganz einfach! Wenn er mich aufruft, werd' ich die Fragen beantworten, die ich weiß, und wenn ich einige nicht oder falsch beantworte, ist das auch kein Beinbruch.
4. Ich versuch' möglichst ruhig zu bleiben und das Beste draus zu machen, und wenn ich zu aufgeregt bin, sage ich das einfach.
5. Der Lehrer traut mir doch nichts zu, und da hat er auch ganz recht. Ich bin wirklich 'ne ziemliche Niete.
6. Ich bin mein bester Freund. Und wenn das jetzt nicht klappt, werd' ich erst recht zu mir halten.

**Abb. 20: Arbeitsblatt 8**

Im folgenden sind nur die negativen, angstmachenden Gedanken genannt. Versuche dazu einige positive Gedanken zu finden, die Du auch für Dich als hilfreich ansiehst.

**Situation: Eine Klassenarbeit wird zurückgegeben, und der Schüler X erhält eine für ihn schlechte Note**

*Negative, angstmachende Gedanken:*

1. Ich hab's ja kommen sehen. Das werd' ich nie lernen.
2. Was werden bloß meine Eltern sagen? Das gibt ganz schön Zoff! Meinen Sport kann ich in der nächsten Zeit vergessen.
3. Du Blödmann! Du bringst es fertig, sogar die einfachsten Arbeiten zu vermasseln.

**Abb. 21: Arbeitsblatt 9**

1. Überleg' Dir 2 Situationen, die Dir in letzter Zeit Angst gemacht haben, beschreiben kurz, wie Du Dich dabei gefühlt hast und versuche für Dich möglichst mehrere hilfreiche Gedanken dazu zu finden.

**Situation 1:**

Beschreibung:

Wie ist es Dir dabei ergangen?

Hilfreiche Gedanken:

**Situation 2:**

Beschreibung:

Wie ist es Dir dabei ergangen?

Hilfreiche Gedanken:

2. Versuche diese positiven Gedanken in der nächsten Situation, die Dir Angst macht, einzusetzen, und schreibe Dir dann auf, wie es Dir dabei ergangen ist.

Ziel der Stunde ist also die konkrete Formulierung und Einübung positiver, d. h. angstmindernder Selbstverbalisationen. Die Schüler sollen lernen, individuell hilfreiche Gedankengänge zu entwickeln und sie in bedrohlichen Situationen gezielt abzurufen. In einer vorgegebenen Liste mit Beispielen für Selbstverbalisationen in Leistungssituationen unterscheiden die Schüler die angstinduzierenden, negativen Gedanken von den angstmindernden, positiven. Im nächsten Schritt versuchen die Schüler, vorgegebene negative Gedanken in positive umzuwandeln. Was an diesen allgemeinen Beispielen eingeübt wurde, soll der Schüler nun für sich konkretisieren, indem er sich zu Situationen, die er persönlich als

**Abb. 22: Unterrichtsentwurfsbeispiel 7./8. Stunde**

Std.

| **Phase** | REPERTOIREERWEITERUNG/ REALERPROBUNG | 7/8 |
|---|---|---|
| **Thema der Stunde** | Rollenspiele | |
| **Didaktische Leitlinien bei der Unterrichtsplanung** | – siehe 6. Stunde<br>– siehe »Methodische Hinweise zur Durchführung von Rollenspielen«<br>– Schwierigkeiten bei der Realerprobung müssen von Schülern formuliert werden können, aufgegriffen und Alternativen aufgezeigt werden | |
| **Lernziele** | – siehe 6. Stunde<br>– mit neuen Verhaltens- und Denkweisen experimentieren<br>– hilfreiche Bewältigungsmöglichkeiten stabilisieren<br>– Probleme mit neuen Verhaltens- und Denkweisen besprechen und nach neuen Alternativen Ausschau halten<br>– Vereinbarung von Maßnahmen zur zukünftigen Bewältigung von kritischen Situationen (langfristige Ziele der Unterrichtseinheit) | |
| **Unterrichtsmaterialien** | Kopien »Über den richtigen Umgang mit bedrohlichen Situationen« | |
| **Arbeitsform** | Klassenverband | |
| **Ablauf** | 1. Besprechung der Hausaufgaben anhand der Durchführung von Rollenspielen mit dem Thema »Lautes Denken«<br>2. Schlußbesprechung und Diskussion:<br>– Was denkt Ihr über die letzten Stunden?<br>– Fandet Ihr das Thema sinnvoll?<br>– Welche Erfahrungen habt Ihr gemacht?<br>– Perspektiven: Wie geht es weiter? Was können wir in kritischen Situationen tun? (Einzelgespräche anbieten, Hinweise auf variable Stunde und Gespräche unter Schülern ermutigen!) | |
| **Hausaufgaben** | | |
| **Anregungen für einen veränderten Ablauf** | | |

bedrohlich empfindet, positive Formulierungen sucht, die sein Angstgefühl abschwächen.

Um das Experimentieren mit neuen Angstbewältigungstechniken geht es auch in der **siebten/achten Stunde.** Die neuen Verhaltensweisen sollen stabilisiert und auftretende Schwierigkeiten geklärt werden. Unser Vorschlag zur Unterrichtsmethode (vgl. Abb. 22) sieht das Rollenspiel vor: Die Schüler stellen angstauslösende Schulsituationen nach und spielen je einen sehr ängstlichen und einen wenig ängstlichen Schüler. Indem sie dabei »laut denken«, erfolgt die Gegenüberstellung von negativen und positiven Verbalisationen. Zur Durchführung und Auswertung von Rollenspielen gaben wir den Lehrern methodische Hinweise:

**Kurs: »Methodische Hinweise zur Durchführung von Rollenspielen«**

**1. Ziele:**

- Mit neuen Verhaltens- und Denkweisen experimentieren
- Hilfreiche Bewältigungsmöglichkeiten stabilisieren
- Probleme mit neuen Verhaltens- und Denkweisen besprechen
- Alternativen erproben

**2. Ablauf:**

DEFINITIONSPHASE

- Inhaltliche Festlegung, was gespielt werden soll
  - Ausgangspunkt sind die Situationen des Tafelbildes der 2. Stunde. Beginnen Sie mit der Situation, die zunächst als relativ unproblematisch erscheint.
  - Ein positiver und ein negativer Gedanke werden an die Tafel geschrieben.
  - Ein Schüler spielt einen sehr Ängstlichen, d. h. verbalisiert negative Gedanken; ein wenig ängstlicher Schüler bzw. der Lehrer versucht positive Gedanken dagegen zu stellen.
- Rollenvergabe:
  - Die Rolle des wenig ängstlichen Schülers sollte zunächst von einem Schüler gespielt werden, der die jeweilige Situation auch realiter als wenig angstbesetzt eingeschätzt hat (Vermeidung von Mißerfolg).
  - Darüber hinaus sollte aber auch darauf geachtet werden, daß gerade die ängstlichen Schüler ausreichend Gelegenheit erhalten, mit alternativen Verbalisierungen zu experimentieren.
- Aufgabe der Zuschauer festlegen:

- Die ganze Klasse fungiert als Zuschauer.
- Bildung von zwei Gruppen, die jeweils die Gedanken und das Verhalten eines Rollenspielers aufschreiben und deren Wirkung beurteilen: Was hat Euch an dem Spiel gut gefallen? Waren die Argumente des wenig ängstlichen Schülers hilfreich? Welche Gedanken/Gefühle hat das Spiel bei Euch ausgelöst? Welche Alternativen wären möglich?
- Achten Sie darauf, daß sich die Spieler von den Zuschauern abheben. Berücksichtigen Sie dabei, daß evtl. ein Vor-die-Klasse-Treten für einige Schüler aus anderen Zusammenhängen mit Angst verbunden ist.

ÜBUNGSPHASE

Unproblematische Situationen dienen dem Einstieg und dem Abbau von Unsicherheit in der Rollenspielsituation. Sie können deshalb relativ kurz abgehandelt werden. Situationen, die mehreren Schülern viel Angst machen, sollen mit entsprechend größerem Gewicht berücksichtigt werden, d. h.

- mehrere Schüler sollen die Möglichkeit zum Spiel erhalten
- mehrere alternative Verhaltensweisen bzw. Verbalisierungsmöglichkeiten sollen erarbeitet werden
- auf jeden Fall muß der hochängstliche Schüler Gelegenheit haben, mit positiven Verbalisierungen zu experimentieren (Rollentausch)

BEWERTUNGSPHASE

- Zunächst teilen die Spieler ihre Erfahrungen mit (der hochängstliche Schüler zuerst)
- Beobachter (Lehrer und Schüler) geben positive Rückmeldungen über gelungene Aspekte des Spiels
- Kritikpunkte werden nur in Verbindung mit Alternativvorschlägen geäußert.

**3. Probleme:**

- *Es findet sich kein Schüler, der mitspielt*
  ⇨ Sprechen Sie ganz gezielt jemanden an; fragen Sie nicht wer mitspielen möchte, sondern sagen Sie: »Ich möchte Dich bitten mitzuspielen, Du hast eben schon so gute Ideen gehabt« (oder eine ähnliche Begründung).

- *Ein Teilnehmer bricht das Rollenspiel ab*
  ⇨ Verstärken Sie ihn für den bereits gespielten Teil, motivieren Sie ihn weiterzuspielen.

- *Ein Schüler fällt aus der Rolle*
  ⇨ Greifen Sie sofort ein, definieren Sie noch einmal kurz die Rolle und lassen Sie dann weiterspielen.
- *Ein Schüler überzeichnet seine Rolle*
  ⇨ Greifen Sie ein und sagen Sie ihm, was er anders machen soll, lassen Sie dann weiterspielen.
- *Die Schüler kommen vom Thema ab*
  ⇨ Greifen Sie sofort ein, definieren Sie die Rolle noch einmal und beginnen Sie wieder.
- *Ein Schüler äußert Kritik*
  ⇨ Fragen Sie ihn, was er gut fand und wie das beanstandete Verhalten aussehen sollte.

*(nach: Bundeszentrale für Gesundheitliche Aufklärung. Köln, o. J., S. 31)*

Die Unterrichtseinheit sollte mit einer **Schlußbesprechung** enden, in der die Schüler Themenstellung und Ablauf des Unterrichts bewerten und weiterführende Perspektiven entwickeln. Wichtig ist, daß der Lehrer an dieser Stelle individuelle Gespräche mit einzelnen Schülern anbietet, die Schüler zum gegenseitigen Erfahrungsaustausch bewegt und sich bereit erklärt, zu einem späteren Zeitpunkt eine weitere Unterrichtsstunde der Thematik zu widmen. Hier wird es vor allem darum gehen, die Schüler trotz aller ernstzunehmenden, aber überwindbaren Schwierigkeiten zum weiteren Ausprobieren der neuen Angstbewältigungs-Techniken zu ermutigen. Zur Stabilisierung günstiger Verhaltens- und Denkweisen kann es erforderlich sein, einzelne Phasen der Unterrichtseinheit nochmals zu durchlaufen.

Ausgehend von diesem Modell einer Unterrichtsreihe über Angst sollten die am Projekt teilnehmenden Lehrer ihre eigene, auf die betreffende Klasse zugeschnittene Konzeption erarbeiten. Sie konnten dabei Teile aus der von uns vorgestellten Planung oder auch den gesamten Entwurf übernehmen.

Obwohl wir unsere Planung eher als Orientierungshilfe und damit als veränderbar ansehen, sollten die didaktischen Leitlinien und die Lernziele aus unserem Vorschlag beibehalten werden.

Bei Abänderung der Vorlage sollten folgende Grundsätze beachtet werden:

- Die Planung darf keine Phase des Verlaufmodells auslassen oder vertauschen oder vor Ablauf der Realerprobung und Stabilisierung abbrechen. Dieser Ablauf ist notwendige Voraussetzung für eine dauerhafte Verhaltensänderung.

**Abb. 23: Unterrichtsentwurfsbeispiel Schlußbesprechung**

| | | Std. |
|---|---|---|
| **Phase** | REPERTOIREERWEITERUNG/ REALERPROBUNG | 9 ff. |
| **Thema der Stunde** | Nachbetrachtung | |
| **Didaktische Leitlinien bei der Unterrichtsplanung** | – positive Veränderungen herausstellen<br>– Schwierigkeiten als ernstzunehmende, aber überwindbare Probleme besprechen<br>– Möglichkeiten der erneuten Verhaltenserprobung bereitstellen (z. B. durch Rollenspiele)<br>– Insgesamt: Zu selbständigem Problemlösen und Verhaltensexperimentieren ermutigen! | |
| **Lernziele** | – subjektive Schwierigkeiten sind Anlaß zum aktiven Problemlösen und Experimentieren und nicht zum Resignieren<br>– Evtl. Stabilisierung günstiger Verhaltens- bzw. Denkweisen; evtl. Zurückgehen im Verlaufsmodell bis zur Repertoireerweiterung (s. entspr. Lernziele der vorausgegangenen Stunden) | |
| **Unterrichtsmaterialien** | Materialien der UE oder Alternativen dazu | |
| **Arbeitsform** | je nach Verlauf | |
| **Ablauf** | je nach Problematik | |
| **Hausaufgaben** | | |
| **Anregungen für einen veränderten Ablauf** | | |

- Die Schüler sollten möglichst viel Raum für eine aktive Partizipierung am Unterricht erhalten. Dazu sind ein Wechsel der Arbeitsform (z. B. Kleingruppen-, Partnerarbeit), entdeckenlassendes Lehrverfahren, Rollenspiele etc. hilfreich.
- Der Unterricht muß über eine bloße Wissensvermittlung hinausgehen, d. h. die Schüler müssen:

  - die Problematik erkennen und motiviert sein, etwas an ungünstigen Umgangsformen mit der Angst ändern zu wollen,
  - mit der Zielsetzung einverstanden sein und die konkreten Veränderungsschritte in transparenter Weise antizipieren können,

- ausreichend Zeit zur Verfügung haben, um problematische Verhaltensweisen und Selbstverbalisationen zu erkennen
- Möglichkeiten einer dauerhaften Ansprechbarkeit ihres Lehrers als Vertrauensperson sehen.

### *3.2.3 Das Lehrertraining*

Zu den Inhalten des Bausteins II »Angst und Angstabbau« fanden insgesamt fünf zweistündige und eine vierstündige Sitzung statt. Dabei stand die praktische Durchführung der Unterrichtseinheit im Zentrum, auf eine detaillierte Wiederholung der in den schriftlichen Materialien bereits beschriebenen Inhalte wurde weitgehend verzichtet.

In der **Einführungssitzung** wurden die Lehrer über die Konzeption des Lehrertrainings zu Baustein II informiert. Unter Rückgriff auf die schriftlichen Informationsgrundlagen wurden Ziele und Aufbau der Unterrichtseinheit, insbesondere das Phasenmodell, nochmals erläutert. Fragen und Bedenken der mitarbeitenden Lehrer wurden intensiv diskutiert. Zum Abschluß erhielten die Lehrer ein Blatt mit Arbeitsanregungen, die den Entwurf und die konkrete Durchführung einer eigenen Unterrichtseinheit »Angst und Angstabbau« vorbereiteten: Die Lehrer sollten entscheiden, mit welcher Klasse sie die Unterrichtseinheit durchführen wollen; Schwierigkeiten bei der Konzeption und erwartete Probleme bei der Realisation des Unterrichts sollten schriftlich festgehalten werden, um sie im Plenum besprechen zu können. Die Unterrichtseinheiten sollten schriftlich ausgearbeitet und in der sechsten Sitzung diskutiert werden.

Ab der **zweiten Sitzung** wurden zentrale Unterrichtsstunden demonstriert und simuliert, zunächst die Einführung des Themas anhand der Analyse des Textes »Hanno Buddenbrook«. Wie später die Schüler bearbeiteten nun die Lehrer in Kleingruppen den Text unter den Leitfragen:

- Wovor hat Hanno Buddenbrook Angst?
- Wie zeigt sich seine Angst?
- Was geht ihm durch den Kopf?
- Was kann Ursache seiner Angst sein?

In weiteren Schritten wurde der Bezug zu eigenem Angsterleben hergestellt und die Übertragung auf die heutige Situation in der Schule geleistet.

Abschließend wurden organisatorische Probleme besprochen, insbesondere die Auswahl einer Klasse zur Durchführung der Unterrichtseinheit.

In der **dritten Sitzung** stand die Didaktik der Erarbeitung eines Tafelbildes zur Angstentstehung im Vordergrund, bevor anschließend das »Lehrerbildspiel« (siehe fünfte Stunde der Unterrichtseinheit, S. 79) in der Seminarrunde durchgeführt wurde. Hierbei war ein Ziel, durch die Antizipation möglicher Schülerfragen und die Erarbeitung von Lehrerantworten und Reaktionsmöglichkeiten subjektive Sicherheit im Umgang mit diesem Spiel zu gewinnen.

Die **vierte Sitzung** diente dazu, die Teilnehmer mit der Technik des Rollenspiels und möglichen Problemen bei der Realisierung im Unterricht vertraut zu machen. Anhand eines Informationspapiers wurden der formale Aufbau und die Phasen eines Rollenspiels besprochen; dann führten die Lehrer selbst Rollenspiele durch.

Zur Vorbereitung der nächsten Sitzung hatten die Lehrer die Aufgabe, in Kleingruppen eine ca. 15minütige Unterrichtssequenz aus der Unterrichtsreihe »Angst und Angstabbau« zu planen und evtl. benötigte Medien herzustellen. Es sollten möglichst problematisch erscheinende Sequenzen ausgewählt und Wünsche formuliert werden, welche Aspekte des Unterrichts die Teilnehmerrunde diskutieren sollte.

Die so vorbereiteten problematischen Unterrichtssequenzen wurden in der **fünften Sitzung** im Microteaching-Verfahren trainiert: Je ein Lehrer simulierte mit den übrigen Teilnehmern als Schüler den Unterricht; anhand der Video-Aufzeichnung erfolgte dann die Besprechung und Bewertung des durchgeführten Mini-Unterrichts, und es wurden Vorschläge für ein alternatives Lehrerverhalten entwickelt. Erreicht werden sollte mit diesem Vorgehen, den Lehrern Sicherheit im Umgang mit kritischen Situationen aus der Unterrichtsreihe über Angst zu vermitteln und auch Kommunikation und kollegiale Supervision der Lehrer untereinander zu fördern.

Nach dieser Sitzung erklärten sich einige Lehrer bereit, für ihre Klassen eine eigene Unterrichtsreihe zum Thema Angst zu entwerfen. Zur **sechsten Sitzung,** die in etwas größerem zeitlichen Abstand stand, brachten diese Teilnehmer Vorentwürfe mit, die dann in Kleingruppen besprochen, weiter durchgeplant und an die Gegebenheiten der jeweiligen Klassen adaptiert wurden. Antizipierte Probleme der Durchführung der Unterrichtsreihe wurden in der Gruppe besprochen.

Bei Problemen im Verlauf der Durchführung der Unterrichtsreihe konnten die Lehrer Kontakt mit den Projektmitarbeitern aufnehmen, um in Einzelgesprächen die aufgetretenen Schwierigkeiten durchzusprechen und gegebenenfalls Veränderungen am Konzept vorzunehmen. Neben dieser Einzelberatung umfaßte die Betreuung der Teilnehmer während der Realisierungsphase auch eine **Auffrischungssitzung:** Es trafen sich alle Lehrer, die schon eine Unterrichtseinheit durchgeführt hatten und entsprechende Erfahrungen weitergeben konnten, die Lehrer, die für das laufende Schuljahr Unterricht über Angst vorgesehen hatten, sowie das für die Bausteinentwicklung verantwortliche Projektteam. Das Vorgehen in dieser Sitzung war parallel zu dem der oben beschriebenen sechsten Sitzung, jedoch konnten wir jetzt auf bereits vorliegende Erfahrungen von Lehrerkollegen zurückgreifen.

Es war und wird nicht unproblematisch sein, einen zeitlichen und organisatorischen Rahmen für die oben beschriebene Unterrichtseinheit zu finden, ohne gegenüber Schulverwaltung, Eltern und teilweise auch Lehrerkollegen in Rechtfertigungsdruck zu geraten. Obwohl in der Literatur, in den Lehrplänen und auch in der Meinung von Lehrern und Schulleitern die Bedeutung übergeordneter Lernziele – wie die Vermittlung von Lebensstrategien und damit auch von Angstbewältigungstechniken betont wird, werden in Konfliktfällen die übergreifenden Lernziele zugunsten der fachlichen geopfert oder an bestimmte Fächer delegiert. So erklärt man vor allem Deutsch- und Religionslehrer für die Behandlung derartiger Themen für verantwortlich, während beispielsweise Mathematik- und Fremdsprachenlehrer, die eine solche Unterrichtseinheit durchführen möchten, den oben erwähnten Rechtfertigungsdruck besonders deutlich spüren, ungeachtet der Tatsache, daß in diesen Fächern die Angstthematik häufig eine viel realere Bedeutung erfährt.

Im Rahmen unseres Projektes wurde die Unterrichtseinheit »Angst und Angstabbau« in den Stunden der Fachlehrer für Deutsch, Politik, Religion, Mathematik, Englisch, Latein und Französisch durchgeführt. Gerade für den Fremdsprachenunterricht ergab sich dabei die Notwendigkeit, sowohl die Schulleitung im persönlichen Gespräch als auch die Eltern im Verlaufe eines Elternabends von der Sinnhaftigkeit der Thematisierung von Angst im Unterricht zu überzeugen.

Realisiert wurde der Unterricht von den beteiligten Lehrern im Rahmen des normalen Stundenplans innerhalb der Stunden des Fachlehrers. Zwei der am Projekt beteiligten Lehrer (in den Fächern Religion und Latein) legten ihre Stunden zusammen und hielten die Unterrichtseinheit gemeinsam im Verlauf von ca. 2 Wochen. Ein Lehrer wählte eine von der Schule veranstaltete Projektwoche vor den Ferien, innerhalb der er ausreichend Stunden zur Verfügung hatte. Ein anderer bat einige Kollegen, die nicht an dem Projekt beteiligt waren, ihm Stunden zur Verfügung zu stellen, damit er selbst nicht in einen lehrplanbezogenen Rückstand geriet.

Welche der oben genannten Varianten die günstigste darstellt, hängt natürlich von den jeweiligen Gegebenheiten ab. Wir haben jedoch den Eindruck gewonnen, daß sich diese organisatorischen Schwierigkeiten bei entsprechendem Engagement beseitigen lassen. Durch ausreichende Information und Vorbereitung konnten wir in den mit uns kooperierenden Schulen und bei den betroffenen Eltern weitgehend Verständnis erzielen.

## 3.3 Baustein III: Angstabbau durch Veränderungen im Leistungsbewertungsprozeß

### *3.3.1 Zielsetzung und theoretische Wirkungsweise*

In der Schüler-Enquete (1977), die von einem situationsorientierten Ansatz von Schulangst ausgeht, zeigte sich, daß Schüler vor allem in Leistungs- und Prüfungssituationen starke Angst empfinden. Könnte man in der Schule auf Leistungsbewertung verzichten, gäbe es trivialerweise auch wenig Prüfungsangst. Leistungsbewertung und Rückmeldung erfüllen jedoch wesentliche Funktionen im Lehr-Lern-Prozeß. Eine genaue Lerndiagnose ist z. B. erforderlich, um den weiteren Lernprozeß zu planen, Schüler zu motivieren, geeignete Lernmaterialien auszusuchen, Differenzierungsmaßnahmen zu ergreifen etc. Es besteht also kein Zweifel daran, daß Lehrer bewerten müssen, offen ist jedoch, wie sie dies tun können, ohne überflüssige Angstgefühle bei den Schülern zu wecken.

Eine absolut angstfreie Beurteilungspraxis wird es wohl nicht geben, sie wird auch hier nicht angestrebt. Unser Ausgangspunkt war, daß Angst nur dann bewältigt werden kann, wenn sie durchlebt und durchgestanden wird (vgl. Baustein II). Allerdings darf das Angstniveau nicht desorganisierend auf das Verhalten des Schülers wirken und ihn daran hindern, Leistungsanforderungen zu bestehen.

Schulangst entsteht –, so zeigte die Untersuchung von Jacobs (1981), wenn Schüler mit einem Mißerfolg in der Leistungssituation rechnen und unangenehme Konsequenzen befürchten. Erwartet z. B. ein Schüler in einer Klassenarbeit eine schlechte Note und befürchtet er, dadurch seine Eltern zu verärgern, so fühlt er sich in wesentlichen Motiven (hier: im Wunsch nach Anerkennung) bedroht und empfindet Angst. Angsterleben hängt also ab von der **Wahrscheinlichkeit eines Mißerfolgs** (mit einem subjektiv befriedigenden Leistungsergebnis wird nicht gerechnet) und der **Motivationsstärke** (es werden aversive Konsequenzen erwartet, die die Befriedigung wichtiger Motive gefährden).

An diesen beiden Faktoren muß auch angesetzt werden, will man Prüfungsangst verringern: Die durch ein etwaiges Leistungsversagen bedrohten Motive (Konkurrenzmotiv, Wunsch nach Ansehen, nach Realisierung einer bestimmten Zukunftsperspektive etc.) müssen abgeschwächt werden, und der Schüler wird umso eher auf ein positives Leistungsergebnis hoffen, je mehr er an seine eigene Leistungsfähigkeit glaubt (subjektive Kompetenz) und je eher er seine Erwartungen an sich selbst an das anpaßt, was er tatsächlich zu leisten vermag (realistische Anspruchsniveausetzung).

In der folgenden Übersicht (Abb. 24) sind die Wege, die nach der Theorie von Jacobs (1981) zum Abbau von Prüfungsangst führen, zur Erinnerung nochmals aufgezeigt:

**Abb. 24: Die theoretischen Wege zum Ziel »Abbau von Prüfungsangst«**

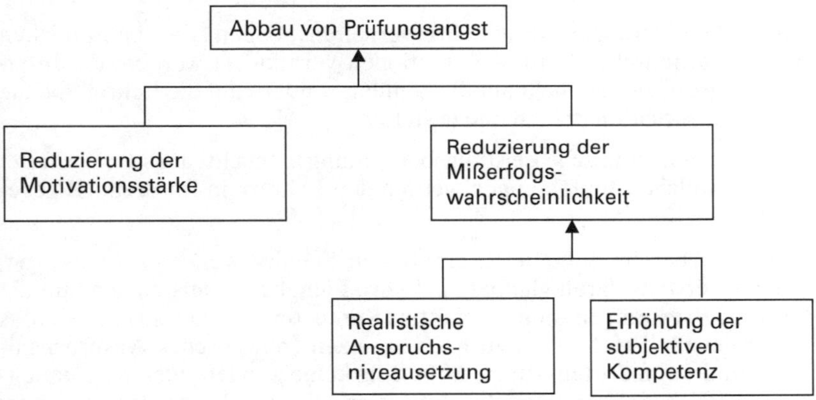


Die erste Möglichkeit, Prüfungsangst zu verringern, besteht in der Reduktion der Mißerfolgswahrscheinlichkeit durch Setzung eines realistischen Anspruchsniveaus und durch Erhöhung der subjektiven Kompetenz, der zweite Weg zum Abbau von Prüfungsangst läuft über die Abschwächung der Motive, die durch ein Leistungsversagen bedroht wären.

Die theoretischen Vorarbeiten haben gezeigt, daß das Oberziel »Abbau von Prüfungsangst« über drei Zwischenziele erreicht werden kann:

1. Erhöhung der subjektiven Kompetenz,
2. Senkung des Anspruchsniveaus und
3. Reduktion der Motivationsstärke.

Ein direktes Erreichen dieser Zwischenziele ist nicht möglich, es kann nur nach Wegen gesucht werden, die äußeren **Rahmenbedingungen** dafür zu schaffen, daß Schüler sich ein realistisches Anspruchsniveau setzen, ihre subjektive Kompetenz erhöhen und bedrohte Motive in ihrer Stärke reduzieren. Eine zentrale Rolle spielt dabei, wie der Lehrer **Leistungssituationen** gestaltet, welche Formen von Leistungsbeurteilung und -rückmeldung er praktiziert.

In unserem Projekt gehen wir davon aus, daß der Lehrer trotz institutionell vorgegebener Rahmenbedingungen und dienstrechtlicher Beschränkungen über einen gewissen Freiraum verfügt, eine weniger angstauslösende Form von Leistungsbewertung zu praktizieren. Lehrern solche Formen von Leistungsbeurteilung und Leistungsrückmeldung vorzustellen und zu vermitteln, ist Ziel dieses Bausteins, der nicht wie Baustein II oder Baustein IV direkt an den Kompetenzen von Schülern zur Angstverarbeitung ansetzt, sondern einen zweiten Interventionsweg verfolgt:

Über Veränderungen des Lehrerverhaltens sollen die bedrohlichen Aspekte schulischer Leistungssituationen vermindert werden; die Interventionen zielen also nicht auf die Schüler, sondern auf die Lehrer, die die schulische Situation prägen und gestalten.

Wie kann nun schulische Leistungsbeurteilung möglichst angstfrei gestaltet werden, welche Empfehlungen werden den Lehrern in Baustein III gegeben?

Wie oben bereits aufgeführt, empfinden Schüler wenig Prüfungsangst, wenn sie erstens daran glauben, daß ihre Fähigkeiten ausreichen, um die Leistung zu erbringen (hohe subjektive Kompetenz), wenn sie zweitens das Kriterium für Erfolg nicht zu hoch ansetzen (realistisches Anspruchsniveau) und wenn drittens für sie Mißerfolg keine gravierenden Konsequenzen nach sich zieht (reduzierte Motivationsstärke). Relativ angstfrei werden Schüler also Leistungsbeurteilung dann erleben, wenn sie Erfolge erreichen und sie ihrer eigenen Anstrengung (nicht dem Zufall!) verdanken und wenn Mißerfolge durch vermehrte Bemühungen ausgeglichen werden können.

Die bislang überwiegend praktizierte Form von Leistungsbeurteilung und Rückmeldung steht dieser Zielsetzung entgegen:

Häufig sind Lehrer anzutreffen, die in Klassenarbeiten die Verteilung der Noten nach der Gauß'schen Normalverteilungskurve ausrichten. Sie ordnen die Punkte den Noten so zu, daß jeweils 25 % der Schüler am oberen bzw. am unteren Ende der Notenskala anzusiedeln sind und etwa 50 % im mittleren Bereich liegen. Grundlage für die Beurteilung der Leistung des einzelnen Schülers ist hier also die Gesamtleistung der Klasse, nicht berücksichtigt wird, was der Schüler seit der letzten Überprüfung dazugelernt hat. Der individuelle Lernzuwachs kann noch so groß sein: Wenn die ganze Klasse mehr weiß oder kann als zum letzten Testzeitpunkt, riskiert der Schüler wieder eine schlechte Note. Erfolg beruht nicht auf eigener Anstrengung, sondern resultiert aus dem Vergleich mit den nicht kalkulierbaren Leistungen der Mitschüler. Prüfungsangst ist bei dieser auf sozialem Vergleich beruhenden Leistungsbeurteilung vorprogrammiert.

In Baustein III schlagen wir den Lehrern eine andere Beurteilungsbasis vor: Maßstab soll der **individuelle Lernfortschritt** (individuelle Bezugsnorm der Leistungsbeurteilung) und/oder das Erreichen bestimmter Lernziele (sachliche Bezugsnorm) sein. Nur auf diesem Hintergrund erleben die Schüler, daß eigene Anstrengungen zu Erfolg führen.

Neben dieser Bezugsnormorientierung umfaßt Baustein III einen zweiten Maßnahmenbereich: die transparente Gestaltung der Leistungsüberprüfung.

Mündliche Prüfungen oder schriftliche Klassenarbeiten werden den Schülern häufig mit den Worten angekündigt: »Es kann alles drankommen, was wir in der letzten Zeit durchgenommen haben.« Eine derart unspezifische Information gibt dem Schüler keine Chance, die Stoffülle zu strukturieren, auf das Wesentliche zu reduzieren und sich effektiv auf die Überprüfung vorzubereiten. Die Konsequenz: Angst zu versagen. Die Prüfungsangst steigert sich weiter, wenn der Schüler die negativen Auswirkungen eines Mißerfolgs überschätzt und Katastrophierungsgedanken hegt.

Unsere Empfehlungen – die durch empirische Vorarbeiten von Jacobs & Bedersdorfer (1982; 1983) und Jacobs, Bedersdorfer, Bohse-Wagner (1983) gestützt werden – zielen darauf, den Schülern durch genaue Information über die Prüfungssituation, die Bewertungsgrundlagen und die Konsequenzen aus der Leistungsüberprüfung die Angst zu nehmen. **Transparenz** umfaßt dabei folgende Aspekte:

- Transparenz von Prüfungsanforderungen, Bedingungen und Modalitäten: Der Schüler soll informiert sein über:
  - Anforderungen, die in der Prüfung an ihn gestellt werden, d. h. welche Lernziele er beherrschen muß,
  - effektive Vorbereitungshilfen, d. h. welche Literaturstellen, Übungen, Beispiele er heranziehen muß, um sich optimal auf die Prüfung vorzubereiten,
  - Anforderungsformen, d. h. welche Aufgabentypen, Frageformen etc. in der Prüfung auftauchen.
- Förderung der Transparenz von Bewertungsrichtlinien: Der Schüler soll darüber informiert werden:
  - mit welchem Gewicht (z. B. Punktzahl) welche Anforderungen gewertet werden,
  - welche Note welcher Gesamtpunktzahl bzw. Fehlerzahl zugeordnet wird.
- Förderung der Transparenz der Konsequenzen der Leistungsbewertungsrichtlinien: Der Schüler soll auch erfahren, welchen Einfluß das Ergebnis der Leistungsüberprüfung auf das Gesamtergebnis (z. B. seine Zeugnisnote) hat.

Die folgende Graphik (Abb. 25) faßt zusammen, über welche Zwischenschritte die beiden Maßnahmenbereiche »Bezugsnormorientierung« und »Transparenz« zum Abbau von Prüfungsangst beitragen.

### *3.3.2 Das Informationsmaterial für Lehrer*

Die schriftlichen Informationsmaterialien, die den Lehrern zu den einzelnen Bausteinen an die Hand gegeben wurden, stellen das Kernstück des Interventionsprogramms dar und liefern die Basis für die Durchführung des Lehrertrainings. Das Informationsmaterial gliedert sich in zwei Teile: Zunächst wird aufgezeigt, welche Faktoren der gegenwärtigen Praxis von Leistungsbeurteilung Angst auslösen und wie dies theoretisch zu erklären ist. Im zweiten Teil des Informationsmaterials werden Lehrern die von uns ausgewählten Maßnahmen zum Abbau von Prüfungsangst vorgestellt.

#### 3.3.2.1 Erhöhung der Transparenz in Leistungsbewertungssituationen

Der erste Maßnahmenkatalog betrifft die transparente Gestaltung des Leistungsbeurteilungsprozesses. Prüfungen sind für Schüler besonders dann angstbesetzt, wenn sie nicht genau wissen, was geprüft wird und wie sie sich am besten auf den Test vorbereiten können. Daß diese Mehrdeutigkeit zur Entstehung von Angst beiträgt, wurde in verschiedenen empirischen Untersuchungen (vgl. Kapitel 5) bestätigt. Unsere erste Empfehlung lautet daher: Die Schüler informieren über Prüfungsanforderungen und -modalitäten, über die zugrundeliegenden Bewertungsrichtlinien und über die Konsequenzen der Beurteilung. Damit die so geschaffene Transparenz tatsächlich zum Angstabbau beiträgt, müssen drei notwendige Voraussetzungen erfüllt sein:

a) Der Lehrer selbst muß sich zunächst Klarheit über den Leistungsbewertungsprozeß verschaffen, die angestrebten Lernziele definieren, die Beurteilungskriterien festlegen etc.
b) Der Stoff und die gestellten Anforderungen müssen auf einem überschaubaren Maß bleiben. Erkennt nämlich der Schüler, daß er das, was auf ihn zukommen wird, unmöglich bewältigen kann, wird seine Angst steigen.
c) Transparenzerhöhende Maßnahmen führen sich selbst ad absurdum, wenn der Lehrer sich nicht an seine Zusagen hält. Prüfungsangst und nachhaltige Beeinträchtigungen der Lehrer-Schüler-Beziehung werden die Folge sein.

**Abb. 25: Zwischenschritte zum Angstabbau**

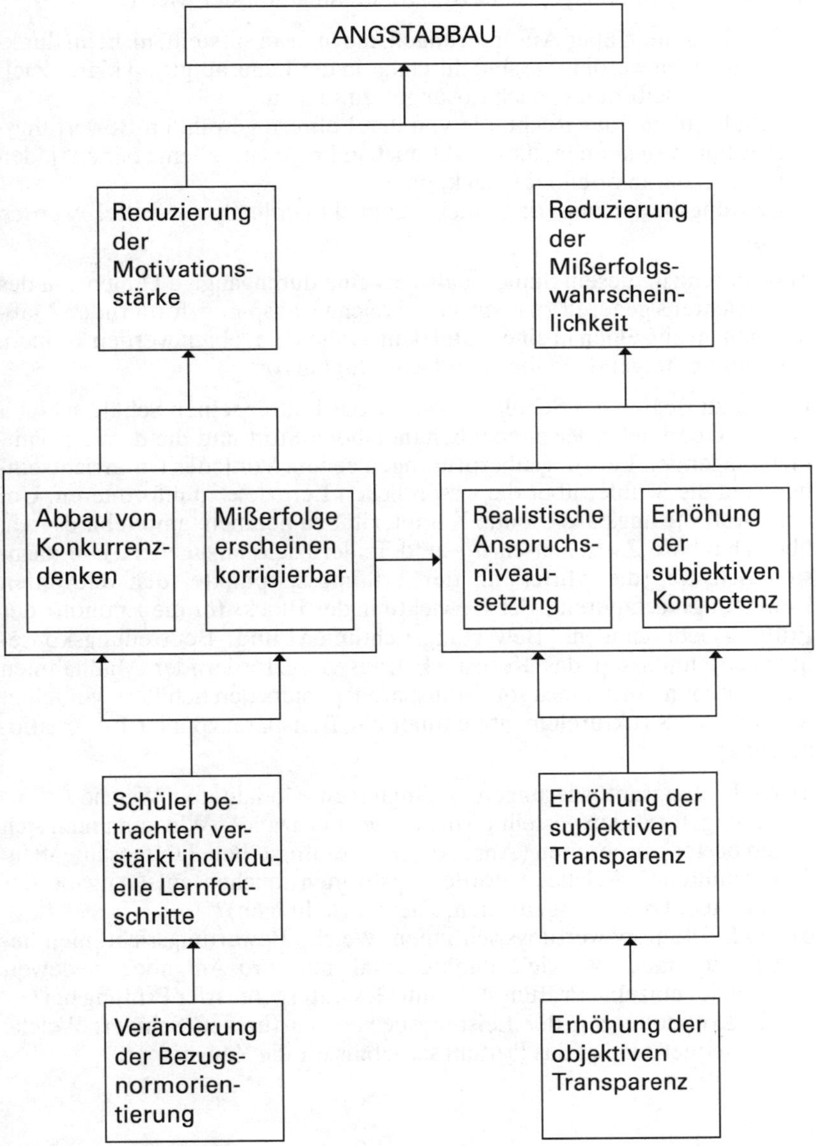

Transparenzförderung geht über punktuell einzusetzende Techniken hinaus und spiegelt pädagogische Wertvorstellungen wider wie:

- Schüler sollten über Anforderungen, die man an sie stellt, nicht im dunklen gelassen werden; sie sind durchaus in der Lage, aufgrund klarer Zielvorgaben selbständig nach Lösungen zu suchen.
- Schüler haben das Recht, die von den Lehrern gewählten Bewertungsrichtlinien zu kennen, diese u. U. auch in Frage zu stellen, aber auf jeden Fall sich daran orientieren zu können.
- Leistungsbewertung darf nicht zum Disziplinierungsmittel werden usw.

Transparenz in diesem Sinne ist also als eine durchgängige Dimension des Unterrichtens generell zu begreifen. Welche transparenzfördernden Maßnahmen im einzelnen in eine Unterrichtseinheit eingebaut werden können, geht aus der folgenden Übersicht (Abb. 26) hervor.

Bereits zu Beginn des Schuljahres sollte der Lehrer seinen Schülern einen groben Überblick über den zu behandelnden Stoff und die damit zusammenhängenden Leistungsüberprüfungen geben. Vor jeder Unterrichtseinheit sind die Schüler über die wesentlichen Lernziele zu informieren. Um dem Stoff die angstauslösende Komplexität zu nehmen, empfiehlt es sich, überschaubare Zwischenschritte und Teillernziele anzugeben. Die nächsten Schritte (die Mitteilung der Prüfungszeitpunkte, der relevanten Bewertungsbestandteile, der Gewichtung des Blocks für die Endnote, der Prüfungsbedingungen, Bewertungsrichtlinien und Beurteilungskonsequenzen) umfassen das Kernstück transparenzfördernder Maßnahmen und sollten in Form eines sog. Transparenzpapiers den Schülern vorgelegt werden. Als Strukturelemente enthält ein Transparenzpapier Informationen über:

a) die Prüfungsanforderungen, Bedingungen, Modalitäten: Welche Anforderungen werden gestellt (Angabe der Lernziele)? Wie kann man sich am besten vorbereiten (Angabe von Literaturstellen, Übungsaufgaben, Lernhilfen)? Welche Anforderungsformen tauchen auf (Angabe der Aufgabentypen, Frageformen, Themenstellungen)?
b) die Leistungsbewertungsrichtlinien: Welche Bewertungsrichtlinien liegen zugrunde? Wieviele Punkte erhält man pro Aufgabe? Inwieweit trägt der einzelne Prüfungsteil zum Gesamtergebnis der Prüfung bei?
c) die Konsequenzen der Leistungsbewertung für den Schüler: Welche Konsequenzen hat das Prüfungsergebnis für die Zeugnisnote?

**Abb. 26: Einarbeitung transparenzfördernder Maßnahmen in eine Unterrichtseinheit**

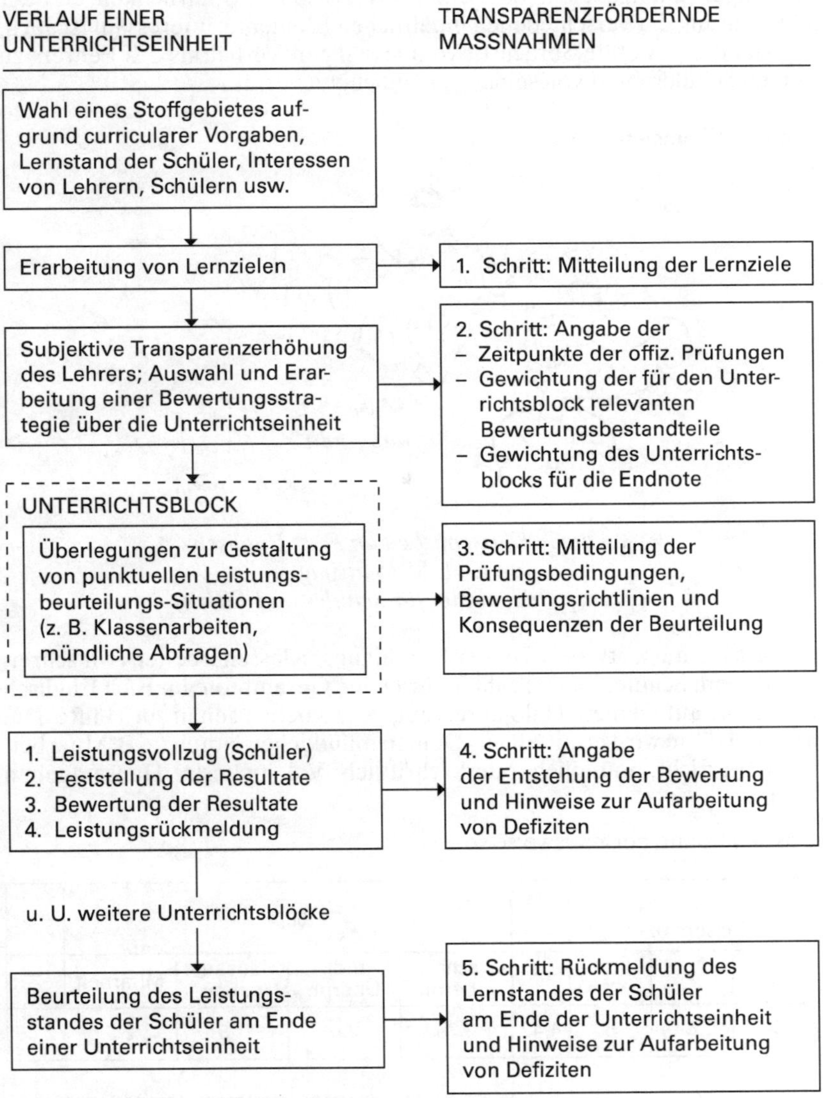

Als Beispiel seien drei Transparenzpapiere abgebildet, die die am Interventionsprogramm beteiligten Lehrer für ihre Schüler erstellten. Die Ausführungen unterscheiden sich erheblich in ihrer Ausführlichkeit und der Gewichtung der verschiedenen inhaltlichen Elemente; interessant ist auch, wieviel der gewählte Sprachstil vom jeweiligen Verhältnis des Lehrers zu seinen Schülern und von seiner Persönlichkeit verrät.

**Abb. 27: Transparenzpapier (1)**

*... die 2. Klassenarbeit im Fach Englisch*
*am 12. 1. 85 (Samstag)*
*(Transparenzpapier für Schüler und Eltern)*

Zunächst einmal etwas zu Deiner Beruhigung: Klassenarbeiten (wir schreiben drei im Schulhalbjahr) zählen für Deine Gesamtnote im Fach Englisch (= die, die auf Deinem Halbjahreszeugnis erscheint) genau zur Hälfte. Die andere Hälfte wird ermittelt aus Deinen mündlichen Noten (z. B. Mitarbeit im Unterricht, mündlich oder schriftlich Vokabeltests, Hausaufgaben etc.).

Das sieht dann beispielsweise so aus:

| 50% Klassenarbeit | | | | 50% | | | | |
|---|---|---|---|---|---|---|---|---|
| 1 | 2 | 3 | Ø | schr. Überpr. | mdl. Überpr. | Hausaufgaben | Mitarbeit | Ø |
| 4– | 4 | 5 | 4,42 | 2,25 | 2,0 | 1,5 | 2,5 | 2,06 |

3 = Zeugnisnote (Halbjahr)

Das heißt, Du kannst nicht ausreichende Noten in den Klassenarbeiten durch Deine mündlichen Leistungen wieder wettmachen, aber auch, und das solltest Du niemals vergessen, mit mangelhaften Leistungen im Unterricht Deine vielleicht gute Note in den Klassenarbeiten kaputt machen. Deswegen ist die Mitarbeit im Unterricht besonders wichtig. Aber nicht nur deswegen! Je besser und öfter Du im Unterricht mitmachst, umso öfter kannst Du korrigiert werden oder bestätigt bekommen, daß Du alles verstanden hast.

Ich möchte Dich an dieser Stelle noch einmal an Deine Vokabelkartei erinnern. Lern mit ihr jeden Tag 10 Minuten, und du wirst sehen, daß Du viel bessere Leistungen als bisher erzielen kannst.

Nun aber zur bevorstehenden Klassenarbeit. Damit Du feststellen kannst, wo Du noch Lücken hast, werden wir vor der Arbeit noch zwei 15minütige Tests schreiben, und zwar in den Stunden am Mittwoch, den 9. 1., und Donnerstag, den 10. 1. Aber keine Sorge: diese zwei Tests werden von mir nicht korrigiert, sondern von Euch selbst.

**Somit kann jeder feststellen, was er noch nachlernen muß.**

Was kommt dran?

Insgesamt sind sechs Aufgaben zu bewältigen, die nun wie folgt, aussehen:

| Aufgabe | Was/wie mußt Du lernen? |
|---|---|
| 1. Beschreiben, was bestimmte Personen in einem Bild tun.<br>Z. B.: Peter (**is having**) breakfast. | Übe mit den verschiedenen Bildern in Deinem Englischbuch und in Deinem »Workbook«. |
| 2. Unterscheiden können, ob »am«, »is« oder »are« eingesetzt werden muß. Z. B.: Jane (is) having tea. | Schau in Deiner Grammatik nach und/oder in den Stundenbeispielen. |
| 3. Du mußt die Uhrzeit beherrschen und niederschreiben.<br>Z. B.:  It's (**three o'clock**). | Sieh nach in Deinem Englischbuch/ Grammatik. |

| Aufgabe | Was/wie mußt Du lernen? |
|---|---|
| 4. Du mußt Besonderheiten der Uhrzeit kennen. Z. B.: 10:27 It's (**twenty-seven minutes past ten**). | Sieh nach in Deinem Englischbuch/ Grammatik/Stundenaufzeichnungen. |
| 5. Du mußt Zahlen ausschreiben können. Z. B.: 99 (**ninety-nine**). | Die Zahlen sind in Deinem Englischbuch. |
| 6. Du mußt Worte oder Ausdrücke in zwei Dialoge einsetzen. | Lerne dazu gezielt die Stellen 28 und 34 in Deinem Lehrbuch sowie die Vokabeln. |

Alles in allem kannst Du maximal 86 Punkte erreichen. Die Untergrenze, d. h. die Punktzahl, mit der Du noch eine 4– erreichen kannst, liegt bei 39 Punkten. Alles, was darunter liegt, ist mangelhaft, sorry.

Streng Dich also an, denn immerhin macht die Klassenarbeit ca. 17 % Deiner Gesamtnote aus.

**Abb. 28: Transparenzpapier (2)**

Klasse: 7 c

Wie Ihr wißt, schreiben wir nächsten Donnerstag (22. 11.) die zweite Arbeit.
Es wird eine Grammatikarbeit über den Stoff der Dossiers 16 und 17 mit einem Produktionsteil sein.

**1. Was müßt Ihr für die Arbeit können?**

- die Konjugation der reflexiven Verben im Präsens;
- die Hervorhebung des Subjekts;
- den Anschluß des Infinitivs: reiner Infinitiv, Infinitiv mit de;
- das Passé composé mit avoir und den Partizipien der Verben auf er, von faire, voir, dire, écrire, dormir;
- die Vokabeln, die sich auf Ferien und Ferienaktivitäten beziehen; die Abfassung eines kleinen Briefs oder Berichtes über eure Ferienerlebnisse.

**2. Welche Hilfen stehen Euch zur Verfügung?**

- die Texte Eures Lehrbuches zu den Serien 16 und 17;
- die Übungen in Eurem Übungsbuch;
- Euer Hausheft mit den korrigierten Texten;
- Euer Grammatikbuch (S. 19–22) mit unseren Zusätzen;
- unsere Übungsblätter und Bildgeschichten sowie die korrigierten Arbeiten, die Ihr noch einmal durchgehen solltet;
- Euer Vokabelverzeichnis mit unseren Ergänzungen.

**3. Wie wird nun die Arbeit aussehen?**

- Die Arbeit wird Aufgaben zu den oben erwähnten Bereichen enthalten:

  a) einen Grammatikteil;
  b) eine Übersetzung ins Französische;
  c) eine kleine Produktion zum Thema »vacances«.

4. Die gesamte Arbeit wird mit einer Punktzahl versehen, wovon der freie Produktionsteil etwa ein Drittel ausmachen wird.

5. Vor der eigentlichen Arbeit werde ich noch einen Lerndiagnosebogen einsetzen, damit Ihr noch vorhandene Schwächen selbst erkennen und beheben könnt.

Ich hoffe, daß Euch diese Angaben weiterhelfen und wünsche Euch

Spaß und Erfolg bei der Vorbereitung. Sollten noch Schwierigkeiten auftreten, sprecht mich im Unterricht bitte darauf an!

---

**Abb. 29: Transparenzpapier (3)**

Der englische »Durchblicker«
Teil 3

Nachdem Du mit dem Zeugnis das erste Halbjahr abgeschlossen hast, solltest Du Dich – auch wenn die erwartete Note in Englisch vielleicht nicht erreicht wurde – nach dem Motto »Neue Runde, neues Glück« wieder intensiv mit den Unterrichtsinhalten beschäftigen. Du weißt: Auch die nächste Zeugnisnote wird Bestandteil der sogenannten Vornote zur Abschlußprüfung sein.

Bisher haben wir das, was wir uns zu Beginn des Schuljahres vornahmen, prima geschafft. Unser Ziel, das neue Buch Compact Course 3 bis zu den Sommerferien abschließen zu können, erweist sich immer eher als erreichbar.

**Was kommt in der nächsten Klassenarbeit dran?**

Grundlage der kommenden Klassenarbeit am 11. Februar (5. Std.) sind die ersten vier Lektionen des neuen Buches. Ich empfehle Dir, sowohl alle Vokabeln gründlich zu wiederholen als auch die Grammatik (im Lehrbuch, Workbook und Englische Grundgrammatik) Dir anzueignen.

In dieser Klassenarbeit kannst Du maximal 49 Punkte erreichen. Die Grenze zur Note 5 liegt bei 22,5 Punkten. Die Klassenarbeit zerfällt in 3 Teile:

A) Übungen zum Infinitiv/Gerund (26 P.)
B) Wortschatz (10 P.)
C) Dolmetschübung (13 P.)

»Good luck«

---

Der erste Lehrer gibt sich sehr viel Mühe, das Thema Leistungsbeurteilung humorvoll anzupacken, ohne es in seiner Bedeutsamkeit abzuschwächen. Das Transparenzpapier ist in seinem Layout aufwendig gestaltet und liebevoll mit Comic-Figuren illustriert, die entsprechend auf die Schüler wirken. Inhaltlich ist dieses Papier von den drei vorgestellten Beispielen am ausführlichsten: Die Schüler werden informiert über die Gewichtung der Klassenarbeit für die Endnote (in einem Beispiel wird die Berechnung erläutert), über die Bedeutung mündlicher Leistungen und die Möglichkeit, schlechte Noten auszugleichen, über die Termine von Vortests, die dem Schüler zeigen sollen, wo er noch Lücken hat und was er nachlesen muß. Detailliert sind die Anforderungen der Klassenarbeit beschrieben, zu den einzelnen Aufgabentypen sind Beispiele und Lernhilfen zur Vorbereitung auf den Test angegeben. Der Schüler erfährt auch, wieviele Punkte erreichbar sind und wie die Noten den Punkten zugeordnet werden.

Das zweite Beispiel ist in seiner Sprache sehr viel nüchterner, ohne jedoch ein gewisses Einfühlungsvermögen vermissen zu lassen. Formal und inhaltlich ist das Papier straff durchgegliedert. Inhalte des Tests und Lernhilfen sind tabellarisch aufgelistet. In der Klassenarbeit zu erbringende Leistungen sind sehr vage beschrieben, genauere Informationen über Aufgabentypen und Punkteverteilung fehlen.

Sehr ermutigend und aufmunternd liest sich das dritte Transparenzpapier. Die gesamte Klasse erhält für ihre bisherige Arbeit ein dickes Lob. Eher knapp sind die Ausführungen über Inhalte und Vorbereitungshilfen, aber sie sind wohl ausreichend für Schüler, die bereits länger von diesem Lehrer unterrichtet werden und die üblichen Klassenarbeiten kennen. Relativ detailliert sind die abschließenden Informationen über die Punktverteilung.

Rückfragen und Kritikpunkte der Schüler, etwa zu den Bewertungsgrundsätzen des Lehrers, sind im Unterricht zu besprechen. Der Lehrer sollte bereit sein, nach der Klassenarbeit das Zustandekommen der Beurteilung im einzelnen zu erläutern. Ein wesentlicher Schritt zum Abschluß des Leistungsbewertungsprozesses besteht darin, den Schülern individuelle Rückmeldungen über ihren Lernstand und Hilfen zur Aufarbeitung von Defiziten anzubieten. Wir werden im Zusammenhang mit der individuellen und sachlichen Bezugsnorm darauf zurückkommen.

### 3.3.2.2 Leistungsbewertung nach der individuellen und sachlichen Bezugsnorm

Beim Prozeß der Leistungsbeurteilung sind verschiedene Schritte zu unterscheiden. Die Feststellung des Leistungsresultats, z. B. »Peter hat in der letzten Mathematikarbeit drei Aufgaben richtig gelöst«, enthält noch keine Information darüber, ob Peter eine gute oder eine schlechte Leistung erbracht hat, denn die Leistungsfeststellung enthält noch keine Bewertung. Erst wenn ein Vergleichsmaßstab oder eine Bezugsnorm herangezogen wird, auf deren Hintergrund das Leistungsresultat beurteilt wird, kann man von Leistungsbewertung reden.

**Drei** verschiedene **Bezugsnormen** können angelegt werden:

1. Der Lehrer kann Peters Leistung daran messen, ob sie besser oder schlechter ist als die durchschnittliche Leistung seiner Mitschüler. In diesem Falle bewertet er aufgrund der **sozialen Bezugsnorm.** Peter kann seine Leistung nur verbessern, indem er seinen Platz in der Rangreihe aller Mitschüler verändert. Entscheidend ist also nicht, was Peter kann und weiß, sondern in welcher Relation seine Fähigkeiten zu denen seiner Mitschüler stehen. Leistungsfortschritte werden nur dann sichtbar, wenn der betreffende Schüler größere Lernfortschritte erzielt als seine Mitschüler.
2. Wird Peters aktuelle Leistung im zeitlichen Längsschnitt mit seinen früheren Resultaten verglichen, so spricht man von der **individuellen Bezugsnorm.** Die Beurteilung von Peters Leistung erfolgt völlig unabhängig von der seiner Mitschüler. Lediglich die individuelle Lernentwicklung ist Bewertungsgrundlage, und Lernfort- oder -rückschritte werden deutlich sichtbar.
3. Vergleicht der Lehrer das Leistungsresultat mit dem Wissen und den Fähigkeiten, die er zu Beginn der Unterrichtseinheit als anzustrebendes Ziel festgelegt hat, so zieht er die **sachliche Bezugsnorm** heran: Bewertungsgrundlage ist das Ausmaß, in dem das Lernziel erreicht wurde. Frühere Leistungen des Schülers oder die Resultate der übrigen Schüler fließen nicht in die Bewertung ein.

Aus dieser Differenzierung folgt, daß dieselbe Leistung je nach gewählter Bezugsnorm unterschiedlich bewertet werden kann. Dies sei an folgendem Beispiel illustriert:

Nehmen wir an, Peter habe in zwei vergleichbaren Mathematikarbeiten, in denen jeweils 20 Aufgaben zu lösen waren, folgende Ergebnisse erzielt:

1. Arbeit: 5 Aufgaben sind gelöst.
2. Arbeit: 12 Aufgaben sind gelöst.

Die durchschnittliche Anzahl gelöster Aufgaben in seiner Klasse, bezogen auf die 2. Arbeit, wäre 14.

Nehmen wir weiter an, als Lernziel sei definiert worden: *»Lösung von Additionsaufgaben im Zahlenraum 1–100.«*

Die Bewertungen aufgrund unterschiedlicher Bezugsnormen würden dann folgendermaßen aussehen:

- sozial: »unterdurchschnittliche Leistung«,
- individuell: »Leistungssteigerung«
- sachlich: »Die Lösung von 14 Aufgaben deutet darauf hin, daß das Lernziel im wesentlichen erreicht wurde.« (Eine präzisere Aussage über

erreichte Teilziele könnte jedoch nur aufgrund einer genaueren Analyse gelöster und nicht gelöster Aufgaben erfolgen.)

Obwohl per Beschluß der Kultusministerkonferenz vom 3. 10. 1968 die einzelnen Notenstufen über die sachliche Bezugsnorm definiert werden (z. B. »Die Note ›gut‹ soll erteilt werden, wenn die Leistung den **Anforderungen** [Hervorhebung v. Verf.] voll entspricht«), legen die meisten Lehrer dennoch die soziale Bezugsnorm ihren Bewertungen zugrunde. Besonders bei leistungsschwachen Schülern führt die Bewertung am Klassendurchschnitt, bei der Lernzuwachs nur dann sichtbar wird, wenn der betreffende Schüler größere Lernfortschritte erzielt als seine Mitschüler, zu negativen Konsequenzen:

- dauernder Mißerfolg ist vorprogrammiert,
- der Schüler nimmt seine Lernfortschritte nicht wahr,
- ihm fehlt Vertrauen in seine Leistungsfähigkeit,
- sein Selbstwertgefühl wird beeinträchtigt,
- der Schüler ist immer weniger motiviert zu arbeiten, denn er erfährt, daß es sich nicht lohnt, etwas zu tun.

Empirische Untersuchungen haben dagegen die positiven Auswirkungen der individuellen Bezugsnorm aufgezeigt:

- Die Schüler betrachten einen Mißerfolg eher als zufälliges Ereignis (»Ausrutscher«) oder erklären ihn mit fehlender eigener Anstrengung anstatt mangelnde Begabung dafür verantwortlich zu machen. Eventueller Mißerfolg kann in der nächsten Prüfung ausgeglichen werden (RHEINBERG et al. 1979).
- Den Schülern werden ihre Lernfortschritte eher bewußt, sie schätzen ihre Fähigkeiten höher ein (RHEINBERG et al. 1979). Nach JACOBS (1981) reduziert eine Erhöhung der subjektiven Kompetenz die Prüfungsangst.
- Unter individueller Bezugsnorm setzen sich die Schüler eher erreichbare Ziele (RHEINBERG et al. 1980 a), sie wählen ein realistischeres Anspruchsniveau, was ebenfalls zu Angstabbau führen kann.

Die bedeutsame Rolle, die die Bezugsnormorientierung des Lehrers spielt, ist auch vor dem Hintergrund der Untersuchung von RHEINBERG (1980) zu sehen, der feststellte, daß die Bewertungsstrategie eng mit anderen Verhaltensweisen des Lehrers zusammenhängt. Die folgende Tabelle (Tab. 2) vergleicht Lehrer mit sozialer und mit individueller Bezugsnormorientierung und zeigt, wie die Ursachenerklärungen der Lehrer, die Erwartungen, die sie an Schüler richten, ihr Umgang mit Lob und Tadel und die Anforderungen an die Schüler beeinflußt werden.

**Tab. 2: Einfluß der Bezugsnormorientierung auf Lehrerkognitionen und -einstellungen (modifiziert nach RHEINBERG 1980)**

| | Bezugsnormorientierung | |
|---|---|---|
| **Variablen** | sozial | individuell |
| **Ursachenzuschreibung** | eher zeitkonstante Faktoren zur Erklärung interindividueller Leistungsniveauunterschiede, z. B. Begabung, häusliches Milieu | eher zeitvariable Faktoren, z. B. Unterrichtsinhalte, Sachinteresse, außerschulische Ereignisse |
| **Erwartungen** | längerfristig und an generellen Leistungsniveaus orientiert | kurzfristiger und am jeweiligen Kenntnisstand orientiert |
| **Sanktionierungsstrategie** | orientiert an Leistungsunterschieden zwischen Schülern | orientiert an individueller Leistungsentwicklung |

In unserem Interventionsprogramm haben wir den beteiligten Lehrern empfohlen, eine Kombination aus sachlicher und individueller Bezugsnorm anzulegen. Wir wollen damit erreichen, daß der Schüler

- stärker seine individuelle Leistungsentwicklung berücksichtigt und eher auf die sachlichen Anforderungen der Aufgabenstellung achtet statt Leistungsvergleiche mit Mitschülern anzustellen und sich von Konkurrenzdenken beherrschen zu lassen,
- einschätzen lernt, welche Lernziele er bereits beherrscht, wo er noch Defizite hat und wie er diese beheben kann,
- Erfolg bzw. Mißerfolg auf für sein Selbstwertgefühl günstige Ursachen zurückführt,
- Mißerfolg als überwindbar ansieht,
- sich realistische Ziele setzt,
- Vertrauen in seine Leistungsfähigkeit entwickelt.

Welche Konsequenzen für das konkrete Lehrerhandeln sind zu ziehen?

In allen Prüfungssituationen, also in Klassenarbeiten und bei mündlichen

Leistungen, kann der Lehrer nicht nur nach der individuellen und sachlichen Bezugsnorm benoten, sondern auch entsprechende mündliche und schriftliche Kommentare zum Leistungsresultat geben. Um das Vertrauen der Schüler in ihre Leistungsfähigkeit zu stärken, sollten nicht nur negative Rückmeldungen gegeben und Fehler bemängelt werden, sondern positive Teilleistungen betont werden. Als Beispiel sind zwei schriftliche Rückmeldungen abgebildet, die ein Projektlehrer seinen Schülern unter eine Klassenarbeit schrieb:

*»Das ist schon eine sehr ordentliche Arbeit, Martin. Es freut mich, daß Du endlich wieder einmal eine 3+ (befriedigend) geschrieben hast. Mach weiter so! Du hast zwar noch viele vermeidbare Fehler gemacht, aber ein Fortschritt ist deutlich zu erkennen. Über einzelne Fehler und wie Du sie am besten in den Griff bekommst, können wir vielleicht einmal nach einer Stunde sprechen.«*

Der Lehrer drückt seine Wertschätzung für den Schüler aus und ermuntert ihn, weiterzulernen. Deutlich gibt der Lehrer zu erkennen, daß er an weitere Lernfortschritte glaubt (»vermeidbare Fehler«), und er bietet ein Gespräch über Lernhilfen an.

*»Es freut mich, daß es zur 4 (ausreichend) gereicht hat; man spürt auf jeden Fall, daß du etwas gelernt hast für diese Arbeit. Aber: Du fühlst Dich in vielem noch sehr unsicher, z. B. im passé composé. Du kannst diese Formen bilden, aber Du kennst die Ausnahmen nicht. Welche Verben werden mit être und welche mit avoir verbunden, wie heißen die Partizipien der unregelmäßigen Verben etc. Du mußt etwas dafür tun, daß Du sicherer wirst! Ich bin gern bereit, Dir zusätzliche Übungen zu geben und sie nachzuschauen. Vielleicht helfen Dir in Zukunft auch die Lerndiagnosebögen und das Transparenzpapier. Wenn Du Fragen hast, kannst Du jederzeit zu mir kommen oder im Unterricht fragen. Ich wünsche Dir auf jeden Fall, daß Du endlich einmal eine sichere glatte 4 hast.«*

Hier bringt der Lehrer zum Ausdruck, daß er die Leistung des Schülers auf dessen Anstrengung und Vorbereitung zurückführt und nicht etwa auf unveränderliche Begabungsfaktoren o. ä. Ausführlich geht der Lehrer auf Fehler und Defizite des Schülers ein und bietet ihm gezielte Maßnahmen zum Aufarbeiten der Lücken an. Der Lehrer signalisiert deutlich seine Bereitschaft, jederzeit Fragen des Schülers zu beantworten und bekundet sein Interesse an einer besseren Note.

Auch im mündlichen Unterricht kann der Lehrer durch Rückmeldungen den Schülern ihre individuelle Leistungsentwicklung vor Augen führen. Um den Schülern Erfolgserlebnisse zu vermitteln, sollte der Lehrer Leistungsanforderungen nach dem **Prinzip der Passung** stellen. D. h. er paßt die Aufgabenstellung dem individuellen Leistungsvermögen des betreffenden Schülers an, und anstatt beispielsweise nach eindeutigen Antworten zu fragen, bevorzugt er offene Fragestellungen oder Prozeßfragen, die eine schrittweise Annäherung an die Lösung ermöglichen. So läßt sich die Frage: ›Wieviel ist 2 + 4?‹ umwandeln in die Anweisung »Wie sollte man vorgehen, um die Aufgabe, ›Wieviel ist 2 + 4?‹ lösen zu können, was ist der erste Schritt?« usw.

Der Schüler muß jedenfalls den Eindruck bekommen, daß

- die Fragen, die an ihn gestellt werden, von ihm auch beantwortet werden können,
- er im Zweifelsfalle vom Lehrer entsprechende Lernhilfen bekommt,
- die richtige Antwort als Erfolg anerkannt werden kann und
- er sich im Falle eines Mißerfolgs nicht als Versager fühlen muß.

Es muß allerdings davor gewarnt werden, das Prinzip der Passung soweit zu übertreiben, daß dem Schüler nur noch triviale Aufgaben gestellt werden, deren Bewältigung er nicht mehr als Erfolg erlebt. Gegebenenfalls ist auch mit der Klasse ein klärendes Gespräch erforderlich, in dem etwaige »Gerechtigkeitsprobleme« ausgeräumt und die Schüler über Sinn und Zweck der individuellen und sachlichen Bezugsnorm informiert werden. Der Lehrer sollte sichergehen, daß seine Schüler die unterschiedlichen Anforderungen nicht als Begabungsunterschiede interpretieren und erneut soziale Vergleiche anstellen.

Eine besonders wichtige Methode, im Unterricht verstärkt individuelle und sachliche Bezugsnormen zu betonen, sehen wir in der Einführung schriftlicher **Lerndiagnosen** (vgl. Abb. 30 bzw. Abb. 31). Wir wollen damit folgende Ziele erreichen:

1. Der Schüler soll seine Leistungen selbst beurteilen können, d. h. er muß feststellen können, was er richtig und was er falsch gemacht hat. Auf Fremdbewertung und Notengebung wird ausdrücklich verzichtet.
2. Der Schüler soll sich vor der Lerndiagnose ein bestimmtes Ziel setzen und nachher überprüfen können, ob er dieses Ziel erreicht hat (freie Wahl des Anspruchsniveaus und selbständige Zielanalyse).
3. Individuelle Leistungsveränderungen sollen erkennbar werden. Die Verbindlichkeit individueller und sachlicher Bezugsnormen soll gestärkt werden, indem explizit diese Bezugsnormen als die wesentlichen herausgestellt werden und die soziale Bezugsnorm nicht angewandt wird.
4. Der Schüler soll dazu befähigt werden, selbstbekräftigend auf seine Leistungsveränderungen reagieren zu können.
5. Lerndefizite sollten möglichst genau identifiziert werden können und

durch entsprechende Lernhinweise bzw. gezielten Unterricht überwindbar sein.

6. Lerndiagnosen sollten nach Möglichkeit adäquat auf die Klassenarbeit vorbereiten.

**Abb. 30: Lerndiagnosebogen (leer)**

<table>
<tr><td colspan="3">Name:</td><td>Datum:</td></tr>
<tr><td colspan="4">Maximale Punktzahl:<br>Gesetztes Ziel:<br>Tatsächlich erreicht:</td></tr>
<tr><td>Aufgaben Nr.</td><td>Maximale Punktzahl</td><td>erreicht</td><td>Bemerkungen</td></tr>
<tr><td></td><td></td><td></td><td></td></tr>
<tr><td></td><td></td><td></td><td></td></tr>
<tr><td></td><td></td><td></td><td></td></tr>
<tr><td></td><td></td><td></td><td></td></tr>
<tr><td colspan="4"></td></tr>
<tr><td colspan="4">Lernhilfen:</td></tr>
<tr><td colspan="4"></td></tr>
</table>

**Abb. 31: Lerndiagnose**

| Name: | | | Datum: |
|---|---|---|---|
| Maximale Punktzahl: | 15 Punkte = Note 1+ | | |
| Gesetztes Ziel: | __ Punkte = Note __ | | |
| Tatsächlich erreicht: | __ Punkte = Note __ | | |

| Aufgaben Nr. | Maximale Punktzahl | erreicht | Bemerkungen |
|---|---|---|---|
| 1. Schreibe richtig untereinander und addiere in einem Schritt:<br>189 + 17 + 246 + 9 + 377<br>113 + 167 + 66 + 3 + 153<br>143 + 19 + 265 + 79 + 7 | <br><br><br>2<br>2<br>2 | <br><br><br>1<br>0<br>1 | Stellenwerte beim Schreiben beachten: Zehner- und Hunderterüberschreitung nicht vergessen! |
| 2. Diese Geldbeträge sind nicht geordnet. Schreibe sie als DM passend untereinander und addiere:<br><br>3 DM 70 Pf<br><br>273 Pf<br>5 Pf<br><br>217 DM<br>34 Pf<br>13,95 DM<br>400 Pf | <br><br><br><br><br><br><br>2<br><br><br><br><br>2 | <br><br><br><br><br><br><br>1<br><br><br><br><br>2 | Größenumwandlung: Pfennigbeträge in DM-Beträge umwandeln (Kommaschreibweise!) |
| | | | |

Für eine Lerndiagnose konstruiert der Lehrer zunächst zu den Lernzielen, die er erreichen will, entsprechende Aufgaben. Den Aufgabenpool teilt er so auf, daß zwei parallele Lerndiagnosen entstehen. Nach der Bearbeitung der Lerndiagnose 1 werden die Aufgaben durchgesprochen und von den Schülern selbst korrigiert. Indem die Schüler einen Vergleich anstellen zwischen den Punkten, die sie tatsächlich erreicht haben, und dem Ziel, das sie sich vor der Bearbeitung gesetzt hatten, lernen sie, die Diskrepanz zwischen Zielsetzung und Leistungsergebnis zu verringern und ein realistisches Anspruchsniveau zu wählen.

Nach einer fehlerorientierten Aufgabenbesprechung und mittels entsprechender Lernhilfen sind die Schüler in der Lage, im Unterricht bzw. im Selbststudium Defizite aufzuarbeiten. Lerndiagnose 2 wird nun vorgegeben. In der abschließenden Besprechung werden anhand der Punktedifferenz zwischen den beiden Lerndiagnosen besonders die individuellen Leistungsveränderungen akzentuiert; zu fördern sind für das Selbstbild günstige Ursachenzuschreibungen und realistische Zielsetzungen.

Um die sachliche Bezugsnorm im Unterricht besonders hervorzuheben, sollte der Lehrer jeweils die sachliche Richtigkeit einer Aufgabenlösung herausstellen und begründen. So werden dem Schüler Erfolg bzw. Mißerfolg deutlich. Besonders bei ängstlichen Schülern ist es wichtig, daß der Lehrer Mißerfolgserlebnisse auffängt und als überwindbar charakterisiert. Der Schüler muß die Erfahrung machen, daß er trotz fehlerhafter Leistung als Person akzeptiert wird (vgl. Baustein I).

### *3.3.3 Das Lehrertraining*

Die oben beschriebenen Vorschläge zur angstfreien Gestaltung der Leistungsmessung in der Schule stellten wir den am Projekt beteiligten Lehrern in sieben gemeinsamen Arbeitssitzungen vor. Neben der Information der Lehrer über die beiden Maßnahmenbereiche (»Bezugsnormorientierung« und »Transparente Leistungsüberprüfung«) wollten wir bestimmte Bausteinelemente praktisch demonstrieren und ihre schulische Realisierbarkeit, ihre Zweckmäßigkeit und Angemessenheit für den Abbau von Angst von den Lehrern diskutieren lassen. Die wichtigste Zielsetzung war jedoch, die Lehrer zu befähigen, die Maßnahmen konkret im schulischen Alltag umzusetzen, um so eine Grundlage für die Überprüfung der Wirksamkeit zu schaffen.

Zum Ablauf des Lehrertrainings im einzelnen:

In der **Einführungssitzung** gaben wir den Lehrern zunächst einen Überblick über die Ziele und den Ablauf der weiteren Sitzungen zu Baustein III. Anschließend überprüften wir in einem schriftlichen Test das Vorwissen, das die Lehrer zu den Maßnahmenbereichen mitbrachten, um so ein Bild von den Voraussetzungen zu gewinnen, auf denen wir aufbauen konnten. Gleichzeitig führten wir mit den Lehrern in der Rolle der Lernenden eine Lerndiagnose praktisch durch.

Auf die **zweite Sitzung** hatten sich die Lehrer durch die Lektüre der Baustein-Kapitel über die Bezugsnormorientierung vorbereitet. Damit sich die Teilnehmer bewußt wurden, welche Bezugsnorm sie in ihrer bisherigen Praxis bevorzugten, bearbeiteten sie einen Fragebogen (s.u.), der gemeinsam ausgewertet und analysiert wurde. Im Gespräch versuchten wir dann, die Lehrer für eine verstärkte Gewichtung der individuellen und sachlichen Bezugsnorm zu gewinnen.

## Baustein III: Angstabbau durch Veränderungen im Leistungsbewertungsprozeß

Material zur 2. Sitzung

*Fragebogen zur Bezugsnormorientierung*[1]

»In dem folgenden Fragebogen sind einige Aussagen formuliert, die sich auf verschiedene Aspekte des Unterrichtsalltags eines Lehrers beziehen. Bei den einzelnen Aussagen können Sie jeweils entscheiden, ob Sie für sich persönlich dieser Aussage zustimmen können oder nicht.«

| | | |
|---|---|---|
| 1. Ehe ich bei einem Schüler von einer »Leistungsverbesserung« sprechen kann, muß der Schüler wiederholt Leistungen zeigen, die über dem Klassendurchschnitt liegen. | □ stimmt | □ stimmt nicht |
| 2. Bei der Unterrichtsvorbereitung überlege ich mir häufig, welche Aufgabenschwierigkeit für welchen Schüler gerade richtig ist. | □ stimmt | □ stimmt nicht |
| 3. Ich organisiere meinen Unterricht so, daß ich möglichst häufig Leistungsvergleiche zwischen den Schülern vornehmen kann. | □ stimmt | □ stimmt nicht |

1 Bei der hier dargestellten Version des Fragebogens zur Bezugsnormorientierung wurde ggb. der von uns verwendeten Fassung die Antwortskalierung abgeändert: Im Original waren 6 Antwortstufen möglich, von –3: völlig unzutreffend bis zu +3: völlig zutreffend. Der oben aufgeführte Fragebogen soll nur die Möglichkeit bieten, sich in einer einfachen Art und Weise über die Tendenzen in der subjektiven Bezugsnormsetzung zu informieren.

4. Wenn ich die Leistungen eines Schülers beurteilen will, so vergleiche ich sein erzieltes Ergebnis nicht so sehr mit entsprechenden Ergebnissen seiner Klassenkameraden, sondern stärker mit den Ergebnissen, die dieser Schüler vorher bei vergleichbaren Aufgaben erzielt hat. ☐ stimmt ☐ stimmt nicht
5. Wenn ich einmal Leistungsvergleiche zwischen den Schülern anstelle, so tue ich das in erster Linie um zu wissen, welchen Schülern ich schwierige und welchen ich leichtere Aufgaben anbieten will. ☐ stimmt ☐ stimmt nicht
6. Ich kann gewöhnlich von einzelnen Schülern ziemlich sicher sagen, auf welchem Platz er in der Leistungsverteilung einer Klasse steht. ☐ stimmt ☐ stimmt nicht
7. Ich halte es für gerecht, allen Schülern einer Klasse Aufgaben vom gleichen Schwierigkeitstyp zu stellen. ☐ stimmt ☐ stimmt nicht
8. Wenn ich mich zur Leistung eines Schülers äußere, so hängen Lob oder Tadel vornehmlich davon ab, ob diese Leistung über oder unter dem Klassendurchschnitt liegt. ☐ stimmt ☐ stimmt nicht
9. Ich halte es für gerecht, leistungsschwächeren Schülern einer Klasse leichtere Aufgaben zu stellen als leistungsstärkeren Schülern. ☐ stimmt ☐ stimmt nicht
10. Wenn ich von einer »guten Leistung« spreche, so meine ich damit ein Ergebnis, das deutlich über dem Klassendurchschnitt liegt. ☐ stimmt ☐ stimmt nicht
11. Wenn ich von einer »schlechten Leistung« spreche, so meine ich ☐ stimmt ☐ stimmt nicht

| | | |
|---|---|---|
| ein Ergebnis, das unter dem vorherigen Resultat des jeweiligen Schülers liegt. | | |
| 12. Wenn ich im Unterricht einmal verschiedenen Schülern einer Klasse unterschiedliche Aufgaben stelle, so achte ich darauf, daß die unterschiedlichen Aufgaben nach Möglichkeit den gleichen Schwierigkeitsgrad haben. | □ stimmt | □ stimmt nicht |
| 13. Ehe ich von einer Leistungsverschlechterung sprechen kann, muß der Schüler wiederholt Leistungen zeigen, die unter dem Klassendurchschnitt liegen | □ stimmt | □ stimmt nicht |
| 14. Wenn ich von einer »guten Leistung« spreche, so meine ich ein Ergebnis, das über dem vorherigen Resultat des jeweiligen Schülers liegt. | □ stimmt | □ stimmt nicht |
| 15. Wenn ich im Unterricht einer Klasse Aufgaben stelle, so achte ich darauf, daß ein leistungsschwächerer Schüler objektiv leichtere Aufgaben, ein leistungsstärkerer Schüler objektiv schwierigere Aufgaben erhält. | □ stimmt | □ stimmt nicht |
| 16. Wenn ich mich zur Leistung eines Schülers lobend oder tadelnd äußere, so hängen Lob und Tadel vornehmlich davon ab, ob diese Leistungen über oder unter seinen vorherigen Leistungen liegen. | □ stimmt | □ stimmt nicht |

Wie bereits in Kapitel beschrieben, kann man zwischen sozialer, individueller und sachlicher Bezugsnorm unterscheiden; die oben gestellten Aussagen beziehen sich allerdings nur auf die soziale und die individuelle Bezugsnorm. Die Auswertung des Fragebogens geschieht wie folgt:

- Gezählt werden nur die *Zustimmungen.*
- Die Fragen verteilen sich folgendermaßen auf die beiden relevanten Bezugsnormen:

⇨ soziale Bezugsnorm: Fragen Nr. 1, 3, 6, 7, 8, 10, 12 und 13
⇨ individuelle Bezugsnorm: Fragen Nr. 2, 4, 5, 9, 11, 14, 15 und 16.

- Aus der Anzahl der Zustimmungen zu den beiden Bezugsnormgruppen läßt sich die persönliche Bezugsnorm-Präferenz erkennen.
- Für weitergehende Interpretationen der Bezugsnormsetzung vgl. Kapitel 3.3.2.2.

Um dem Leser eine deutlichere Vorstellung vom Lehrertraining zu vermitteln, sei exemplarisch der Ablauf der **dritten Sitzung** beschrieben:

Nachdem wir wie zu Beginn jeder Sitzung die Zielsetzungen und den geplanten Ablauf erläutert hatten, führten wir eine Kleingruppenarbeit durch, in der die Teilnehmer schriftliche Rückmeldungen an Schüler nach der individuellen und sachlichen Bezugsnorm formulierten. Im nächsten Schritt ging es um die Formulierung von Rückmeldungen aus inoffiziellen Leistungssituationen. Hierzu zeigten wir den Teilnehmern kurze gestellte Videoszenen (die Dialogtexte sind unten abgedruckt), in denen Lehrer auf mündliche Schülerbeiträge pädagogisch ungünstig reagieren. Aufgabe der Teilnehmer war es, das Verhalten der Lehrer im Film auf die zugrundeliegende Bezugsnorm hin zu analysieren, Verbesserungsvorschläge zu erarbeiten und positives Lehrerverhalten im Rollenspiel einzuüben.

**Baustein III: Angstabbau durch Veränderungen im Leistungsbewertungsprozeß**

Material zur 3. Sitzung

*Anweisung zur Kleingruppenarbeit*

1. Beginnen Sie mit Situation A. Überlegen Sie sich individuell eine Rückmeldung, die folgende Kriterien erfüllt:
   - Orientierung an der individuellen und lernzielbezogenen Rückmeldung,
   - ermutigend/unterstützend,
   - eindeutig,
   - klar und verständlich.
2. Überprüfen Sie Ihre individuelle Lösung noch einmal an obiger Check-Liste!
3. Tauschen Sie Ihre Ergebnisse aus!
4. Suchen Sie nach kurzer Diskussion die beste(n) Lösung(en) aus!
5. Fahren Sie dann mit der nächsten Situation nach gleichem Schema fort!

*Situationen zur Leistungsbeurteilung und Rückmeldung:*

Situation 1: Sie haben eine Klasse neu übernommen. Von einem Schüler wissen Sie, daß er in den letzten drei Zeugnissen die Note

»mangelhaft« erzielt hatte. Er macht auf Sie einen an dem Fach desinteressierten Eindruck, obwohl ihn die schlechten Noten offensichtlich belasten. In der letzten schriftlichen Arbeit liegt er nach Ihren Bewertungsrichtlinien zwischen den Noten »ausreichend« und »mangelhaft«. Was würden Sie dem Schüler sagen?

Situation 2: Ein Schüler Ihrer Klasse hat bisher die Lernziele nahezu immer voll erreicht. Er hat in diesem Halbjahr von Ihnen ausschließlich die Note »sehr gut« erhalten. Nun hat er in der letzten Leistungsüberprüfung die Note »befriedigend« erhalten. Er machte schon direkt nach der Arbeit einen für Sie traurigen, bestürzten Eindruck. Welche Rückmeldungen geben Sie ihm?

Situation 3: Ein Schüler Ihrer Klasse zeigt äußerst wechselhafte Leistungen. Einmal löst er die gestellten Anforderungen mit Bravour, das nächste Mal weiß er offensichtlich von dem, was Sie im Unterricht behandelt haben, nahezu nichts mehr. In den drei vorausgehenden Leistungsüberprüfungen vergaben Sie die Noten »gut«, »ausreichend«, »voll befriedigend«. In der jetzigen Arbeit liegt er nach Ihren Bewertungen zwischen »mangelhaft« und »ungenügend«. Welche Rückmeldungen geben Sie ihm?

Situation 4: Ein Schüler Ihrer Klasse zeigt »steigende Tendenz«. Er bereitet sich nach Ihrem Eindruck intensiv auf die Arbeiten vor. Er hat bisher im Schuljahr die Noten »mangelhaft«, »knapp ausreichend« und »ausreichend« erzielt. Trotzdem scheint er mit seinen Ergebnissen sehr unzufrieden zu sein. Nun hat er die Note »voll ausreichend« erreicht. Welche Rückmeldungen geben Sie?

Situation 1: Ihre Rückmeldung:

...

Rückmeldung, die die Kriterien am besten erfüllt:

Situation 2: Ihre Rückmeldung:

...

Rückmeldung, die die Kriterien am besten erfüllt:

Situation 3: Ihre Rückmeldung:

...

Rückmeldung, die die Kriterien am besten erfüllt:

Situation 4: Ihre Rückmeldung:

...

Rückmeldung, die die Kriterien am besten erfüllt:

**Baustein III: Angstabbau durch Veränderungen im Leistungsbewertungsprozeß**

Material zur 3. Sitzung

*Anweisung zum Rollenspiel*

1. Bilden Sie Gruppen mit 3–4 Teilnehmern. Schauen Sie sich nacheinander die Videoszenen von Negativbeispielen an.
2. Kritisieren Sie kurz die Vorgehensweise des Lehrers im Hinblick auf die Inhalte des Maßnahmebereichs 2:
   - Welche Bezugsnorm hebt der Lehrer hervor?
   - Wann tut er dies?
   - Wie geht er mit falschen, teilrichtigen und richtigen Schülerbeiträgen um?
3. Skizzieren Sie kurz Verbesserungsvorschläge!
4. Spielen Sie die Szene jetzt unter Berücksichtigung der Verbesserungsvorschläge!
5. Vergleichen Sie!

Dialogtexte der Videoszenen

Szene 1:
Lehrer: »Aus welchen Satzgliedern besteht ein vollständiger Satz mindestens? Wilfried!«
Wilfried: »Subjekt, Prädikat, Objekt.«
Lehrer: »Falsch! Hans-Werner!«
Hans-Werner: »Nur Subjekt und Prädikat!«
Lehrer: »Richtig!«

Szene 2:
An der Tafel steht die Formel: 1/8 + 1/3 =?
Lehrer: »Klaus!«
Klaus: »1/2«
Lehrer: »Du hast schon in der letzten Arbeit die Aufgaben falsch gemacht. Das Prinzip der Aufgaben hast Du immer noch nicht begriffen! Hans-Werner, sag Du ihm das richtige Ergebnis!«
Hans-Werner: »Das muß heißen 11/24!«
Lehrer: »Hm, hm!«

Szene 3:
Lehrer: »Wann muß ein Schiedsrichter in einem Fußballspiel einen Strafstoß verhängen?«

(Alle melden sich!)
Lehrer: »Dorothée!«
Dorothee: »Bei einem Foul«
Lehrer: »Das genügt mir nicht. Wer weiß es besser – Elisabeth!«
Elisabeth: »Bei jedem Foul, das die verteidigende Mannschaft in ihrem eigenen Strafraum verübt.«
Lehrer: »Das ist mir immer noch zu wenig. Hans-Werner, Du weißt das doch!«
Hans-Werner: »Bei jedem Vorkommnis, bei dem der Schiedsrichter einen direkten Freistoß gegen die verteidigende Mannschaft in deren Strafraum pfeifen muß, muß er auf Strafstoß erkennen. Das gilt beispielsweise auch bei einem Handspiel, nicht nur bei Fouls.«
Lehrer: »Exakt! Ich habe doch gewußt, daß Du das weißt.«

Im **dritten Teil** der Sitzung hatten die Teilnehmer Gelegenheit zum Erfahrungsaustausch im Plenum; abschließend wurden wie bei jeder Sitzung per Fragebogen Rückmeldungen über den Sitzungsverlauf eingeholt.

Mit der **vierten Sitzung** begann die Beschäftigung mit dem zweiten Maßnahmenbereich, der Schaffung von Transparenz. Auch diesen thematischen Block bereiteten die Teilnehmer durch Lektüre der entsprechenden Teile des Informationspapiers vor. Zunächst wurden der theoretische Zusammenhang zwischen Transparenzerhöhung und Angstreduktion thematisiert und die vom Projektteam vorgeschlagenen Maßnahmen begründet und erläutert. Um für die Teilnehmer die Effekte der Transparenzerhöhung erfahrbar werden zu lassen und unsere Vorschläge zu konkretisieren, teilten wir ein Transparenzpapier zu den Inhalten von Baustein III aus. Anhand dieses Papiers informierten wir die Teilnehmer über Gegenstand und Modalitäten der Lernzielüberprüfung, die wir für die übernächste Sitzung geplant hatten.

Im nächsten Schritt hatten die Teilnehmer die Aufgabe, in Kleingruppen selbst ein »Mini-Transparenzpapier« zu erstellen. Die verschiedenen Entwürfe wurden im Plenum diskutiert.

Die **fünfte Sitzung** diente dem Ziel, mit den Lehrern die Übertragung unserer Vorschläge in ihre Praxis der Leistungsbeurteilung vorzubereiten. Wichtig war es, in Kleingruppen Bedenken und Zielkonflikte der Teilnehmer zu besprechen und nach Wegen zu suchen, um die Risiken zu verringern und technische Probleme der Umsetzung in der Praxis zu bewältigen. In einer offenen Diskussion wurden dann unsere vorgeschlagenen Maßnahmen konkretisiert und individuelle Strategien und Vorgehensweisen entwickelt.

In der **sechsten Sitzung** fand die angekündigte Lernzielüberprüfung statt.

Gemeinsam wurden die Tests ausgewertet und individuelle Lerndiagnosen erstellt. Die Bewertung der Resultate erfolgte anhand der in Baustein III aufgestellten Richtlinien. Abschließend thematisierten wir den Lernzuwachs vom Vortest zur Lernzielüberprüfung und die Diskrepanz zwischen Anforderungen und Ergebnissen, zwischen eigenem Anspruchsniveau und tatsächlichem Leistungsniveau.

Bilanz über die gesamten Bausteinelemente wurde in der **siebten Sitzung** gezogen, wo ein weiteres Mal über die Umsetzbarkeit der Maßnahmen diskutiert wurde.

Nach Ablauf der Trainingssitzungen wurde mit den am Forschungsprojekt teilnehmenden Lehrern folgender organisatorischer Rahmen für die Betreuung während der Realisierungsphase im folgenden Schuljahr vereinbart:

- individuelle Betreuung nach Wunsch,
- eine **Auffrischungssitzung** vor Beginn der Realisierungsphase.

Diese diente dazu, den Lehrern die Ziele und Inhalte des Bausteins nochmals zu vergegenwärtigen. Außerdem erhielten die Lehrer einen sog. Orientierungsplan mit einer Liste aller vorgeschlagenen Maßnahmen. Mittels dieses Papiers sollten die Lehrer unsere Vorschläge auf ihre Klasse zuschneiden und eine konkrete Planung für ihren Unterricht vornehmen.

## 3.4 Baustein IV: Lern- und Arbeitstechniken

### *3.4.1 Zielsetzung und theoretische Grundlagen*

In den vier Bausteinen unseres Programms werden unterschiedliche Wege zum Abbau von Schulangst verfolgt: Baustein I und Baustein III versuchen, über die Verbesserung der Interaktionen im Klassenzimmer und über die Veränderung der Praxis der Leistungsbewertung schulischen Situationen etwas von ihrer Bedrohlichkeit und damit von ihrem angstauslösenden Charakter zu nehmen. Dagegen wollen Baustein II und Baustein IV die Schüler befähigen, mit bedrohlichen Situationen angemessener umzugehen, indem wir ihnen Strategien zur Angstbewältigung vermitteln und ihre subjektive Kompetenz über das Training geeigneter Lern- und Arbeitstechniken steigern. Ziel ist also nicht die Veränderung von Situationen, sondern die Stärkung der Gegenkräfte der Person (vgl. LAZARUS 1966) gegenüber schulischen Anforderungssituationen.

Im Gegensatz zu den bisher beschriebenen Projektteilen enthält Baustein

IV eine Komponente, die sich direkt an die Schüler wendet: der Kurs »Leichter lernen« – ein Programm für Schüler. Dieser Kurs hat das äußere Erscheinungsbild eines »Selbstläufers« und ist in Inhalt und Aufmachung bereits vorhandenen Lerntechnik-Programmen ähnlich. Der zweite Teil des Bausteins, das Informationsmaterial für Lehrer, macht aber deutlich, daß die Selbstläuferkonzeption, nämlich die Programmdurchführung der Schüler in eigener Regie, nur teilweise zutrifft.. Der Begriff des »lehrergestützten Selbstläufers« beschreibt die zugrundeliegende Vorgehensweise treffender: Die Schüler bearbeiten das Programm selbst, ihre Lehrer leisten jedoch bestimmte Hilfestellungen.

Lern- und Arbeitsprogramme für unterschiedliche Schülergruppen sind bereits in hoher Anzahl am Markt erhältlich (vgl. z. B. ARBEITSGEMEINSCHAFT LERNMETHODIK 1982; HÜLSHOFF & KALDEWAY 1976; KELLER 1982; KELLER, BINDER & THIEL 1981; METZIG & SCHUSTER 1982). Hätten wir nicht, in Anbetracht dessen, auf die Konzipierung eines eigenen Programms verzichten, den Markt sichten und unter den vorhandenen das für unsere Zwecke passende Programm aussuchen sollen? Bestimmte Überlegungen, die wir als Kriterien an vorhandene Programme herantrugen und die hier nur angedeutet werden können, führten schließlich zu einer anderen Lösung. Das von uns innerhalb des Schulangstprojektes einzusetzende Programm sollte:

- problemorientiert,
- anregend und übersichtlich,
- integriert,
- defizitorientiert,
- handlungsorientiert,
- von begrenztem Umfang sein und
- Mitwirkungschancen für Lehrer schon bei der Entwicklung bieten.

Programminhalte und Aufbau orientieren sich an den Anforderungssituationen, denen Schüler der vorliegenden Klassenstufen (Gymnasiasten und Realschüler der Klassen 7–9) im Zusammenhang mit Schule häufig gegenüberstehen und aus deren Nichtbewältigung Probleme entstehen können. Das Schülerprogramm unterscheidet **fünf Problembereiche:**

Bereich 1: **Lernen zu Hause** – Fragen des Lernmanagements. Hierzu gehören Arbeitsplatzgestaltung, Zeitplanung, Einteilung der Hausaufgaben und Anregungen zur Kooperation mit anderen.

Bereich 2: **Verstehen und Behalten** – Fragen der Reduktion und Elaboration von Lerninhalten. Hier sind die Sinnentnahme aus Texten, die Organisation des Lernstoffs und das Auswendiglernen sinnarmen Materials angesprochen.

Bereich 3: **Lernen in der Schule** – Fragen der effektiven Nutzung feststеhender Lernzeiten im Unterricht und des Umgangs mit Lehrern.

Bereich 4: **Vorbereitung von Prüfungen** – Fragen der Herstellung von Transparenz der Prüfungsanforderungen und Vorbereitungsmöglichkeiten, der Feststellung und Aufarbeitung von Wissensdefiziten.

Bereich 5: **Prüfungsverhalten** – Fragen der Emotionskontrolle und Aufmerksamkeitszentrierung.

Jeder dieser Problembereiche ist in einzelne »Lerntechniken« untergliedert. Durch die Arbeit mit diesem Programm sollen – in den spezifischen Bereichen, in denen der Schüler bei sich selbst Defizite feststellt (zur Diagnostik siehe S. 127 f.) – die betreffenden Lernstrategien gefördert werden, so daß dies zu einer Steigerung der Effektivität des Lernens führt. Erfaßt sind im Programm sowohl strategisch-taktische als auch motivationale Aspekte des Lernens, wenn auch mit unterschiedlicher Akzentuierung in den einzelnen Problembereichen. Während in einigen Bereichen die Gestaltung der äußeren Lernumwelt, Aktivitäten der Planung, der Steuerung und Überwachung von Lernprozessen überwiegen, liegt das Schwergewicht im Problembereich »Prüfungsverhalten« auf motivationalen Maßnahmen wie »realistische Anspruchsniveausetzung«, »positive Selbstverbalisation«, »Aufmerksamkeitszentrierung«, »entlastende Attribution von Ergebnissen«.

Das vorliegende Interventionsprogramm steht somit im Schnittpunkt verschiedener Forschungsgebiete: Es werden Ergebnisse der Lern-, Gedächtnis-, Motivations- und Angstforschung aufgegriffen. Unsere Annahmen wie das Programm zu einem Abbau von Schulangst beitragen soll, seien im Folgenden erläutert.

Wie oben bereits angeführt, sollen die Schüler mit Baustein IV befähigt werden, mit bedrohlichen Situationen angemessener umzugehen. Sie sollen lernen, ihren eigenen Kompetenzen zur Bewältigung der Situation zu vertrauen statt unabwendbare Mißerfolge zu befürchten. Die Bearbeitung des Kurses soll zu einer Effektivierung ihres Lern- und Arbeitsverhaltens führen, und durch diese Erhöhung der objektiv feststellbaren Kompetenz soll auch die subjektive Kompetenz, also das Vertrauen in die eigenen Fähigkeiten, gestärkt werden. Wer sich stark, kompetent und einer Situation gewachsen fühlt, verhält sich vor und in dieser Situation ganz anders als jemand, dem von vorneherein klar ist, daß seine persönlichen Voraussetzungen nicht ausreichen, um erfolgreich mit den bevorstehenden Schwierigkeiten fertig zu werden. Letzterer wird sich eher Sorgen machen, an sich selbst zweifeln und vielleicht nach Möglichkeiten suchen, sich – gedanklich oder real – der Situation zu entziehen. Der Erste dagegen wird letztlich weniger Angst empfinden, weil er das Risiko zu versagen niedriger einschätzt (geringere Mißerfolgsbefürchtung).

Unter den Begriff der **subjektiven Kompetenz,** die definiert wird als die Wahrnehmung und Bewertung der eigenen Fähigkeiten zur Bewältigung bestimmter (hier: schulischer) Anforderungen, fallen drei verschiedene Teilaspekte:

1. Den in Prüfungssituationen aktuellen, spezifischen Kompetenzaspekt kann man als erwartete Leistung bezeichnen. Dieser Aspekt entspricht der subjektiven Einschätzung der momentanen Fähigkeit, mit den erwarteten Anforderungen fertig zu werden. Diese Dimension ist also spezifisch und situationsbezogen.
2. Die generalisierte subjektive Kompetenz beruht auf Verallgemeinerungen bisheriger Erfahrungen des Individuums in ähnlichen Anforderungssituationen (»Ich weiß, daß ich mir in solchen Situationen gut zu helfen weiß.«). Jacobs (1981, S. 102 ff.) nennt diesen Aspekt »Vertrauen in die eigene Leistungsfähigkeit« und meint damit die Erfahrung von Kontrolle und Selbstwirksamkeit.
3. Bedersdorfer & Jacobs (1983, S. 25) unterscheiden darüber hinaus noch das Konzept des »Vertrauens in die eigene Lernfähigkeit«, das bedeutet, daß sich eine Person zwar im Moment noch nicht für kompetent hält, eine bestimmte Anforderungssituation zu bewältigen, gleichzeitig aber davon überzeugt ist, in der ihr noch zur Verfügung stehenden Zeit durch geeignete Maßnahmen ihre Gegenkräfte an die Anforderungsstruktur der Situation anpassen zu können. Die Schüler sind der Überzeugung, daß sie lernen werden,

   - die äußeren Bedingungen des Lernens so zu organisieren,
   - zur Verfügung stehende Quellen und
   - Lernmöglichkeiten im Unterricht so zu nutzen,
   - sich selbst Klarheit über Prüfungsanforderungen, Bedingungen und Vorbereitungsmöglichkeiten so zu schaffen und
   - sich entsprechend so vorzubereiten und die Fortschritte so zu kontrollieren, daß sie zunehmend Sicherheit gewinnen, die Prüfungsanforderungen bewältigen zu können.

Kurz: Sie halten sich für fähig, durch Anstrengung ihre eigenen Gegenkräfte an die Anforderungsstruktur der Prüfungssituation anzupassen Die günstigere Einschätzung der eigenen Kompetenz geht nicht nur auf eine veränderte Wahrnehmung der bedrohlichen Situation zurück, sondern auch auf veränderte Fähigkeiten, schulische Anforderungen tatsächlich ökonomischer zu bewältigen. Den Zusammenhang zwischen Lern- und Arbeitsverhalten und Schulleistungen, gemessen in Noten, weisen auch einige empirische Untersuchungen auf, die Keller (1982, S. 6) referiert. Durch ein Trainingsprogramm läßt sich das Lern- und Arbeitsverhalten von Schülern verbessern (Keller 1982, S. 8 ff.) und damit die objektive Kompetenz steigern. Daß Schüler diese erhöhte objektive Kompetenz bei sich selbst wahrnehmen und daß dies ihr Selbstvertrauen stärkt, liegt auf der Hand. Daneben wirkt sich aber die erhöhte objektive Kompetenz auch positiv auf die Lernmotivation aus:

Wenn ein Ziel – z. B. Bestehen einer Prüfung – erreicht werden soll, lohnt sich u. a. Anstrengung eher, wenn

a) die subjektive Ist-Lage des Schülers von der Soll-Lage abweicht (»Ich kann es noch nicht.«)
b) der Schüler sich zutraut, durch Anstrengung den Ist-Zustand in den Soll-Zustand zu überführen (Vertrauen in die eigene Lernfähigkeit »Ich werde es lernen können.«)
c) der Schüler Wege kennt oder ausfindig machen kann, die hinreichend zuverlässig zur Zielerreichung führen (»Ich weiß auch, wie ich es mache.«)
d) das subjektive Kosten-Nutzen-Kalkül des Schülers positiv ausfällt (»Es lohnt sich.« Zeitaufwand, Mühe, Verzicht auf anderes usw. werden durch zu erwartenden Erfolg – Angstreduktion, Stolz, externe Konsequenzen usw. – mehr als aufgewogen).

D. h. durch die Maßnahme sollte der subjektive Zusammenhang von Anstrengung und zu erwartender Leistung enger werden, und je enger er sich darstellt, um so mehr lohnt sich Anstrengung.

Der hier aufgezeigte Weg von der Bearbeitung des Programms zur Reduktion von Angst, der zu untenstehender Graphik (Abb. 32) zusammengefaßt ist, schließt eine Bedingung aus: Angstreduktion ist nicht zu erwarten, wenn der Schüler selbst, Eltern oder Lehrer das Anspruchsniveau (z. B. die Leistungsresultate, die in einer Prüfung angestrebt werden) gemäß der gesteigerten Kompetenz des Schülers oder sogar überproportional erhöhen! Eine Erhöhung des Anspruchsniveaus, zum Beispiel über höhere Stoffülle, verkürzte Bearbeitungszeiten oder Verschärfung der Leistungsstandards, würde die Reduktion des Kompetenzdefizits (Differenz aus Anspruchsniveau und Kompetenz) wieder aufgehoben. Dies läßt einen Mißerfolg wieder wahrscheinlicher werden. Die Folge: Angstanstieg!

**Abb. 32: Der angenommene theoretische Weg vom Interventionsprogramm zur Angstreduktion bei Schülern**

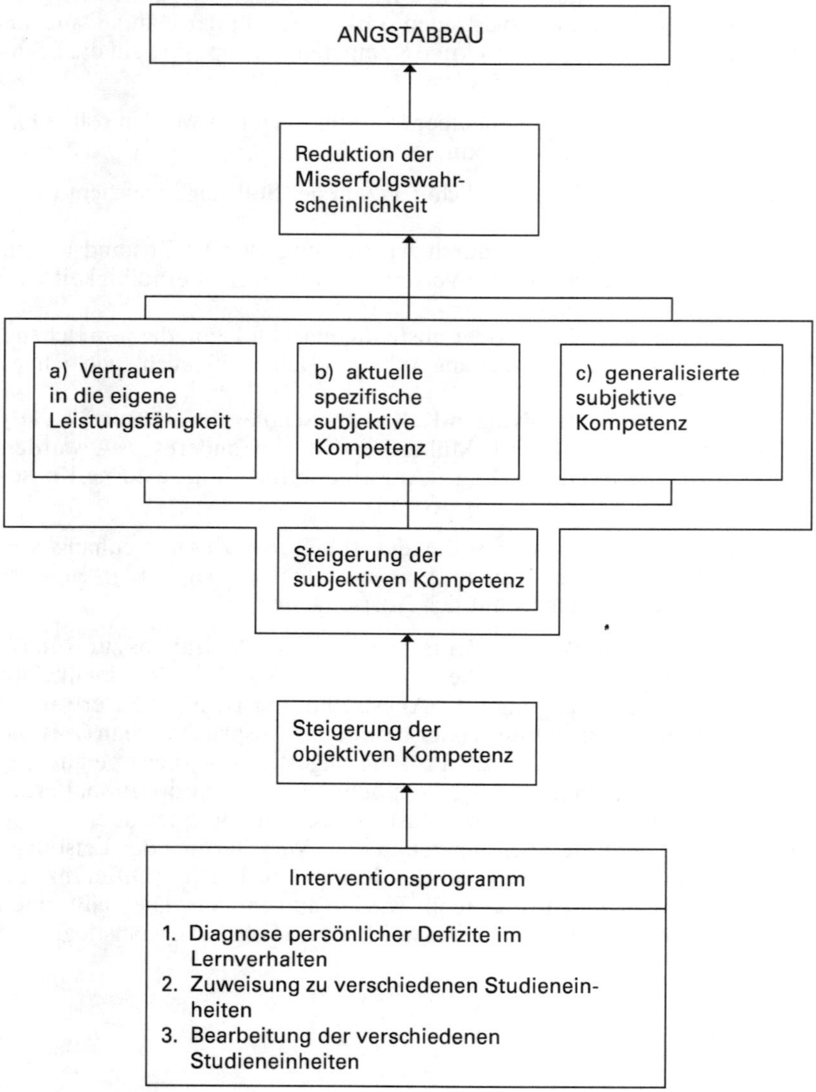

### *3.4.2 Das Informationsmaterial für Lehrer*

Das 20seitige Material wurde, wie auch die beiden anderen Teilprogramme (das Kursprogramm für Schüler und Strukturierungsvorschläge für die Seminarsitzungen), den am Forschungsprojekt beteiligten Lehrergruppen in ausreichendem zeitlichen Abstand vor Beginn des Fortbildungslehrgangs mit der Bitte überreicht, es bis zur ersten Arbeitssitzung zu lesen und die darin enthaltenen Arbeitsanregungen zu durchdenken.

Das Papier beschreibt die Intentionen und den Aufbau des Interventionsprogramms und zeigt den angenommenen theoretischen Weg auf, über den der Programmeinsatz zur Angstreduktion von Schülern führen soll.

Die Ausführungen zum theoretischen Hintergrund decken sich mit der Beschreibung unter »3.2.1 Zielsetzung und theoretische Wirkungsweise« und werden hier nicht wiederholt. Da jedoch die Zielangaben im Informationspapier für Lehrer sehr detailliert ausgeführt sind, seien sie hier wiedergegeben.

Das **Richtziel** des Kursprogrammes lautet:
Durch die Arbeit mit diesem Programm sollen – in jeweils spezifischen Bereichen, in denen der Schüler bei sich selbst Defizite feststellt – die betreffenden Lernstrategien gefördert werden, so daß dies zu einer Steigerung der Effektivität des Lernens führt (Verbesserung der Möglichkeiten zur Bedrohungsbewältigung).

In dieser Zielangabe bedeuten
*»Lernstrategien«*:
a) Wissen über sich selbst:
   - Wissen über eigene Fähigkeiten, Fertigkeiten, Defizite: Was kann und weiß ich, was nicht?
   - Überwachung und Kontrolle der eigenen Lernfortschritte: Was sind die Ziele? Welche habe ich erreicht? Welche noch nicht? Wie kann ich sie erreichen?

b) Wissen darüber, wie man bestimmte Probleme angehen kann;
c) die Fähigkeit, dieses Wissen zur Lösung anstehender Probleme in konkrete Handlungen umzusetzen (vgl. hierzu Weinert 1983, S. 332 f; Hasselhorn & Körkel 1983).

*»Effektivität des Lernens«:*
Gestaltung der äußeren Bedingungen des Lernens (Planung der Lernzeiten, Gestaltung des Arbeitsplatzes etc.) und der Lernaktivitäten dergestalt, daß das Verhältnis zwischen Lernaufwand und Lernnutzen ökonomischer wird, d. h.
- der Zeitbedarf geringer wird und/oder
- die Lernleistung gesteigert wird und/oder

– die Widerstände gegen schulisches Lernen geringer werden.

Das Richtziel läßt sich in folgende **Feinziele** konkretisieren:

Die Schüler sollen durch die Arbeit mit diesem Programm lernen,

**die äußeren Bedingungen des Lernens zu Hause zu organisieren,** d. h.
- die notwendigen Lernaktivitäten auf die zur Verfügung stehende Lernzeit abzustimmen,
- den Arbeitsplatz so einzurichten, daß er Ablenkungen möglichst ausschaltet und die Lernaktivitäten unterstützt,
- das eigene Lernen zu kontrollieren, zu steuern und Erfolge zu belohnen, damit sich zielgerichtetes Lernen stabilisiert,
- Bedingungen kennen, unter denen Kooperation mit Anderen sinnvoll ist (Schülerprogramm, Studieneinheit 1).

**Lernmaterial so zu verarbeiten, daß die Behaltensleistung gesteigert wird,** d. h.
- Texte zu strukturieren, die Inhalte mit dem eigenen Vorwissen zu verknüpfen und den eigenen Lernfortschritt zu kontrollieren,
- Lernstoff zu reduzieren (Struktur) und zu elaborieren (Anknüpfungsmöglichkeiten vermehren),
- den Zugriff auf »sinnarmes Material« durch Mnemotechniken zu erhöhen (Studieneinheit 2).

**feststehende Lernzeiten im Unterricht zu nutzen,** d. h.
- ihre Stärken im Unterricht einzubringen,
- Defizite möglichst abzuklären,
- Kritik und Nachfragen so anzubringen, daß Lehrer sich nicht persönlich angegriffen fühlen müssen,
- wichtige Informationen und Ergebnisse übersichtlich festzuhalten und für die Überarbeitung zu Hause nutzbar zu machen (Studieneinheit 3).

**sich auf Prüfungen so vorzubereiten,** daß
- sie sich über Prüfungsanforderungen, Modalitäten und Vorbereitungsmöglichkeiten möglichst viel Klarheit verschaffen,
- sie eigene Defizite feststellen, einen Zeitplan erarbeiten, in dem sie festlegen, wie sie diese Defizite aufarbeiten wollen, ihre Vorbereitungsaktivitäten kontrollieren und die Ergebnisse sichern (Studieneinheit 4).

**Prüfungsverhalten so einzuüben,** daß
- Angst in Grenzen gehalten wird, »Katastrophierungen« vermieden werden,
- möglichst viel Sicherheit aufgebaut wird,
- möglichst viel Aufmerksamkeit auf die Aufgabe gelenkt wird (Studieneinheit 5).

Nun haben aber nicht alle Schüler die gleichen Probleme, und sicher haben viele Schüler einige der genannten Ziele bereits erreicht. Es wäre also zumindest unökonomisch und für die Schüler demotivierend, wenn sie auch das »lernen« sollten, was sie bereits können.

Ein anderes Problem erscheint allerdings gravierender: Möglicherweise bewältigen verschiedene Schüler bestimmte Probleme bereits, aber auf eine andere Art und Weise, wie es im vorliegenden Programm vorgeschlagen wird. Die hier vorgeschlagenen »neuen« Problemlösungsstrategien können mit den »alten«, gut funktionierenden, des Schülers interferieren. Verunsicherung, Verwirrung und wachsende Hilflosigkeit, also das Gegenteil von dem, was angestrebt wird, wären die Folge.

Um dies zu vermeiden, wurde eine defizitorientierte Vorgehensweise gewählt. Es wurde ein Instrument (Fragebogen) dem Kurs vorangestellt, mit dessen Hilfe sich die Schüler selbst den Teil-Programmen zuweisen sollen, die sich auf Bereiche beziehen, in denen sie Schwierigkeiten identifizieren. Hierbei sind – auch in Anbetracht der »Grobheit« des Instrumentes – Fehldiagnosen durch Schüler nicht auszuschließen. Dennoch stellt der Fragebogen die einzige Möglichkeit eines ökonomischen Zugangs zu den Lernstrategien der Schüler dar. Für Zweifelsfälle sollte der Lehrer den Schülern die Möglichkeit einer Beratung anbieten.

Im übrigen: Da Angstreduktion durch Kompetenzsteigerung oberstes Ziel dieses Programms ist, interessiert neben der »objektiven« Sachlage vor allem die subjektive Sichtweise des Schülers: Wo glaubt er Schwächen zu haben? Und ist er nach Durcharbeitung des Programms davon überzeugt, diese – zumindest teilweise – bewältigt zu haben? Durch die Beantwortung und Auswertung des Fragebogens weisen sich also die Schüler selbst einer oder mehreren der fünf Studieneinheiten des Programms zu, so daß ein individualisiertes Treatment entsteht.

Zu jeder Studieneinheit gehören jeweils verschiedene Lerntechniken. Die Darstellung jeder Arbeitstechnik folgt weitgehend dem gleichen Gliederungsprinzip. Dem Einstieg (zum Beispiel ein Gespräch zwischen zwei Schülern, zwischen einem Lehrer und Schülern, ein Schüler vor einem Problem usw.), der die Problemlage beispielhaft verdeutlichen und veranschaulichen sowie die Schüler zur Arbeit an dem Material anregen soll, folgt die Definition des zugrundeliegenden Problems. Es werden Vorschläge gemacht und begründet, die der Problemlösung dienlich sein sollen. Die Vorschläge werden zusammengefaßt, und es werden Beispiele angegeben, an denen die Vorschläge zur Anwendung gebracht werden können. Jede »Technik« endet mit einem Auswertungsfragebogen, der von den Schülern nach einiger Zeit der Übung auszufüllen ist und anhand dessen sie die Anwendung kontrollieren und ihre Erfahrungen auswerten können.

Das Informationsmaterial für Lehrer expliziert im weiteren Verlauf Erwartungen an die Mitarbeit der Lehrer in den verschiedenen Phasen der Programmentwicklung, des Einsatzes und der Auswertung, insbesondere:

- Mitarbeit bei der Anpassung des Programms an die Problemlage, an »Lernmerkmale« und den Erfahrungsbereich von Schülern, an Bedürfnisse und Möglichkeiten der beteiligten Lehrer und an die Bedingungen von Schule.
- Durchführung des Programms in den Versuchsklassen, d. h. Einführung des Schülermaterials, Unterstützung neugelernter Problemlöseansätze von Schülern, Unterricht über einige schwierige oder zentrale Arbeitstechniken, Beratung von Schülern.
- Mitwirkung bei der Programmevaluation als Basis einer Programmüberarbeitung, d. h. Weiterleitung von Planskizzen und gewonnenen Erfahrungen an uns, Weiterleitung von Schüler-Auswertungsbögen an uns.

In das Informationsmaterial für Lehrer ist eine Reihe von »Arbeitsanregungen« integriert, die unterschiedliche Funktionen erfüllen sollen:

- Konfrontation der eigenen Erfahrungen und subjektiven Theorien mit den Vorannahmen des Programms,
- Überprüfung des eigenen Kenntnisstandes innerhalb des Programms,
- Programmbeurteilung hinsichtlich verschiedener Kriterien,
- Entwicklung von Alternativen und Verbesserungsvorschlägen sowie
- Sammlung programmbegünstigender Lehrerverhaltensweisen.

### *3.4.3 Das Lehrertraining*

In allen Phasen des Projekts hielten wir die Mitwirkung der Lehrer für wichtig. Hier fielen ihnen folgende Aufgaben zu: Mitarbeit bei der Anpassung des Programms an die Bedürfnisse der beteiligten Lehrer und Schüler und an die institutionellen Bedingungen von Schule, Teilintegration in den Unterricht, Unterstützung durch förderliches Lehrerverhalten, Schülerberatung bei auftretenden Problemen sowie die Rückmeldung der dabei gewonnenen Erfahrungen an die Forschergruppe.

Das Lehrertraining diente einer zweifachen Zielsetzung: Zum einen sollte in den Sitzungen für eine bessere Passung des Programms an die konkreten Unterrichtsbedingungen gesorgt werden, zum anderen sollten die Lehrer zur Programmdurchführung qualifiziert werden.

In den Sitzungen selbst sollen die folgenden **Arbeitsphasen** durchlaufen werden:

1. Problematisierung: Welche (Lern-)Probleme haben die Schüler? Inwie-

fern und auf welche Weise hängen diese mit ihrem Lern- und Arbeitsverhalten zusammen?
2. Zieldiskussion und -findung: Wird das Programm als grundsätzlich geeignet eingeschätzt, bei der Problembewältigung hilfreich zu sein? In welcher Weise und unter welchen Bedingungen wollen bzw. können die Lehrer die Durchführung des Programms betreuen?
3. Absicherung des theoretischen Diskussionsstandes: Auf welchem Weg kann das Programm angstreduzierend wirken? Unter welchen Bedingungen? Welche Nebeneffekte sind zu erwarten?
4. Beurteilung und erste Revision der Materialien nach:
   - Auswahl,
   - Aufbau,
   - Gestaltung.
5. Entwicklung von Lehrerverhaltensweisen, die die Ziele des Interventionsprogramms unterstützen sollen.
6. Erprobung dieses Verhaltens in Rollenspiel und Lehrversuchen.

Die **erste Sitzung** diente der Sicherung des theoretischen Diskussionsstandes und einer ersten Beurteilung der Schülermaterialien. Nachdem wie in allen Sitzungen zunächst der vorgesehene Arbeitsablauf geklärt wurde, diskutierten die Lehrer, ob die fünf Studieneinheiten des Kurses die häufigsten Anforderungen und Problembereiche abdecken, vor die sich die Schüler in der Schule gestellt sehen.

Im zweiten Schritt wurde unter Rückgriff auf das schriftliche Informationsmaterial der angsttheoretische Hintergrund des Programms geklärt. Sodann reflektierten die Teilnehmer, ob die Bedingungen, die theoretisch vorausgesetzt werden, um über den Schülerkurs einen Abbau von Angst zu bewirken, in der schulischen Praxis tatsächlich vorliegen.

Raum für kritische Einwände ließ der nächste Schritt: Die Teilnehmer äußerten ihre Erwartungen über positive und negative Nebeneffekte, die das Programm erzielen könnte und überlegten, wie nicht tolerierbare Effekte aufzufangen seien.

Als Hausaufgabe wurden die Lehrer gebeten, arbeitsteilig bestimmte Studieneinheiten des Schülerkurses im Hinblick auf folgende Fragen durchzuarbeiten:

**Baustein IV: Lern- und Arbeitstechniken**
1. Sitzung
*Arbeitsblatt Nr. 3: Arbeitsanregungen zur Vorbereitung der 2. Sitzung*

1. Sind alle Vorschläge in den von Ihnen bearbeiteten Studieneinheiten mit schulischen Bedingungen vereinbar?

- Welche lassen sich von Schülern so nicht umsetzen, ohne Konflikte zu provozieren?
- Welche Vorschläge sollten Schüler in Ihrem Unterricht nicht anwenden (weil Sie sonst ärgerlich würden)?

2. Wie müssen diese Vorschläge evtl. abgeändert werden?
3. Welche Programmteile werden nach Ihrer Ansicht den Schülern Schwierigkeiten bereiten?
4. Wie schätzen Sie die Verständlichkeit des Materials für Schüler ein?
   - der Beispiele,
   - der Vorschläge und Regeln,
   - der Fragen zur persönlichen Auswertung?
5. Beziehen sich die Anwendungsvorschläge auf Inhalte und Situationen, die im Erfahrungsbereich der Schüler vorkommen? Welche nicht?
6. Wie hoch schätzen Sie den täglichen Arbeitsaufwand für Schüler ein?
   - Rechtfertigt der Aufwand den zu erwartenden Nutzen?
   - Bei welchen Techniken glauben Sie das nicht?
7. Machen Sie bitte Verbesserungsvorschläge.

Aufgrund dieser Vorbereitung konnten in der **zweiten Sitzung** die vorgelegten Schülermaterialien beurteilt und Verbesserungsvorschläge gesammelt werden.

In arbeitsteiliger Gruppenarbeit überprüften die Teilnehmer, ob die Vorschläge des Kursprogramms mit den schulischen Bedingungen vereinbar sind und wo mit Konflikten zu rechnen ist. Im zweiten Teil der Sitzung reflektierten die Gruppen, ob die Materialien hinsichtlich ihrer didaktisch-methodischen Aufbereitung, ihrer Verständlichkeit und des geschätzten Arbeitsaufwandes für die vorgesehene Schülergruppe geeignet sind und entwickelten gegebenenfalls Verbesserungsvorschläge.

Nachdem im Plenum die Ergebnisse der Gruppenarbeit erläutert und ausgetauscht worden waren, baten wir die Lehrer, mit folgender Arbeitsanregung die nächste Sitzung vorzubereiten:

**Baustein IV: Lern- und Arbeitstechniken**
2. Sitzung
*Arbeitsblatt Nr. 1: Arbeitsanregungen zur Vorbereitung der 3. Sitzung*

1. Welche Lehrerverhaltensweisen sind geeignet, durch dieses Programm gelerntes bzw. gestütztes Schülerverhalten zu begünstigen?

1.1 Schreiben Sie bitte für beide von Ihnen bearbeiteten Studieneinheiten einige solcher Lehrerverhaltensweisen auf.
1.2 Kreuzen Sie bitte in Ihrer Liste diejenigen Lehrerverhaltensweisen an, die Sie auch selbst berücksichtigen wollen.
2. Welche der angebotenen »Techniken« halten Sie für zentral
   - zum Abbau von Schülerängsten?
   - zur Erreichung anderer Ziele?
3. Welche »Techniken« sind für Schüler so schwierig umzusetzen, daß es der Unterstützung des Lehrers bedarf?
3.1 Wie könnte diese Unterstützung aussehen? Machen Sie bitte Vorschläge!
3.2 Entwerfen Sie bitte eine Unterrichtsstunde, in der Sie eine (zentrale oder schwierige) Lerntechnik gleichzeitig mit einem Unterrichtsinhalt, der ohnehin auf Ihrem Lehrplan steht, einüben wollen.
3.3 Halten Sie bitte eine Sequenz dieser Unterrichtsstunde (5–10 Minuten) in der nächsten Sitzung.

Das Thema dieser Hausaufgabe – die Handlungsmöglichkeiten von Lehrern zur Unterstützung der Ziele des Interventionsprogramms – war Gegenstand der **dritten Sitzung**. Ziel war es, entsprechende Lehrerverhaltensweisen kennenzulernen, zu besprechen und einzuüben. Folgende Schritte wurden hierzu durchgeführt: Wiederum in arbeitsteiligen Gruppen sammelten die Lehrer zu den einzelnen Studieneinheiten Beispiele für unterstützendes Lehrerverhalten. Dann wurden diese Vorschläge bewertet und bestimmte Verhaltensweisen ausgeführt, die dem Plenum vorgestellt wurden.

Unter Einsatz von Videoanlagen führten die Teilnehmer Unterrichtsversuche durch, um unterstützende Lehrerverhaltensweisen zu trainieren. Inhalt der Sequenzen war es, einen Unterrichtsinhalt des Lehrplans zu vermitteln und gleichzeitig eine der von uns vorgeschlagenen Lerntechniken einzuüben. Analog zu der unter Baustein I beschriebenen Vorgehensweise wurden die Unterrichtsversuche ausgewertet und alternative Lehrerverhaltensweisen entwickelt.

Als Hausaufgabe sollten die Teilnehmer die Unterrichtsversuche nachbereiten, indem sie Situationen, die sich während der Durchführungsphase als schwierig erwiesen hatten, auf ihre Ursachen hin analysierten und nach Lösungsansätzen suchten. Folgendes Arbeitsblatt (Abb. 33) diente der Strukturierung dieses Arbeitsauftrages.

Die **vierte Sitzung** diente der Nachbetreuung und fand während der Durchführungsphase statt. Die Teilnehmer tauschten erste Erfahrungen mit dem

Programm aus und suchten in Rollenspielen nach Verhaltensmöglichkeiten zur Bewältigung schwieriger, nicht vorhergesehener Situationen. Die Rollenspiele wurden in Kleingruppen durchgeführt und auf Video aufgezeichnet. Nach der Durchführung wurde das gezeigte Lehrerverhalten durch die Teilnehmer (»Lehrer« und »Schüler«) und ihre Beobachter ausgewertet, und man entwickelte Verhaltensalternativen, die dann in einem zweiten Durchlauf realisiert wurden.

**Abb. 33: Arbeitsblatt zu Baustein IV, 3. Sitzung**

| Problem: Bitte skizzieren Sie kurz die schwierige Situation! | Welcher Studieneinheit und welcher Technik ist es zuzuordnen? | Auf welche Ursachen führen Sie das Problem zurück? Zum Beispiel: Programm; Sie selbst bzw. Ausbildung; schulische Bedingungen, . . . | Lösungsansätze: Wie haben Sie versucht, das Problem zu bewältigen? Welche Möglichkeiten der Bewältigung sehen Sie (z. B. Veränderung von Programmteilen; welcher? Wie verändern?)? |
|---|---|---|---|
| | | | |

# 4 Methode

## 4.1 Evaluationskonzept

Evaluation zielt ab auf die Bewertung der Effektivität von Maßnahmen. Der Begriff wird oft synonym gebraucht mit Erfolgskontrolle, Effizienzforschung, Wirkungsanalyse, Kontrollforschung.

Unter dem Aspekt »Beurteilung« lassen sich auch die Phasen 4 (= Praxisrückkoppelung) und 5 (= Durchführung) – abgesehen natürlich von Phase 6 mit der expliziten Funktion »Evaluation« – unseres Interventionsplanungsmodells betrachten:

Die von uns entwickelten Materialien sind hauptsächlich an Lehrer gerichtet, sie sind es, die die vorgeschlagenen Maßnahmen umsetzen müssen; deshalb ist es wichtig, daß unsere schriftlichen Materialien auch für Lehrer »geeignet« sind (z. B. als Basis für Unterrichtsentwürfe). Ob die Materialien die Eignung tatsächlich haben (unter ausdrücklicher Berücksichtigung der Verbesserungsvorschläge von Lehrerseite), muß auch erfaßt werden. So hat die Phase 4, deren Hauptfunktion die »Überprüfung und Revision der Maßnahmen zwecks Praxisanpassung« ist, die Nebenfunktion »Evaluation des Programms im Hinblick auf Eignung als Lehrerfortbildungskonzept« (von uns kurz »Input-Evaluation« genannt).

In Phase 5 wird das Maßnahmenpaket nicht nur durchgeführt (= Hauptfunktion), sondern die Art und Weise der Durchführung (durch die Lehrer im schulischen Unterricht) muß festgehalten werden, um sicherzustellen, daß die Maßnahmen auch tatsächlich in unserem Sinne umgesetzt wurden (»Transfer-Evaluation«).

Im folgenden nun das von uns im Rahmen des Projekts vertretene Evaluationskonzept. Bezüglich der Evaluation unseres Treatmentprogramms unterscheiden wir nach:

1. Evaluation des Projektinputs
   Die Evaluation des Projektinputs bezieht sich auf die Frage nach der Eignung des Programms als Fortbildungsmaßnahme für Lehrer, z. B.: Sind die schriftlichen Materialien und die damit verbundenen Trainingsmaßnahmen für Lehrer (und Schüler) angemessen? Welche Verbesserungsvorschläge empfehlen die Lehrer? Wie beurteilen sie das Programm im Hinblick auf die angestrebten Ziele? Inwieweit akzeptieren

sie diese Ziele und wie beurteilen sie die Realisationsbedingungen in der alltäglichen schulischen Praxis?

2. Transfer-Evaluation
Die Transfer-Evaluation beinhaltet die Überprüfung der Frage, wie das Programm von Lehrern umgesetzt worden ist. Diese Frage ist insofern sehr bedeutsam, als die Interpretation der Effekte wesentlich davon abhängt, was von den vermittelten Interventionen letztendlich im Klassenzimmer überhaupt (beobachtbar) eingesetzt worden ist. So müßte man bei fehlenden Effekten in den abhängigen Variablen und gleichzeitiger mangelnder Umsetzung des Programms eher auf ein Scheitern des didaktischen Konzeptes der Lehrerfortbildung, bei adäquater Umsetzung und fehlenden Effekten eher auf eine Wirkungslosigkeit der Interventionen schließen.
3. Evaluation im engeren Sinne
Die Evaluation im engeren Sinne fragt nach den beobachtbaren Veränderungen bei den Zielvariablen, also generalisierte bzw. lehrerspezifische Schulangst, Bedrohungsfaktoren (Anspruchsniveau, subjektive Kompetenz und Motivationsstärke). Darüber hinaus soll hier auch zu klären versucht werden, ob die angestrebten Veränderungen über die vermuteten theoretischen Wege erreicht wurden (vgl. dazu auch die Beschreibung der einzelnen Bausteine in Kapitel 3). Schließlich gehen wir technologischen Fragestellungen nach wie z. B.: Gibt es Anhaltspunkte für die Überlegenheit einzelner Bausteine oder Bausteinkombinationen bezüglich der Angsteffekte bzw. ökonomischer Vorteile? Führt die Tatsache, daß mehrere Lehrer einzelne Programmteile in einer Klasse eingesetzt haben, zu einer Steigerung der Effekte?

## 4.2 Umsetzung der Interventionsprogramme im Lehrertraining

17 Lehrer aus drei Schulen fanden sich zur Teilnahme an der Durchführung des Projektes bereit: 10 Lehrer (Gruppe I) aus einer Schule in kirchlicher Trägerschaft mit einem Gymnasial- und einem Realschulzweig und 7 Lehrer (Gruppe II) aus zwei staatlichen Realschulen.

Das Lehrertraining war für uns durchaus keine »Einbahnstraße« der Belehrung von Praktikern durch Wissenschaftler, sondern wurde von uns von Beginn an als Kooperation des Projektteams mit den Lehrern verstanden. Die Lehrer wurden nicht als ausführende Organe der Forschertruppe betrachtet, sondern vielmehr als aktiv am Forschungsprozeß Beteiligte mit Expertenstatus: Lehrer bringen spezifische Qualifikationen und Erfahrungen (z. B. über eigene Handlungsmöglichkeiten und Defizite und solche ihrer Schüler, über Rahmenbedingungen des Handelns in ihrer konkreten

Schule) in die gemeinsame Arbeit mit ein. Zwar bestand ein Großteil der Tätigkeiten des Projektteams in der Weitergabe von Informationen in schriftlicher oder mündlicher Form und der Anleitung zum konkreten Üben; andererseits gaben uns die Lehrer äußerst wichtige Rückmeldungen und Anregungen betreffend der Adaption der vorgeschlagenen Maßnahmen an schulische Gegebenheiten und der zu erwartenden Reaktion der Betroffenen. Daraus ergaben sich zum einen erste Revisionen der Bausteine, zum anderen Unterrichtsentwürfe und Sammlungen von unterstützenden Lehrermaßnahmen für die Realisationsphase.

Unsere Datenquellen für die *Evaluation des Projektinputs* sind also: **Lehrerrückmeldungen/-revisionsvorschläge** (schriftlich und mündlich) sowie **subjektive Beobachtungen** der Projektmitarbeiter.

Die Instruktionsphase, in der diese Tätigkeiten stattfanden, dauerte ein Schuljahr für Lehrergruppe I und ein halbes Schuljahr für Lehrergruppe II. Konkret wurden die Sitzungen mit den beiden Lehrergruppen in folgendem zeitlichen Abstand durchgeführt: Beide Gruppen wurden zunächst anhand eines Arbeitspapiers in jeweils zwei Einführungssitzungen mit den theoretischen Grundlagen des Projekts vertraut gemacht.

Lehrergruppe I begann im September 1983 in wöchentlichen zweistündigen Sitzungen mit der Erarbeitung der Inhalte zu Baustein I. Gegen Ende dieser Phase wurden im Verlauf zweier Blocktage praktische Elemente im Microteaching-Verfahren intensiv erarbeitet und erprobt. Ab Februar 1984 absolvierte diese Gruppe dann sechs zweistündige und eine halbtägige Sitzung zu Inhalten des Bausteins II. Nach den Osterferien wurden dann für die beiden Lehrergruppen Sitzungen zu Baustein III und IV durchgeführt (ca. 12 Stunden zu Baustein III und 10 Stunden zu Baustein IV).

Die Belastungen waren insgesamt für die Lehrer, insbesondere für Gruppe I, die alle 4 Bausteine bearbeitete, sehr hoch. Neben ca. 80 Trainingsstunden (27 bei Gruppe II) ergaben sich bis zu 30 Koordinations-, Auffrischungs- und Bilanzstunden, abgesehen von den Vor- und Nachbereitungen des Bausteinmaterials und der Unterrichtskonzeptionen. Die durchschnittliche Anwesenheitsquote lag bei nahezu 90 % in der Trainingsphase und 60 % in der Realisationsphase.

### 4.3 Umsetzung der entwickelten Maßnahmen durch die Lehrer

Hier setzten wir folgende Meßinstrumente ein:

Zur *Transfer-Evaluation* von **Baustein I** wurden bei Lehrern, die dazu bereit waren, 4 Unterrichtsaufzeichnungen gemacht (Video), die mittels eines modifizierten Kategoriensystems – basierend auf dem SIK (Sozioemotionales Interaktions-Kategoriensystem von Wagner et al. 1982) – auf sozioemotional günstiges Lehrer- und Schülerverhalten untersucht wurden. Das modifizierte SIK-System enthält folgende Kategorien:

Kategorie 0: »Neutral«
Neutrale Äußerungen, die in keine der übrigen Kategorien passen, z. B. Vorlesen.

Kategorie 1: »Akzeptieren«
Unterstützung, Lob, Zustimmung.

Kategorie 2: »Positive Rückmeldung sachlicher Art«

Kategorie 3: »Empathie«
Emotional verständnisvolles Wiedergeben einer Äußerung eines anderen.

Kategorie 4: »Ich-Aussage«
Verbalisieren von eigenen Gefühlen, Kommentieren eigener Aussagen und Handlungen.

Kategorie 5: »Strukturieren«
Strukturierung des Gesprächs (rückblickend) oder eines Problems bzw. einer Anforderung (vorausblickend).

Kategorie 6: »Information«
Sachlich-nüchterne Aussage, keine Wertung bzw. emotionale Beteiligung.

Kategorie 7: »Enge Frage«
Fragen, die den anderen auf eine bestimmte, eng umgrenzte Antwort hinführen sollen (»Lückentext«).

Kategorie 8: »Blockierende/direktive Äußerungen«
Dominante oder gesprächshemmende Äußerungen und Fragen, die den Gesprächspartner blockieren oder einseitig zu dominieren suchen. Mit direktiven Äußerungen (Einwände, Widerspruch) soll die Meinung eines anderen inhaltlich beeinflußt werden.

Kategorie 9: »Negative Rückmeldung/Korrektur«
Rein sachlich, ohne Abwertung der Person.

Kategorie 10: »Abwertung«
Tadel, Mißbilligung, Ironie, Sarkasmus.

Zu **Baustein II** wurden **Unterrichtsentwürfe (UE)** der Lehrer festgehalten und Lehrer wie Schüler über den Verlauf der Unterrichtseinheit »Angstverarbeitung« **interviewt (Int.).** Es wurden zwei Interviewleitfäden entwickelt: eine Schüler- und eine Lehrerversion.

1. Die *Schülerversion* enthält 12 Fragen zu 8 verschiedenen Aspekten der Unterrichtseinheit:
- globaler Eindruck:
  Auf einer 5stufigen Skala sollen die Schüler einschätzen, wie gut ihnen persönlich und auch ihren Mitschülern die Unterrichtseinheit gefallen hat bzw. einzelne Unterrichtsstunden der UE positiv oder negativ beurteilen.
- subjektiver Ertrag:
  Dieser Aspekt erfaßt die subjektive Effizienz der Bearbeitung des Themas »Angst und Angstabbau«.
- Artikulationsbereitschaft:
  2 Fragen beziehen sich auf die Bereitschaft des Schülers, über persönliche Probleme bzw. Ängste mit seinen Mitschülern und Lehrern zu sprechen.
- Auseinandersetzungsbereitschaft:
  Dieser Aspekt betrifft die Frage, inwieweit die Unterrichtseinheit bei Schülern zu einer intensiveren Auseinandersetzung mit der eigenen Person geführt hat und was Inhalt dieser Auseinandersetzung war.
- Wahrnehmung/Schüler:
  Inwieweit hat die Bearbeitung des Themas »Angst« im Unterricht zu einer veränderten Wahrnehmung der Mitschüler geführt?
- Wahrnehmung/Lehrer
- Wahrnehmung der Unterrichtseinheit
- Vertrauen in Angstbewältigungsmechanismen:
  Beurteilung der Möglichkeit bzw. der Bereitschaft, sich im Verlaufe der Unterrichtseinheit persönlich einzubringen, sowie Beurteilung der Reaktionen der Mitschüler darauf; Einschätzung der Effektivität der in der Unterrichtseinheit angesprochenen Angstbewältigungstechniken.
- Ausblick:
  Ist es aus der Sicht des Schülers notwendig bzw. wünschenswert, diese Thematik im weiteren Verlauf des Unterrichts noch einmal aufzugreifen?

2. Die *Lehrerversion* konstituiert sich aus 10 Fragen zu den Bereichen:
- globaler Eindruck:
  Analog zur Schülerversion sollen die Lehrer auf einer 5stufigen Skala ihre Zufriedenheit bezüglich des Verlaufs der Unterrichtseinheit einschätzen und darüber hinaus die Resonanz auf Schülerseite beurteilen.
- Verlauf der Unterrichtseinheit:
  Dieser Bereich betrifft die Frage der Effizienz spezifischer Stunden, der Qualität der eingesetzten Materialien sowie die Frage nach der Notwendigkeit von Hausaufgaben.

- Beobachtungen in der Klasse:
  Hier richtet sich das Interesse einerseits auf die Frage nach Intensität und Breite der Mitarbeit im Verlaufe der Unterrichtseinheit, andererseits auf die Frage nach der Bereitschaft, über eigene Ängste zu sprechen, einschließlich der Reaktionen der Mitschüler darauf.
- Selbstwahrnehmung auf Lehrerseite:
  Innerhalb dieses Fragenkomplexes wird das eigene Erleben des Lehrers im Verlauf der Unterrichtseinheit angesprochen, d. h. seine Bereitschaft, sich persönlich einzubringen sowie seine Probleme bei der Planung und Realisierung der Unterrichtseinheit.
- Auswirkungen und Perspektiven der Unterrichtseinheit
  Einschätzung der Effektivität der Unterrichtseinheit im Hinblick auf:
  - den persönlichen Gewinn für Schüler,
  - eine Veränderung der Beziehungsstruktur innerhalb der Klasse,
  - eine Veränderung der Wahrnehmung der Schüler, die Nachwirkungen der Unterrichtseinheit sowie die
  - Bereitschaft des Lehrers, diese Unterrichtseinheit durchzuführen.

Für **Baustein III** wurden die schriftlichen Angaben über Prüfungsbedingungen **(Transparenzpapier Tp)** der Lehrer gesammelt und ausgewertet.

Baustein III nennt mehrere Schritte zur Einarbeitung transparenzfördernder Maßnahmen in eine Unterrichtseinheit. Diese Schritte lieferten uns vier Kriterien, nach denen die Transparenzpapiere der Lehrer beurteilt wurden:

1. Haben die Lehrer die Lehr-/Lernziele explizit angegeben und haben sie dies in einer dem Schüler verständlichen Sprache getan?
2. Wurden Hinweise zur Vorbereitung auf die Klassenarbeit gegeben und bezogen sie sich auf alle Lernziele?
3. Beschränkten die Lehrer den Stoff ihrer Klassenarbeiten auf die angegebenen Lernziele?
4. Wird die Bewertung der Klassenarbeit vom Lehrer deutlich gemacht (z. B. wieviel Punkte gibt es für welche Leistung, welchen Anteil hat die Klassenarbeit an der Gesamtnote usw.)?

Das Rückmeldeverhalten der Lehrer im Unterricht wurde dann erhoben, wenn **Unterrichtsaufzeichnungen (Video)** von ihnen vorlagen.

Der im Kursheft »Leichter lernen« zu **Baustein IV** enthaltene **selbstdiagnostische Fragebogen (SDF)** gestattete die Erfassung der Veränderung der Selbsteinschätzung der Lern- und Arbeitstechniken durch die Schüler sowie die Zuweisung der Schüler zu einzelnen Bestandteilen. Die herausnehmbaren **Rückmeldebögen (RM)** (siehe Baustein IV) zu jeder Technik gaben uns Aufschluß über das Zurechtkommen mit und die Kritik an den Vorschlägen im Kursheft zu der jeweiligen Technik.

## 4.4 Methodische Vorgehensweise für die Evaluation im engeren Sinne

Zwei Fragenbogenkonzepte dienten der Evaluation i.e.S., also der Erhebung der erwünschten Effekte hinsichtlich Angst und hinsichtlich der Variablen, über die die »Angsteffekte« angestrebt wurden (»theoretischer Weg«): die **S**aarbrücker **An**gst**f**orschungs**t**ests (SANFT L [Langform] und SANFT $K_1$, $K_2$ [Kurzformen])!

### *4.4.1 SANFT L*

Der Schülerfragebogen SANFT L zur Erfassung der **generalisierten Bedrohungseinschätzungen** in der Schule umfaßt 73 Items, die insgesamt 26 Subskalen bilden. Es sollen die Bereiche »Allgemeine Schulangst und Bedrohungsfaktoren (Anspruchsniveau, subjektive Kompetenz und Motivationsstärke)«, »Lehrerspezifische Schulangst und Bedrohungsfaktoren« sowie die im Hinblick auf die (bausteinbezogenen) vermuteten theoretischen Wege formulierten Variablen erfaßt werden. Alle Items sind auf einer fünfstufigen Ratingskala mit den Polbezeichnungen »sehr häufig«/ »stimmt genau« und »sehr selten«/»stimmt überhaupt nicht« einzuschätzen (einzige Ausnahme hiervon bildet die Skala SITAN (vgl. Abb. 34), bei der die Schüler auf einer Skala von 0–10 abstufen können). Um unnötige Belastungen der Schüler zu vermeiden, wurden die spezifischen Skalen (theoretische Wege) zu den Bausteinen II, III und IV nur dann vorgegeben, wenn das entsprechende Treatment auch vorlag (vgl. auch 4.5 Versuchsaufbau).

Die folgende Abbildung gibt einen Überblick über die Teile/Skalen, die alle Schüler erhielten.

**Abb. 34: Skalen SANFT L**

| Subskala/ Kürzel | Beschreibung | Auswertungsaspekte |
|---|---|---|
| ANGST | Angst in allgemeinen schulischen Situationen (5 vorgegebene Situationen) | allgemeine Angst |
| SOZAN | Angst, soziale Beziehungen (3 vorgegebene Statements, die sich auf Interaktionen mit dem Lehrer oder mit Mitschülern beziehen) | allgemeine Angst |
| SITAN | situative Angst, lehrerspezifisch | lehrerspezifische Angst |
| MENOT | Mißerfolgswahrscheinlichkeit, notenbezogen | Bedrohungsfaktoren |
| MSNOT | Motivationsstärke, notenbezogen (Aversivität eines leistungsbezogenen Mißerfolges) | Bedrohungsfaktoren |
| MESOZ | Mißerfolgswahrscheinlichkeit, soziale Beziehungen | Bedrohungsfaktoren |
| MSSOZ | Motivationsstärke, soziale Beziehungen | Bedrohungsfaktoren |
| LSBEZ | Qualität der Lehrer-Schüler-Beziehung (Wertschätzung + Empathie + Echtheit) | |
| MELEH | Mißerfolgswahrscheinlichkeit, Schüler-Lehrer-Beziehung | |
| MSLEH | Motivationsstärke, Schüler-Lehrer-Beziehung | |
| GLOKO | globale lehrerbezogene Kompetenz | |
| SEKON | generalisiertes positives Selbstkonzept | |
| VANGK | Vertrauen in die eigene Angstbewältigungstechniken, kurze Version | |

### *4.4.2 SANFT $K_1$, $K_2$*

SANFT $K_1$, $K_2$ sind zwei auf eine **konkrete Klassenarbeitssituation** hin erstellte Fragebogen(-kurz-)formen zu (situativen) Angst- und Bedrohungsfaktoren. Neben den eher generalisierten, retrospektiven Einschätzungen der Schüler bezüglich der theoretisch relevanten Variablen interessierte uns auch, wie sich bestimmte Teile, nämlich Baustein III (Veränderungen im Leistungsbewertungsprozeß) und Baustein IV (Vermittlung von Lern- und Arbeitstechniken) unseres Interventionsprogramms, auf das Angsterleben in Annäherung an die konkrete, aktuelle Leistungssituation »Klassenarbeit« auswirken und inwieweit sich die intendierte Angstreduktion auf dem von uns theoretisch angenommenen Wirkungsweg vollzieht.

Dementsprechend wurde die Form SANFT $K_1$ (»bald«-Form) ca. 1 Woche vor und die Form SANFT $K_2$ (»unmittelbar«-Form) 1 Stunde vor der Klassenarbeit den Klassen vorgegeben, in denen Baustein III und/oder Baustein IV durchgeführt worden waren.

Aufbau der Fragebogen-Kurzformen:

a) SANFT $K_1$
konstituiert sich aus 25 auf die kommende Klassenarbeit bezogene Items, die unter 11 Subskalen subsummiert sind.

b) SANFT $K_2$
enthält alle Items aus SANFT $K_1$ bis auf die Items, die zur Skala APA (vgl. Abb. 35) gehören; bei vielen Items mußte ein durch den Vorgabemodus notwendig gewordener Wechsel in den Tempora vorgenommen werden; so lautet z. B. das Item 5 in der $K_1$-Form: »Zur Vorbereitung der Klassenarbeit *steht* mir genügend Zeit zur Verfügung.« und in der $K_2$-Form: »...*stand*...«. SANFT $K_1$ und $K_2$ enthalten folgende Subskalen:

**Abb. 35: Subskalen SANFT $K_1, K_2$**

| Subskala/ Kürzel | Beschreibung | Auswertungsaspekt |
|---|---|---|
| SPA 1,2 | Situative Prüfungsangst bezogen auf die kommende Klassenarbeit | aktuelle situationsspezifische Angst |
| APA 1 | Prüfungsangst bezogen auf Klassenarbeiten überhaupt (generalisierte Angst vor »Klassenarbeiten«) | generalisierte situative Angst |
| MEN 1,2 | Mißerfolgswahrscheinlichkeit, notenbezogen | Bedrohungsfaktoren |
| SKO 1,2 | Subjektive Kompetenz | Bedrohungsfaktoren |
| SKN 1,2 | Subjektive Kompetenz als erwartete Note | Bedrohungsfaktoren |
| MOS 1,2 | Motivationsstärke, notenbezogen | Bedrohungsfaktoren |
| ANS 1,2 | Anspruchsniveau als erstrebte Note | Bedrohungsfaktoren |
| KDF 1,2 | Kompetenzdefizit, ANS – SKN | Bedrohungsfaktoren |
| TRG 1,2 | subjektive Transparenz | theoretischer Weg, Baustein III |
| VLR 1,2 | Vertrauen in die eigenen Lernfähigkeiten | theoretischer Weg, Baustein IV |

Hier eine kleine Übersicht (Abb. 36) über die (in Anpassung an die jeweilige Fragestellung ausgewählten und) eingesetzten Meßinstrumente:

**Abb. 36: Meßinstrumente**

| | Meßinstrumente |
|---|---|
| Input-Evaluation | Lehrerrückmeldungen (schriftlich und mündlich),<br>subjektive Beobachtungen |
| Transfer-Evaluation | Videos → SIK (Kategoriensystem),<br>Lehrer-Interviews, Schüler-Interviews,<br>Unterrichtsentwürfe,<br>Transparenzpapiere |
| Evaluation i.e.S. | SANFT L<br>SANFT $K_1, K_2$ |

## 4.5 Versuchsaufbau

Die vier Bausteine wurden in unterschiedlicher Kombination in Klassen der Stufen 7–10 eingesetzt, ihre Umsetzung erfaßt (=Transfer-Evaluation; vgl. 4.3) und der Verlauf (Vortest/Nachtest) relevanter Angst- und Bedrohungsvariablen der so »behandelten« Versuchsklassen mit dem paralleler Kontrollklassen verglichen (= Evaluation im engeren Sinne).

Das Grundmuster der Versuchsplananordnung ist also eine Kontrollgruppenanordnung mit Vor- und Nachtest, wobei jedoch Gruppenzuordnung und Zusammensetzung nicht zufällig erfolgte (quasi-experimentelle Versuchsanordnung).

Die Versuchsgruppen bestanden aus Klassen, die von »Projektgruppen«-geschulten Lehrern unterrichtet wurden; dies waren in der Regel neu übernommene Klassen. Die Vergleichsklassen wurden in Klassenstufe und Unterrichtsfach parallelisiert.

# 5 Empirische Daten/Ergebnisse

## 5.1 Ergebnisse der Input-Evaluation

Die Lehrerreaktionen (Rückmeldungen, Optimierungsvorschläge) zu den einzelnen Bausteinen waren wie folgt:

**Baustein I:**

Dieser Baustein greift am stärksten in subjektive Theorien der Lehrer über sich selbst, die Schüler sowie Erwartungen und Zielsetzungen in der Lehrer-Schüler-Beziehung ein. Indem durch das Mittel »Perspektivenwechsel« ein stärkeres Verständnis für Schülersichtweisen geschaffen wurde, traten grundlegende Probleme der Lehrerrolle zutage. Die daraus entstandene Verunsicherung sollte durch Diskussionen und Üben alternativer Verhaltensweisen für den Unterricht (Skilltraining) aufgefangen werden.

Einerseits gaben die Lehrer in schriftlichen Rückmeldungen nach jeder Sitzung und am Ende des Bausteins hohe Zufriedenheit mit sich und der Arbeit an; sie schätzten auch die Wünschbarkeit der angestrebten Ziele hoch ein und empfanden sich als offener für Schülerbelange. Andererseits wurde auch die Umsetzbarkeit der Maßnahmen teilweise vorsichtig eingeschätzt. Unterrichtsbeobachtungen und persönliche Gespräche mit Lehrern gaben Hinweise darauf, daß überraschend große interindividuelle Unterschiede in der Weiterverarbeitung unserer Vorschläge existierten: Von Lehrern, die unsere Konzepte internalisieren und erfolgreich im Unterricht vertreten konnten bis zu solchen, die, nach Rückschlägen durch Schüler, Eltern oder Kollegen, wieder zu ihren gewohnten, unseren Konzepten eher entgegenstehenden Verhaltens- und Sichtweisen griffen. Von daher und explizit aus den Rückmeldungen der Lehrer ergab sich die Anregung, mehr Zeit, als dies geschah, auf Skilltraining, Rollenspiele und Unterrichtsversuche zu verwenden. Die von uns benötigten 35 Stunden Trainingsaufwand würden sich nochmals um ca. 6–10 Stunden erweitern. Hospitationen im Unterricht der Lehrer könnten noch dazukommen.

**Baustein II:**

16 Trainingsstunden wurden auf die Vermittlung und das Training des eher an Therapiemodelle angelehnten Konzeptes der Angstbewältigung für

Schüler verwandt. Dabei wurde auch deutlich, daß, obwohl die Zielperson der Interventionen der Schüler ist, Lehrereinstellungen und Haltungen (etwa Angst vor der eigenen Angst) durchscheinen oder gar offen zutage treten.

Die Lehrer akzeptierten inhaltliche und methodische Grundgedanken des Bausteins und steuerten didaktische Anregungen, insbesondere altersangemessene Materialien und Vorgehensweisen, bei. Vier der zehn Lehrer versuchten eigene Unterrichtsentwürfe und stellten diese zur Diskussion.

**Baustein III:**

Dieser und der folgende Baustein wurden von beiden Lehrergruppen angegangen. Sehr unterschiedlich waren die Reaktionen der beiden Lehrergruppen auf die Vorschläge des Projektteams, Transparenz und Bezugsnormorientierung zu verändern, um Angst zu verringern. Eine Gruppe zeigte große Bedenken, daß Transparenz (insbesondere Verdeutlichung von Prüfungsanforderungen, Bedingungen und Modalitäten) konfligiert mit höherrangigen Lernzielniveaus wie »Anwendung« oder »kreativer Umgang« mit dem Gelernten; die andere Gruppe hatte derartige Bedenken nicht. Zudem ergaben sich später unterschiedliche Reaktionen von Schülern, Eltern und Kollegen. Dennoch waren beide Gruppen zufrieden mit den Sitzungen und dem daraus zu ziehenden Erfahrungsgewinn.

**Baustein IV:**

Hier waren die Lehrer stärker gefordert, was Adaption, Revision und Entwicklung begleitender Maßnahmen betrifft. In neun Trainingsstunden wurde das von uns entwickelte Schülermaterial zum Teil tiefgreifend verändert: Umstellungen, Streichungen und Veranschaulichungen waren die Ergebnisse dieser Arbeit. Zudem wurde eine Reihe konkreter Unterrichtsentwürfe zur Behandlung einzelner Techniken und eine Sammlung programmbegünstigender Lehrerverhaltensweisen erarbeitet. Dieser Baustein war der von den Lehrern am dringlichsten erwartete; nach dem Training wurden Material und Zusammenarbeit auch sehr positiv gewertet. Mehr Zeit hätte nach Lehrermeinung dazu verwandt werden können, Fachbezüge und Anwendungsbemühungen der Lehrer zu vertiefen.

## 5.2 Ergebnisse der Transfer-Evaluation

*Ergebnis der Transfer-Evaluation von **Baustein I**:*

Die Videoauswertung ergab einen systematischen Anstieg gesprächsförderlicher Kategorien (Kategorien 1, 3 und 4) im Schuljahr 1983/84; obwohl der Effekt im darauffolgenden Schuljahr wieder zur Hälfte zurückging, unterschieden sich die Versuchslehrer der mit Baustein I trainierten Lehrergruppe I deutlich von den Kontrollehrern (zum Versuchsplan vgl. 4.5). Dennoch gibt es deutliche individuelle Unterschiede und Schwankungen. Die Anzahl hemmender Äußerungen (blockierend/direktiv und abwertend = Kategorien 8 und 10) geht jedoch nach anfänglicher Reduktion bei den Versuchslehrern wieder auf das Ausgangsniveau zurück und ist vergleichbar mit dem Niveau der Kontrollehrer.

*Ergebnis der Transfer-Evaluation von **Baustein II**:*

Die Lehrer lieferten eine ganze Reihe gelungener Unterrichtsentwürfe zur Unterrichtseinheit »Angstverarbeitung«.

- *Beispiel 1: Einführung des Themas (Problematisierungsphase)*
  Hier soll das Thema Angst zunächst an einem zu analysierenden Material (z. B. einer Kurzgeschichte oder einer Textstelle aus einem Roman) eingeführt werden. Die Schüler werden angehalten, dieses Material auf seinen emotionalen Gehalt hin zu diskutieren und in einem weiteren Schritt mit ihren eigenen Erlebnissen zu verknüpfen. Die hier skizzierte Stunde fand in einer Klasse 8 einer Realschule statt und wurde von einer Deutschlehrerin gehalten.
  Zu Beginn der Stunde wurde mit der Klasse vereinbart, daß in den folgenden beiden Wochen darüber gesprochen werden soll, unter welchen Umständen man Angst empfindet, wie diese entsteht und was man dagegen tun kann. Anschließend wurden die Schüler in Kleingruppen aufgeteilt, erhielten ein Hörspiel, in dem es um die Situation eines Schülers vor der Zeugnisvergabe mit den verschiedenen Reaktionen im Umfeld ging (Szene 1: zu Hause am Tag der Zeugnisvergabe; Szene 2: ein Gespräch unter Schülern am selben Tag auf dem Schulhof; Szene 3: der Beginn der Stunde mit der Ankündigung der Zeugnisvergabe durch den Lehrer). Die Kleingruppen sollten zunächst dieses Hörspiel einüben und im Anschluß daran in der Klasse nachspielen. Abschließend wurde dann in der Klasse über Beobachtungen, persönliche Bezüge und ähnliche Erlebnisse von Schülern gesprochen.

- *Beispiel 2: Einübung positiver ermutigender Gedanken (Repertoireerweiterungs- und Stabilisierungsphase)*

Die hier beschriebene Stunde fand am Ende der Unterrichtseinheit (7./8. Stunde) statt und wählte als Methode die Rollenspieltechnik. Dabei handelte es sich um die Unterrichtseinheit des Religionslehrers in einer Klasse 10 eines Gymnasiums.
In den hierzu vorangegangenen Stunden wurden mehrere Vorübungen zum Einsatz der positiven Verbalisierungstechnik durchgeführt (Erarbeitung eines Tafelbildes, mehrere Arbeitsblätter mit ansteigendem Differenzierungsgrad, Austausch von positiven Verbalisierungsvorschlägen bei bedrohlichen Situationen im Unterricht etc.). Zu Beginn der hier geschilderten Doppelstunde der Klasse 10 wurden die Schüler kurz über die Rollenspieltechnik instruiert. Anschließend demonstrierte der Lehrer zusammen mit einem sich freiwillig meldenden Schüler die Vorgehensweise: Zunächst äußerte der erste Rollenspielpartner katastrophierende Gedanken, bezogen auf ein für ihn bedrohliches Ereignis. Der Mitspieler hatte die Aufgabe, jedem negativen Gedanken einen positiven gegenüberzustellen. Im zweiten Teil des Rollenspiels tauschten die Spieler ihre Funktionen aus, so daß auch der zunächst negativ verbalisierende dann positives Gedankengut produzieren konnte. Die restliche Klasse fungierte im Rollenspiel als Beobachter. Nach Abschluß des Rollenspiels wurden dann zunächst die Rollenpersonen und anschließend die Klasse über ihre Eindrücke befragt. Diese Verfahrensweise wurde im Laufe der Doppelstunde in mehreren Durchgängen wiederholt, so daß mehrere interessierte Schüler die Erfahrung der positiven Verbalisierungstechnik und die restlichen Schüler die Wirkungsweise der Technik via Beobachtung erleben konnten.

- *Beispiel 3: Einübung positiver ermutigender Gedanken (Repertoireerweiterungs- und Stabilisierungsphase)*

Obwohl sich bei entsprechender Motivierung die oben beschriebene Rollenspieltechnik auch für jüngere Schüler hervorragend eignet, wählte die schon aus Beispiel 1 bekannte Lehrerin eine interessante und auch altersgemäße Vorgehensweise: Wiederum in Kleingruppen eingeteilt sollten die Schüler ein kleines Hörspiel und parallel dazu eine kleine Bildgeschichte anfertigen. Als Anregungsmaterial erhielten die Gruppen ein Blatt mit mehreren Abbildungen einer Comicfigur (Giovanetti 1954, 1982), die sich durch eine überaus reiche Mimik und Gestik auszeichnet. Die Schüler konnten sich dann Bilder ausschneiden und mit Sprechblasen versehen zu einer Geschichte zusammenstellen. Dabei sollten die Gruppen vor allem auf den Einsatz der positiven Verbalisierungstechnik achten. Nach Abschluß der Kleingruppenarbeit stellte jede Gruppe ihr Ergebnis in der Klasse vor und durfte anschließend ihre Bildgeschichte im Klassenzimmer aushängen.

## Abb. 37: Bildgeschichte zur Einübung positiver ermutigender Gedanken

**„Max, wie hast Du das geschafft?"**

Wir befinden uns im Klassensaal der Klasse 5a. Es klingelt gerade zum Unterrichtsbeginn.
Max: Oh je, wenn heute die Englischarbeit zurückgegeben wird. Ich hab' bestimmt 'ne schlechte Note!

Der Lehrer kommt mit den Arbeitsheften in die Klasse.
Lehrer: Guten Morgen. Die Englischarbeit fiel sehr schlecht aus.
Max denkt: Bestimmt hab ich 'ne 5 oder 6. Vielleicht ist sie aber auch gut, gelernt habe ich ja, und so schwer war die Arbeit nun auch wieder nicht.

Lehrer: Max Hamsti!
Max: Und wenn sie nicht so gut ist, dann wird die nächste besser. Hoffentlich ist es wirklich eine gute Note.

Lehrer: „Max!"
Max: Hoffentlich eine gute Note!
Lehrer: Du hast eine ziemlich gute Note, komm' nach vorne.
Max: Endlich mal 'ne gute Nachricht!

Lehrer: Du hast eine 3.
Max: (freudig): Ich habe mich ja auch angestrengt.

Zuhause.
Max: Mutti, ich habe eine 3 in Englisch.
Mutter: Das hast Du gut gemacht. Und Du bekommst sogar einen Extra-Nachtisch.

*Aus: Götzmann (1986), Weniger Schulangst.*

Die ausgewerteten Interviews (jeweils drei Hoch- und Niedrigängstliche je Klasse) ergaben eine positive Resonanz, aber nur teilweise einen subjektiven Nutzen zur Angstverarbeitung. Die interviewten Lehrer sehen den Gewinn der Unterrichtseinheit weniger in bezug auf die Angst als in der Verbesserung des Klassenklimas.

*Ergebnis der Transfer-Evaluation von* ***Baustein III****:*
Den Lehrern war es in der überwiegenden Mehrheit gelungen, die Vorschläge des Bausteins III umzusetzen; dies ergab die Analyse der Transparenzpapiere (vgl. dazu Jacobs 1987). Beispiele für gelungene Transparenzpapiere sind dem Baustein III (Kapitel 3.3) beigefügt.
Das Rückmeldeverhalten der Lehrer unterschied sich allerdings nicht von dem der Kontrollehrer, explizite individuelle Bezugsnormaussagen traten bei Versuchs- wie Kontrollehrern im Schnitt weniger als einmal pro Unterrichtsstunde auf.

*Ergebnis der Transfer-Evaluation von* ***Baustein IV****:*
Im Schnitt hat jeder Schüler angegeben, ca. sechs Techniken gelesen, zwei bis drei intensiv eingeübt und eine davon noch im Repertoire zu haben. Es ergibt sich (über alle Techniken) dann ein Gewinn für den Schüler, wenn die Nutzungsintensität – von »Überfliegen« über »Lesen« und »Einüben« bis zu »Beibehalten« – ansteigt.

## 5.3 Ergebnisse der Evaluation im engeren Sinne

### *5.3.1 Effekte im Hinblick auf das Interventionsziel »Angstabbau«*

Betrachten wir zunächst die Effekte, die unser Interventionsprogramm hinsichtlich der Entwicklung der verschiedenen Angstmaße (SITAN, ANGST, SOZAN; Fragebogenform SANFT L) und der Bedrohungsfaktoren (MENOT, MSNOT, MESOZ, MSSOZ) zeigte (sowie einiger weiterer ausgewählter Variablen). Die folgende Tabelle (Tab. 3) gibt sowohl Aufschluß über die Bedrohungsentwicklung bei Versuchsschülern (n = 340) und Kontrollschülern (n = 270) als auch über die relative Entwicklung in den Bedrohungskognitionen des SANFT L (Einheit = Standardabweichung der Ausgangswerte).

**Tab. 3: Bedrohungsentwicklung beim SANFT L[2]**

| Skala | Bedrohungsentwicklung[a] | | Relativer Entwicklungsvorteil[b] |
|---|---|---|---|
| | Versuchs-gruppe | Kontroll-gruppe | Effektstärke (in Standardabweichungen) |
| SITAN | ,12** | –,11 | ,22*** |
| ANGST | –,06 | –,22*** | ,17** |
| MENOT | –,06 | –,06 | ,004 |
| MSNOT | –,13** | –,05 | –,07 |
| SOZAN | –,07 | –,01 | –,05 |
| MESOZ | ,09 | ,05 | ,04 |
| MSSOZ | ,04 | ,27*** | –,24*** |
| SEKON | –,06 | –,22*** | ,16** |
| VANGK | –,03 | –,12** | –,08*** |
| LSBEZ | ,08 | –,36 | ,44*** |
| MELEH | ,05 | –,35 | ,40** |
| MSLEH | –,11 | ,32 | –,43** |

*: $p < .10$ **: $p < .05$ ***: $p < .01$

*Aus: Strittmatter & Bedersdorfer (1991), Pädagogische Interventionsforschung.*

2 (a) positiver/negativer Wert entspricht Abbau/Aufbau der Bedrohung bzw. potentiellen Bedrohlichkeit im theoretischen Weg. (b) positiver Wert entspricht Vorteil der Versuchsgruppe. SANFT L: Fragebogenlangform. SITAN: Lehrerbezogene Angst in sechs typischen schulischen Situationen. ANGST: Generelle Angst in fünf schulischen Standardsituationen. MENOT: Mißerfolgswahrscheinlichkeit, auf Noten bezogen. MSNOT: Aversität des Mißerfolgs, auf Noten bezogen. SOZAN: Soziale Angst. MESOZ: Mißerfolgsbefürchtung zu sozialen Situationen. MSSOZ: Aversität, von Mitschülern nicht gemocht zu werden. SEKON: Selbstkonzept. VANGK: Vertrauen in Fähigkeiten zur Angstbewältigung. LSBEZ: Lehrer-Schüler-Beziehung. MELEH: Mißerfolgserwartung, lehrerbezogen. MSLEH: Aversität einer Abwertung durch den Lehrer.

Die Berechnungen beziehen sich auf Mittelwertsunterschiede (abhängige t-Tests, zweiseitige Testung) von Vor- und Nachtest, ausgedrückt in Standardabweichungen.

5.3.1.1 Generalisierte Schulangst

Man sieht:

- Die ANGST in fünf schulischen Standardsituationen (mündliches Abfragen, Schreiben und Rückgabe von Klassenarbeiten, im Unterricht »drankommen«, etwas vor der Klasse sagen sollen) steigt in den Versuchsklassen kaum, in den Kontrollklassen aber massiv an (vgl. Zeile 2 von Tab. 3)!
- Allerdings entwickeln sich die damit verknüpfte Bedrohungsvariable MENOT (= notenbezogene Mißerfolgswahrscheinlichkeit) sowie die auf soziale Situationen ausgerichtete Angst (SOZAN) einschließlich der Mißerfolgsbefürchtung bezogen auf soziale Situationen (MESOZ) nicht unterschiedlich, d. h. die Versuchsklassen zeigen hier keine günstigere Entwicklung.
- Völlig unerwartete Ergebnisse liefern uns Zeile 4 und 7:
  - MSNOT (= notenbezogene Motivationsstärke):
    Die Versuchsklassen berichten über einen stärkeren Anstieg (–.13**) der notenbezogenen Motivationsstärke als die Kontrollklassen. Dies hat sich anscheinend auch negativ auf die Angstentwicklung der Versuchsschüler ausgewirkt (ANGST/vs:–.06). Jedoch ist der Angstanstieg im Laufe eines Schuljahres bei den Kontrollklassen weitaus dramatischer (ANGST/ko: –.22***; vgl. auch oben).
  - MSSOZ (= Motivationsstärke bezogen auf soziale Situationen):
    Hier wurde nach der Aversivität einer Ablehnung durch die Mitschüler gefragt. Es zeigte sich überraschenderweise, daß vor allem die Schüler aus den Kontrollklassen Motivationsstärke abbauen (MSSOZ/ko: +,27***); diese Schüler schätzen also (im Laufe des Schuljahres) einen Mißerfolg in den angegebenen sozialen Situationen immer weniger aversiv ein! Unserem angenommenen theoretischen Weg zufolge müßte dies zu einem Angstabbau führen; dem widersprechend berichten die Schüler der Kontrollklassen über gleichbleibende Angst (SOZAN/ko: –0,1)!
- Globale Selbstkonzeptitems (SEKON) änderten sich zugunsten der Versuchsklassen (Effektstärke: +,16 s, 5 %).
- Die Effektstärke der Variablen VANGK (= Vertrauen in Angstbewältigungsstrategien) wurde nicht signifikant.

5.3.1.2 Lehrerspezifische Angst

- Das lehrerspezifische Angstmaß SITAN (1. Zeile) zeigte wiederum den von uns angestrebten Effekt:

Die Daten weisen für die Stichprobe der Versuchsklassen eine Angstreduktion auf und für die Stichprobe der Kontrollklassen einen im Betrag nahezu gleichen Angstanstieg. Daß die Effektstärke der lehrerspezifischen Skala SITAN größer ausfällt als die der Skala Angst ist auch erwartungsgemäß, da die Versuchslehrer nur einen Teil des gesamten Unterrichts abdecken und ein Transfer auf die generalisierte Schulangst (Skala ANGST) nur langfristig erwartet werden kann.

- Die Versuchslehrer wurden im Verlaufe des Schuljahres zunehmend sozioemotional förderlicher wahrgenommen (Skala LSBEZ).
- Für die Versuchsschüler sinkt auch die Wahrscheinlichkeit, von ihnen abgewertet zu werden (MELEH/vs: +,05, MELEH/ko: –,35; zur Erinnerung: + heißt Bedrohungsabbau).
- Aber: Das Ereignis »Abwertung durch die geschätzten Lehrer« wird von den Versuchsschülern viel gravierender erlebt als für die Kontrollschüler, gerade weil die Lehrer als sozioemotional förderlicher erlebt werden und dieses Ereignis »Verletzung/Enttäuschung« dadurch auch seltener auftritt. Die Folge: Ein Beziehungsverlust gewinnt an potentieller Aversivität (MSLEH/Effektstärke: –,43 s***, d. h. ein Bedrohungsanstieg bei den Versuchsschülern)!
- Kein wesentlicher Unterschied ergibt sich über alle Klassen in der globalen eigenen Kompetenzeinschätzung im Unterricht dieser Lehrer (GLOKO).

**Fazit:**

Das Oberziel »Abbau von Schulangst« ist erreicht worden. Ein Angstabbau in den Versuchsklassen (Skalen ANGST und SITAN) ging auch erwartungsgemäß mit einer Reduktion der Mißerfolgswahrscheinlichkeit (MENOT, MESOZ) einher. Gleichzeitig – und entgegen unseren Erwartungen – stiegen aber für die Versuchsschüler die Motivationsstärkemaße (MSNOT, MSSOZ) in Bedrohungsrichtung an. Mit anderen Worten: Den Schülern aus den Versuchsklassen bedeuten Mißerfolge nach wie vor viel oder sogar noch mehr, eine vorgestellte Beziehungsverschlechterung würde ihnen »viel ausmachen«. Kontrollklassenschüler bestreiten zunehmend (im Verlaufe des Schuljahres) zwar die Aversivität des Mißerfolgs (MSSOZ, MSLEH) in den angegebenen sozialen Situationen, berichten aber über gleichbleibende Angst (SOZAN) bzw. Verschlechterung der Lehrer-Schüler-Beziehung (LSBEZ).

Weitergehende Analysen bezüglich der Angstmaße ANGST und SITAN zeigten, daß es in den Versuchsklassen eine verstärkte Tendenz zu außerordentlich starken Angstreduktionen gibt, d. h. daß sich das Interventionsprogramm hier eher selektiv auf einige wenige Schüler ausgewirkt hat.

Fast spiegelbildlich ist festzustellen, daß kaum ein Schüler in den Versuchsklassen eine extrem negative Bedrohungsentwicklung durchmachte, was die Vermutung nahelegt, daß das Programm insgesamt eine präventive Wirkung dahingehend zeigt, daß extreme Angstentwicklungen verhindert werden können.

5.3.1.3 Bedrohungsentwicklung in Annäherung an Klassenarbeiten

Wie in 4.4.2 beschrieben, erfassen die beiden Formen des Fragebogens SANFT $K_1$, $K_2$ die subjektiven Bedrohungseinschätzungen von Schülern in zeitlicher Annäherung an die leistungsbezogene Bedrohungssituation »Klassenarbeit«.

Die Vorgabe dieser Fragebögen erfolgte vor allem im Hinblick auf die Interventionen aus den Bausteinen III (Angstabbau durch Veränderungen im Leistungsbewertungsprozeß) und IV (Lern- und Arbeitstechniken).

Die Daten wurden mittels einer 3-faktoriellen (Faktoren: »Gruppe (VS/KO)«, »Zeit (vor/nach Treatment)«, »Nähe (1 Woche/1 Stunde vor Klassenarbeit)« Varianzanalyse mit Meßwiederholung (auf 2 Faktoren) statistisch ausgewertet.

Verlief die Bedrohungsentwicklung nun gemäß unseren Erwartungen? Es zeigte sich, daß

- die Skalen APA (allgemeine situative Prüfungsangst) und SPA (situative Prüfungsangst) einen deutlichen (für APA) bzw. leichten (für SPA) Effekt zugunsten der Versuchsklassen ausweisen, d. h.: für die Versuchsschüler liegt eine günstigere Angstentwicklung vor bezogen auf Klassenarbeiten allgemein (APA) und bezogen auf die Klassenarbeiten, zu denen diese Daten erhoben wurden (SPA)!
- die Versuchsschüler über eine deutliche Zunahme der Transparenz der Prüfungsanforderungen und Bedingungen sowie der Leistungsrichtlinien und Konsequenzen für die Endnote berichten (TRG = subjektive Transparenz; Baustein III)!
- die Versuchsklassen eine leicht günstigere Entwicklung hinsichtlich:
  - Kompetenz (SKO, SKN),
  - Kompetenzdefizit (MEN, KDF),
  - Aversivität von Mißerfolgen (MOS) durchmachten.
- das Anspruchsniveau (ANS) erwartungsgemäß gleichgeblieben ist,
- leider keine Änderung im Vertrauen in die eigene Lernfähigkeit (VLR, Baustein IV) stattgefunden hat.

### *5.3.2 Bausteinspezifische und kumulative Effekte*

Es ließen sich keine systematischen Vorteile hinsichtlich bestimmter Bausteine oder Bausteinkombinationen feststellen.

Eine sinnvolle Fragestellung künftiger Forschung könnte aber sein, ob sich diagnostische Hinweise dafür finden lassen, bei welcher Ausgangssituation in gegebenen Schulklassen welche Interventionspakete am effektivsten eingesetzt werden können.

## 5.4 Abschließende Bemerkungen

Das Projekt hat gezeigt, daß Maßnahmen zum Abbau von Schulangst auf der Basis wissenschaftlicher Theorien entwickelt werden können, ihre Vermittlung an Lehrer möglich ist, und sie in der Schulpraxis greifen können. Die erwünschten Effekte sind in der Gesamtstichprobe vorhanden, aber nicht immer so stark ausgeprägt wie von uns erwartet.

Auch der von uns angenommene theoretische Wirkungsweg von den Zwischenzielen zum Endziel hin konnte nicht immer bestätigt werden.

Trotzdem ermuntern die Ergebnisse auf jeden Fall dazu, die erarbeiteten Materialien (die Bausteine I-IV) – am besten nach einer Revision aufgrund der bei der Erprobung gemachten Erfahrungen – in breiterer Form wirksam werden zu lassen.

# 6 Anhang: Empirische Studien zu »Schulangstreduktion« (R. Riemann/C. Paulus)[3]

Bei dem ersten Teil des folgenden Überblicks über die theoretischen Ansätze und empirischen Untersuchungen ist zu berücksichtigen, daß diese Arbeiten bereits in einer Vorphase des Projektes – die im März 1984 abgeschlossen wurde durchgeführt wurden. In einem zweiten Teil werden neuere Literaturhinweise gegeben. Die zitierten Zusammenfassungen stammen z. T. aus der CD-ROM-Datenbank PSYNDEX der ZPID Trier.

## 6.1 Angstreduktion durch positive Bekräftigung

### *6.1.1 Lerntheorie als allgemeine Grundlage*

Die in diesem Kapitel zu besprechenden Arbeiten beziehen sich in mehr oder weniger deutlichem Ausmaß auf die behavioristisch orientierten Reiz-Reduktions-Theorien. Angst soll durch den gezielten und systematischen Einsatz von positiven Verstärkungen verringert werden. Der Zusammenhang zwischen den verwendeten Verstärkern und dem theoretischen Verstärkungskonstrukt wird i.d.R. jedoch nicht genauer analysiert. Aus diesem Grund erscheint es notwendig, an dieser Stelle das den behavioristischen Lerntheorien zugrundeliegende Verstärkungskonzept knapp zu skizzieren. Dabei ist auffällig, daß der Verstärkungsbegriff in den diversen Ansätzen unterschiedlich gewichtet wird. Gemeinsamkeiten sind jedoch durch den Bezug auf spezifische Reiz-Reaktions-Kontingenzen gegeben. Generalisierungen auf größere Reaktions- bzw. Verhaltensbereiche sind nur unter bestimmten Bedingungen möglich. Eine exemplarische Darstellung des Verstärkungsbegriffs erfolgt am Beispiel der Lerntheorie von Skinner (vgl. Lefrancois 1976). Das von Thorndike (1913) formulierte *»law of effect«* veranlaßte Skinner u. a. zur Elaborierung seines Ansatzes der operanten Konditionierung. Zentrale Begriffe dieser »Theorie« sind positive und negative Verstärkung, primäre und sekundäre Verstärkung und Bestrafung.

3 Der zusammenfassende Literaturüberblick (bis 1983) zu den Interventionsstudien »Schulangstreduktion« ist entnommen worden aus: Riemann, R. (1983). *Pädagogische Maßnahmen zur Reduktion von Angst in schulischen Leistungssituationen – Eine Analyse empirischer Studien.* Unveröffentlichte Magisterarbeit, Saarbrücken. Die weiterführende Literatursammlung wurde von C. Paulus durchgeführt und aufbereitet.

6.1.1.1 *Wieczerkowski u. a. (1969): Verbale positive Bekräftigung*

In dieser Untersuchung wird versucht, durch positive verbale Bekräftigungen ausgewählte Schüler konsequent zu verstärken. Damit soll durch die Applikation von sekundären Verstärkern die Auftretenswahrscheinlichkeit einer bestimmten Reaktion erhöht werden. Die Versuchslehrer wollten erreichen, daß im Verlauf des sechs Wochen dauernden Versuchs jeder ausgewählte Schüler täglich in zwei Unterrichtsstunden fünf- bis sechsmal verstärkt wird. Die Lehrer sahen sich dagegen lediglich in der Lage, pro Tag maximal drei Verstärkungen zu realisieren. Die Versuchspersonen wurden mittels einer von Wieczerkowski u. a. (1968) entwickelten Schulangstskala (eine Vorform des Angstfragebogens für Schüler – AFS) ausgewählt. Als Verstärker wurde ein verbales Lob durch den Lehrer für spontanes Melden ausgewählt. Bezieht man den Versuchsablauf auf eine lerntheoretische Grundlage – was bei Wieczerkowski u. a. nicht erfolgt – dann ist unter der Prämisse, daß die Zahl der Verstärker ausreichend hoch ist -was bezweifelt werden kann- zu erwarten, daß sich die Rate des spontanen Meldeverhaltens erhöht. Vorrangige Absicht der Untersuchung war dagegen, vorhandene Angst bei den Schülern abzubauen. Welche Beziehung zwischen spontanem Meldeverhalten und Angstreduktion besteht, wird von den Autoren aber nicht diskutiert. Damit ist die theoretische Schwäche dieser Arbeit deutlich geworden. Untersuchungsziel war die Verringerung der Auftretenswahrscheinlichkeit einer bestimmten Verhaltensklasse (Angst) und nicht die Erhöhung einer Verhaltensklasse (spontanes Meldeverhalten). Damit kann bereits jetzt die Auffassung vertreten werden, daß sich jede Ergebnisinterpretation den Vorwurf der Beliebigkeit gefallen lassen muß, gleichgültig wie die Untersuchungsergebnisse selbst ausfallen.

6.1.1.2 *Fittkau & Langer (1974): Schriftliche Verstärkung*

Fittkau & Langer wählten schriftliche Kommentare unter Klassenarbeiten zusätzlich zur Note als Verstärker. Während eines Zeitraums von acht Wochen wurden die jeweils drei aufeinanderfolgenden Klassenarbeiten der nach den Kriterien Schulangst, Schulunlust und Leistung ausgewählten Schüler mit diesen Kommentaren versehen. Die theoretische Begründung für die Wahl dieses *reinforcements* führt zu einer nicht gerechtfertigten Ausweitung des Verstärkungskonzepts. Die Autoren gehen davon aus, daß Leistungssteigerungen häufig so gering ausfallen, daß sie sich nicht in den Zensuren widerspiegeln. Als Folge davon sind Schulangst, Schulunlust und Leistungsabfall zu erwarten. Die gewählten Verstärker sollen diesen unerwünschten Prozeß umkehren. Damit wird aber den drei effektiv realisierten Verstärkungen eine Wirkung zugeschrieben, die aufgrund vorliegender Theorielage (vgl. z.B. Skinner) nicht angemessen erscheint. Ein anderer theoretischer Bezug auf Erklärung dieser Annahmen (z. B. attributionstheoretischer Ansätze) wird in dieser Untersuchung nicht deutlich.

6.1.1.3 *Tausch u. a. (1969): Verstärkung im Leichtathletikunterricht*

Im Verlauf von 2 × 4 Wochen wurde jeder Schüler der Experimentalgruppe im Turnunterricht drei- bis viermal pro Woche durch ein Lob verstärkt. Die Schulangst wurde mit dem Fragebogen von Wieczerkowski u. a. (1969) erfaßt. Auch für diese Untersuchung gelten die oben angeführten kritischen Einwände.

6.1.1.4 *Rost (1977): Versuch einer Replikation*

Rost versuchte, die Ergebnisse der zuvor genannten Untersuchungen zu replizieren. Eine theoretische Analyse dieses Experimentes ist deshalb nicht notwendig.

*6.1.2 Ergebnisanalyse*

In den Untersuchungen von Wieczerkowski u. a. und Fittkau & Langer wird ein signifikanter Angstrückgang mitgeteilt. Tausch u. a. interpretieren eine nicht signifikante Tendenz zur Angstreduktion als Bestätigung der Ergebnisse von Wieczerkowski u. a. Rost kommt in seiner Replikationsstudie dagegen zu dem Schluß, daß Angst durch den Einsatz der beschriebenen Maßnahmen nicht verringert werden kann. Diese unterschiedlichen Ergebnisse bzw. Ergebnisinterpretationen erfordern eine differenziertere Analyse der einzelnen Resultate, da die bloße Aufrechnung signifikanter und nicht signifikanter Werte nicht weiter führt. Die bei Wieczerkowski u. a. gefundene Verringerung der Angstwerte in der Experimentalgruppe ist hochsignifikant ($p<.001$). Dieses Ergebnis konnte in einer Nachuntersuchung, die drei Monate später durchgeführt wurde, bestätigt werden. Es läßt sich die Schlußfolgerung ziehen, daß 8–16 % der Varianz der abhängigen Variablen durch das Treatment aufgeklärt werden. Als weiteres interessantes Ergebnis kann festgehalten werden, daß der über die sog. Lügenskala ermittelte Wert für die Schüler der Experimentalgruppe im Verlauf der Untersuchung deutlich angestiegen ist. Er ist allerdings stets signifikant niedriger geblieben als der Wert der Kontrollgruppe. Durch eine genauere Analyse wird weiterhin deutlich, daß der Verlauf der Angstverringerung in den verschiedenen Klassen stark variierte. Wieczerkowski u. a. schreiben diese Unterschiede den Variablen Engagement und Echtheit der Lehrer zu. Aufgrund dieser Befunde – Nichtberücksichtigung der Lügenwerte, Variabilität des Angstverlaufs, geringe Effektstärken und nicht thematisierte theoretische Auswertung – können die Ergebnisse nicht so eindeutig interpretiert werden wie das bei Wieczerkowski u. a. der Fall ist. Tausch

u. a. konnten ihre Ergebnisse nicht statistisch absichern. Da eine solche Absicherung als methodische Minimalforderung angesehen werden kann, muß die experimentelle Hypothese verworfen werden. Damit wird hier die Meinung vertreten, daß durch diese Untersuchung die Befunde von Wieczerkowski u. a. nicht gestützt werden. Fittkau & Langer haben 11 Klassen in ihr Experiment (der Einfluß schriftlicher Ermutigungen unter Klassenarbeiten auf die Prüfungsangst) aufgenommen. Unter Ausschluß des leistungsstärksten Drittels jeder Klasse wurde per Zufallszuweisung eine experimentelle und eine Kontrollklasse gebildet ($n_E = 85$; $n_K = 77$). Für die Experimentalgruppe konnte eine hochsignifikante Differenz ($p<.001$) zwischen Vor- und Nachtestwerten festgestellt werden. Eine Berücksichtigung der Angstverringerung innerhalb der Kontrollgruppe ist nicht erfolgt. Die zeitliche Stabilität des Effektes ist nicht überprüft worden. Ein Vergleich zwischen Experimental- und Kontrollgruppe ist zu Beginn des Versuchs durchgeführt worden, nicht aber nach dem Treatmenteinsatz. Ein selbst durchgeführter Mittelwertsvergleich zeigt, daß sich die beiden Gruppen in ihren Nachtestwerten nicht signifikant unterscheiden. Somit kann auch die eindeutige Schlußfolgerung von Fittkau & Langer, daß Verstärkung ein effektives Treatment zur Verringerung von Schulangst sei, bezweifelt werden. In der Untersuchung von Rost hat sich sowohl für die Verstärkergruppe ($n = 22$) als auch für die Kontrollgruppe ($n = 22$) eine signifikante Differenz zwischen Vor- und Nachtestwert ergeben. Ein Mittelwertsvergleich zwischen beiden Gruppen hinsichtlich der Nachtestwerte hat keine signifikanten Unterschiede aufgedeckt. Die Effektstärken (Omega-Quadrat) sind nicht von 0 verschieden. Dementsprechend interpretiert Rost die signifikante Vortest-Nachtest-Differenz als Regressionseffekt.

Auf der Basis der zu diesem Komplex durchgeführten Arbeiten hat sich m. E. noch kein eindeutiger Beleg dafür ergeben, daß durch das einfache Treatment »Vorgabe von positiven Verstärkungen« Schul- bzw. Prüfungsangst bedeutsam reduziert werden kann!

## 6.2 Angstreduktion durch Imitationslernen

### *6.2.1 Lernen am Modell*

Die theoretische Grundlage: Bandura (1976) hat richtig erkannt, daß die Paradigmen der klassischen und der instrumentellen Konditionierung nicht ausreichen, um menschliches Lernen befriedigend zu erklären. Nach Bandura wird der Prozeß von effektivem und schnellem Lernen nur durch die Berücksichtigung des Prinzips des »imitativen Verhaltens« einsichtig. Modellernen zeichnet sich durch vier interagierende Prozesse aus:

a) Aufmerksamkeitsprozesse: Der Beobachter (Lernende) kann aus einer Menge von Modellen bzw. Stimuli selektiv diejenigen auswählen, denen er Beachtung schenkt bzw. die er nicht beachtet. Folgende Faktoren spielen dabei eine wichtige Rolle:
   - Lernanreiz des modellierten Verhaltens,
   - Motivation,
   - Differenziertheit des Modells,
   - Macht und Ausstrahlungskraft des Modells.

   Dieser kurze Überblick ist ein Beleg dafür, daß die bloße Vorgabe einer modellierten Reaktion nicht automatisch zu deren Imitation führt.
b) Gedächtnisprozesse: Die Ausführung einer gelernten Verhaltensweise ist von der Art ihrer Repräsentation im Gedächtnis abhängig.
c) Motorische Prozesse: Die offene Reproduktion einer symbolisch repräsentierten Verhaltensweise ist vom Vorhandensein der notwendigen motorischen Komponenten abhängig.
d) Verstärkungs- und Motivationsprozesse: Das Lernen am Modell hängt von der Erwünschtheit bzw. vom Verstärkungswert der modellierten Verhaltensweise und der Situation ab. Mittels Imitation können sowohl neue Verhaltensweisen gelernt, im Verhaltensrepertoire befindliche Verhaltensweisen ge- oder enthemmt sowie einfache Verhaltensweisen aufgelöst werden.

#### 6.2.1.1 *Immisch (1972): Umsetzen von Schülern*

Immisch orientiert sich an der Praxis der Verhaltenstherapie. Als zentrales Prinzip wird das Kontiguitätsprinzip herausgestellt. Schulangst ist laut Immisch durch ihren phobischen Charakter gekennzeichnet. Durch die Berücksichtigung des Transferkonzepts wird ein genereller Schulangstabbau, bedingt durch die spezifischen Maßnahmen, prognostiziert. Diese Voraussetzungen können in mehrfacher Hinsicht kritisiert werden:

a) Die Reduktion des Schulangstbegriffs auf den Begriff der Phobie erscheint nicht angemessen.
b) Die Realisierung der Modellbedingung ist, gemessen an theoretischen Überlegungen, nicht gelungen. Durch das Umsetzen hochängstlicher Schüler neben niedrigängstliche ist zwar eine raumzeitliche Kontiguität realisiert; damit ist aber keineswegs sichergestellt, daß die niedrigängstlichen Schüler auch als Modell akzeptiert werden. Berücksichtigt man außerdem, daß Hochängstliche sicherlich auch schon vor Untersuchungsbeginn ausreichend Gelegenheit hatten, niedrigängstliche Mitschüler, die nur wenige Meter von ihnen entfernt sitzen, zu beobachten, dann stellt sich die Frage, wieso sie dies nicht getan haben. Der Ansatz

von IMMISCH wird so den komplexen Interaktionsformen einer Schulklasse nicht gerecht.

Für die Untersuchung wurde eine Stichprobe aus fünf Volks- und Sonderschulklassen des 6.–8. Schuljahres (n = 208) zugrunde gelegt. Mit Hilfe eines Angsttests wurden pro Klasse jeweils die vier Schüler mit der höchsten und die vier mit der niedrigsten Angstausprägung ausgewählt. Im Versuchsplan sind Experimental- und Kontrollgruppen vorgesehen. Sowohl für Kontroll- wie für Experimentalgruppen haben sich signifikante Vortest-Nachtest-Differenzen ergeben. Ein Mittelwertsvergleich zum Nachtestzeitpunkt ist nicht erfolgt. Eine eigene Berechnung ergab keine signifikanten Unterschiede in den Nachtestwerten für beide Gruppen. IMMISCH interpretiert die Ergebnisse dahingehend, daß in der Experimentalgruppe die Angst tatsächlich geringer geworden ist, in der Kontrollgruppe aber ein Regressionseffekt vorläge. Diese Argumentation erscheint uns nicht schlüssig, da für die experimentelle Gruppe ebenfalls eine Berechnung des Regressionseffektes hätte erfolgen müssen.

#### 6.2.1.2 ROST (1977): Versuch einer Replikation

In der bereits angeführten Untersuchung (vgl. 6.1.1.4) wird auch versucht, die Ergebnisse von IMMISCH zu replizieren. ROST hat ebenfalls für experimentelle und Kontrollgruppe signifikante Veränderungswerte festgestellt. Unterschiede zwischen den Gruppen wurden nicht gefunden. ROST interpretiert diese Ergebnisse deshalb als Regressionseffekt.

#### 6.2.1.3 ELBING & ELLGRIN (1977): Umsetzen von Schülern

In Anlehnung an das Habit-Interferenz-Modell von MANDLER & SARASON (vgl. SARASON et al. 1971) wird Angst als Trait-Variable aufgefaßt. Das Experiment von ELBING & ELLGRIN sollte die Ergebnisse von IMMISCH bestätigen. Im Unterschied zu IMMISCH ist aber kein Extremgruppenvergleich erfolgt. Zusätzlich soll in dieser Arbeit untersucht werden, ob die Versetzungsbedingung oder die Modellbedingung für die Veränderung der Angstwerte verantwortlich ist. Aus 10 Klassen wurden 383 Schüler im Alter von 10–14 Jahren als Stichprobe gezogen. Die experimentelle Phase umfaßte einen Zeitraum von 3,5 Jahren, Vor- und Nachtestwerte sind erhoben und über eine 3 × 2 × 2-Varianzanalyse verrechnet worden. ELBING & ELLGRIN konnten einen generellen Effekt der Modellbedingung nicht nachweisen. Lediglich für die HÄ neben NÄ und HÄ neben MÄ in der experimentellen Gruppe und für die MÄ neben MÄ in der Kontrollgruppe haben sich signifikante Differenzen ergeben (HÄ = Hochängstliche; MÄ = Mitteländgstliche; NÄ = Niedrigängstliche). Ein Regressionseffekt ist zwar berechnet, aber in den weiteren Überlegungen nicht mehr berücksichtigt worden. Effektmaße liegen nicht vor.

6.2.1.4 Borchert u. a. (1979): Umsetzen und Verstärkung

In dieser Untersuchung werden die Bedingungen »Umsetzen von Schülern« und »Verstärkung« miteinander kombiniert. Dabei wird neben dem Kontiguitätsprinzip auch die Antizipation von positiven und negativen Konsequenzen bei Schülern mit berücksichtigt. Diese Antizipationen sind als Regulatoren des Imitationslernens konzipiert. Zusätzlich wird das Verhalten der NÄ noch systematisch verstärkt. Aus 30 Klassen mit Lernbehinderten wurden mittels des AFS insgesamt 55 Schüler ausgewählt. Drei Treatments sind realisiert worden:
a) einfaches Umsetzen (HÄ neben NÄ),
b) stellvertretende Verstärkung ohne Umsetzen,
c) Kombination von a) und b).

Eine Kontrollgruppe ist in dieser Untersuchung nicht vorgesehen. Der Verstärker bestand aus einer positiven verbalen Bekräftigung, die jeden 2. Tag vergeben wurde. Signifikante Differenzwerte haben sich nur für die Treatmentbedingungen b) und c) ergeben. Ein signifikanter Mittelwertsunterschied besteht nur für die PA-Skala (eine Skala des AFS). Eine konservative Interpretation legt nahe, daß das allgemeine Umsetzen von Schülern keine oder nur eine geringe Auswirkung auf deren Angst hat. Das Fehlen der Kontrollgruppe erlaubt keine weitergehende Interpretation. Die Meßwertdifferenzen können beispielsweise auch durch reine Test-Retest-Effekte bedingt sein, oder es könnten Regressionseffekte vorliegen.

6.2.1.5 Faust u. a. (1979): Mastery Modell und Coping Modell

Hauptziel der Untersuchung von Faust u. a. ist nicht die Reduktion von Angst, sondern die Steigerung der Leistung. Dabei gehen sie von einer Wechselwirkung zwischen Leistung und Leistungsangst aus. Wird eine Leistungssituation als bedrohlich bewertet, dann erlebt das Individuum auch Angst. Liegt dagegen eine solche Bedrohlichkeitsbewertung nicht vor, dann wird durch die Leistungssituation das hinter dem Angstmotiv liegende Antriebspotential aktiviert, und das Individuum erfährt einen starken Leistungsanreiz. Hat eine ängstliche Person wiederum die Möglichkeit, ein Coping-Verhalten zu beobachten, dann erlebt sie symbolisch mit, wie mit der eigenen Angst umgegangen werden kann. Ein Mastery-Verhalten bietet dem Ängstlichen dagegen keine Hilfe. Aus diesen Annahmen leiten Faust u. a. die Hypothese ab, daß durch die angstreduzierende Wirkung des Coping-Modells ein verstärktes Auftreten personenzentrierter, die Aufmerksamkeit bindender Reaktionen verhindert wird. Die unabhängigen

Variablen im Experiment sind Leistungsangst (HÄ versus NÄ) und Modellverhalten (Coping versus Mastery). Die abhängige Variable ist die Leistungsgüte beim Lösen von Anagrammen. FAUST u. a. haben folgende Ergebnisse gefunden: Die HÄ erzielen unter der Coping-Bedingung Leistungen, die denen der NÄ entsprechen. In der Mastery-Bedingung schneiden sie dagegen am schlechtesten ab. Die Schlußfolgerung von FAUST u. a., daß unter der Coping-Bedingung eine signifikante Reduktion von Angst eingetreten ist, hat nur dann Gültigkeit, wenn die vorausgesetzte U-förmige Beziehung zwischen Angst und Leistung zutrifft. In der Untersuchung sind aber die Angstveränderungswerte selbst nicht kontrolliert worden. Wegen der gewählten Leistungsaufgabe erscheint eine einfache Übertragung der Resultate auf normale schulische Leistungssituationen problematisch. Andererseits macht aber gerade diese Untersuchung deutlich, daß ein einfaches Umsetzen von Schülern zur Verringerung von Angst nicht ausreicht.

## 6.3 Angstreduktion auf attributionstheoretischer Grundlage

### *6.3.1 Zentrale Annahmen attributionstheoretischer Ansätze*

Individuen schreiben Ereignisse und Verhaltensweisen (eigene sowie fremde) bestimmten Ursachen zu. Die Funktion dieser Ursachenzuschreibung besteht dann, die Umwelt und die darin agierenden Individuen zu verstehen, Prognosen zu ermöglichen und Kontrolle der Umwelt zu erzielen dadurch, daß kausale Beziehungen zugrundegelegt werden. Attributionstheoretische Ansätze fragen nach den Dimensionen, auf denen mögliche Ursachen angeordnet werden können, nach den Umweltereignissen, die Ursachenzuschreibungen auslösen können, nach interindividuellen Differenzen und intraindividuellen Variationen.

#### 6.3.1.1 DECHARMS (1973): Das Origin-Pawn-Konzept

Ziel der Untersuchung ist die Entwicklung und Förderung des Erlebens eigener Verursachung. Individuen können auf einer Origin-Pawn-Dimension eingeordnet werden. Grob skizziert besagt diese Dimension folgendes: Ein Origin erlebt sich i.a. als Initiator und Verursacher einer Handlung (bzw. eines Handlungsergebnisses). Ein Pawn sieht sich i.a. dagegen eher von externen Kräften getrieben. Das Trainingsprogramm von DE CHARMS zielt darauf ab, daß sich Individuen stärker als Origins begreifen. Da in dieser Untersuchung Angst (bzw. Prüfungsangst) als Variable keine Rolle spielt, werden die Ergebnisse nur als Hinweis darauf gewertet, daß Motivänderungen mittels solcher Attributionsprogramme möglich sind. In den experimentellen Klassen konnte dementsprechend auch eine Verbesserung des Origin-Klimas hergestellt werden.

6.3.1.2. Ross u. a. (1980): Angstreduktion durch Fehlattribution

In diesem Laborexperiment wird Angst durch Fehlattribution manipuliert. Grundlage sind die Überlegungen von Schachter (1964), der davon ausgeht, daß die kognitiven und die physiologischen Komponenten von Gefühlen voneinander unabhängig sind. Allein durch das Kontiguitätsprinzip kann dann vom Individuum eine Relation zwischen beiden hergestellt werden. Eine weitere Hypothese von Schachter lautet, daß ein physiologisch erregtes Individuum aktiv nach einer kognitiven Erklärung für seinen Erregungszustand sucht (Begriff der emotionalen Plastizität). Ross u. a. haben als Stichprobe 40 Versuchspersonen ausgewählt, denen elektrische Schläge angekündigt wurden. Dadurch wurde bei den Versuchspersonen Angst erzeugt. Gleichzeitig dazu erlebten sie starken Lärm. In einer Lärmattributionsbedingung erhielten die Versuchspersonen dann Informationen über Nebenwirkungen von starkem Lärm. Ihnen wurden Symptome geschildert, die denen von Angst entsprechen. Diese Gruppe hat damit eine glaubwürdige Erklärung für ihren Erregungszustand erhalten. Den Versuchspersonen der Schockattributionsbedingung wurden dagegen Symptome mitgeteilt, die den zu erwartenden Angstzuständen nicht entsprechen (z. B. Müdigkeit). Nur 10 % der Versuchspersonen der Lärmattributionsbedingung berichten danach von Angstgefühlen. In der Schockattributionsbedingung sind es dagegen 75 % der Versuchspersonen. Anschließend wurden die Versuchspersonen aufgefordert, ein Puzzle zu lösen. Ross u. a. haben erwartet, daß eine höhere Angst auch positiv mit dem Zeitaufwand zum Lösen des Puzzles korreliert. Diese Hypothese konnte bestätigt werden. Dieses Experiment zeigt, daß durch die gezielte Änderung von Kognitionen Angst gesenkt werden kann. Für den Bereich der Schulangst müssen aber Einschränkungen gemacht werden, da dort i.d.R. keine so eindeutigen Stimuli wie im genannten Experiment vorliegen. Eine Untersuchung von Nisbett & Schachter (1966) hat außerdem gezeigt, daß es bei hochängstlichen Personen anscheinend nicht gelingt, Fehlattributionen zu erzeugen. Die Autoren führen dies darauf zurück, daß in diesem Fall die Grenzen der Plausibilität für die vorgegebenen Ursachen überschritten werden. Aufgrund der Lerngeschichte ist die Assoziation von physiologischer Reduktion und kognitiver Erklärung fest im Individuum verankert. Gerade diese Bedingung dürfte auch für schulische Leistungssituationen typisch sein. Holroyd (1978) überprüfte analog zu diesen Überlegungen die Wirkung einer medikamentösen Behandlung auf die Attributionsveränderung in Leistungssituationen. Eine entscheidende Verringerung der Prüfungsangst konnte er nicht feststellen.

6.3.1.3 Dweck (1975): Erlernte Hilflosigkeit

Dweck geht in seinen Überlegungen von dem Phänomen aus, daß eine bestimmte Gruppe von Kindern nach einem Mißerfolg nicht mehr in der Lage ist, eine gestellte Aufgabe angemessen zu lösen, obwohl sie aufgrund ihrer Motivation und ihrer Fähigkeiten dazu in der Lage sein müßte. Diese Kinder sind u. a. dadurch charakterisiert, daß sie für ihre Handlungsergebnisse keine Verantwortung übernehmen oder ihre Mißerfolge hauptsächlich auf mangelnde Begabung und nicht auf mangelnde Anstrengung attribuieren. Diese Attributionsvoreingenommenheit soll in der Untersuchung von Dweck geändert werden. Dazu wurden in einem Laborexperiment 12 extrem hilflose Kinder zu einer Trainingsgruppe zusammengefaßt. Ein Teil dieser Kinder absolvierte ein Attributionstraining, ein anderer Teil ein reines Erfolgstraining. Eine Kontrollgruppe erhielt kein Training. Das Attributionstraining hat eine Umorientierung auf Anstrengungsattribution bewirkt. Bei den TASC-Daten (Angst-Skala) konnte ein leichter, nicht signifikanter Rückgang festgestellt werden. Damit hat sich bei diesem Experiment erwiesen, daß Attributionsveränderungen trainierbar sind. Inwieweit dies auch für eine Reduktion von Schulangst genutzt werden kann, bleibt noch offen.

6.3.1.4 Krug & Hanel (1976): Trainingsprogramme zur Motivänderung

Ausgangspunkt dieser Untersuchung ist die Unterscheidung von Individuen in Erfolgs- und Mißerfolgsmotivierte. Krug & Hanel nehmen an, daß Motivänderungen erreicht werden können, indem der Mißerfolgskreislauf (Setzen unrealistischer Ziele → Mißerfolgsattribution auf mangelnde Fähigkeit → stabiles mißerfolgsmotiviertes Leistungsverhalten) unterbrochen wird. Das Trainingsprogramm hat dementsprechend folgende Ziele:

a) Setzung realistischer Ziele,
b) Änderung der Ursachenzuschreibung,
c) Erhöhung der Selbstbekräftigungsrate.

Als Ergebnis dieses Programms wird ein Leistungsverhalten erwartet, welches in nur geringem Ausmaß durch Mißerfolgsbefürchtungen gesteuert wird. Werden diese Ziele erreicht, dann ist auch eine Angstreduktion in Leistungssituationen zu erwarten. 9 Versuchspersonen (Schüler des 4. Schuljahres) wurden der Trainingsgruppe zugewiesen; durch eine Kontrollgruppe (n = 9) sollten Erwartungs- und Hawthorne-Effekte[1] kontrolliert

[1] Hawthorne-Effekt: Einfluß von – z. B. durch den Versuchsleiter erhaltener – Aufmerksamkeit, Anerkennung, Lob ... auf das Verhalten (von Versuchspersonen)

werden. Zusätzlich wurde noch eine weitere Kontrollgruppe (n = 12) berücksichtigt. Das Trainingsprogramm selbst umfaßte 16 Sitzungen. Hinweise darauf, daß sich während der Untersuchung die Angst verringert hat, ergaben sich aus der signifikanten Attributionsveränderung auf Anstrengung und aus dem Rückgang der Meiden-Tendenz in der Experimentalgruppe. Das gleiche Programm ist von KRUG u. a. (1977) auch im Sonderschulbereich überprüft worden. Eines der Resultate belegt dabei die signifikante Verringerung von Angst (AFS). Dieser Effekt hat sich auch in einer nach einem Jahr erfolgten erneuten Messung als stabil erwiesen. Eine Berechnung der Effektstärke ist allerdings im nachhinein nicht mehr möglich.

#### 6.3.1.5 HERKNER u. a. (1980): Veränderung der Selbstverbalisierungen

HERKNER u. a. sehen Verhalten als abhängig von Selbstverbalisierungen. Solche Selbstverbalisierungen sind Erwartungen, Bewertungen u. ä. Eine Änderung solcher Selbstverbalisierungen erscheint möglich durch die Änderung der zugrundeliegenden Attributionsmuster. Individuen können in positive und negative Selbstverbalisierer differenziert werden. Dies entspricht in etwa der Unterscheidung von Erfolgs- und Mißerfolgsorientierten. In der Untersuchung werden zwei Trainingsprogramme evaluiert. Trainingsprogramm I versucht, günstige Attributionen auf der Dimension »Ort der Kontrolle« zu vermitteln, Programm II verfolgt analoge Ziele auf der Dimension »Stabilität«. Jedes Programm ist wiederum in drei Phasen untergliedert:

a) Selbstverbalisierungen in verschiedenen Situationen,
b) Diskussion von Attributionsmöglichkeiten,
c) Diskussion zielführender Handlungen.

Die Variable Angst wurde mit den Instrumenten PAS (Prüfungsangstskala), MAS (Manifeste-Angst-Skala) und einer einfachen zehnstufigen Ratingskala erfaßt. Für die beiden experimentellen Gruppen wurde eine signifikante Verringerung von Angst festgestellt.

## 6.4 Bezugsnormorientierung

### *6.4.1 RHEINBERG u. a. (1979): Lehrertraining*

Vor der eigentlichen, sechs Wochen dauernden Intervention wurden Lehrer daraufhin trainiert, im Unterricht verschiedene Bezugsnormen zu realisieren. Eine der Hypothesen der Untersuchung behauptet, daß Kinder, die unter sozialer Bezugsnormorientierung unterrichtet werden, höhere

Prüfungsangst aufweisen als Kinder unter individueller Bezugsnormorientierung. Die Ergebnisse der Untersuchung bestätigen die Hypothese auch vordergründig: Nach der Interventionsphase weisen die Schüler, die unter individueller Bezugsnormorientierung unterrichtet wurden, zwar einen geringeren Angstwert auf als die Schüler, die unter sozialer Bezugsnormorientierung unterrichtet wurden. Außerdem unterscheiden sich auch die Vortest-Nachtest-Werte signifikant. Diese Unterschiede sind allerdings auf die Steigerung der Angst bei den Schülern unter sozialer Bezugsnormorientierung zurückzuführen. Die Forschungshypothese wird deshalb als widerlegt betrachtet.

### *6.4.2 Rheinberg u. a. (1980): Training von Primärvariablen*

In dieser Untersuchung werden bei den Lehrern nicht mehr alle bezugsnormorientierten Variablen trainiert, sondern nur noch sogenannte Primärvariablen. Damit ist hauptsächlich die Art des Leistungsvergleichs durch den Lehrer angesprochen. Durch diese Maßnahme konnte bei den Schülern die Prüfungsangst signifikant verringert werden, wobei bei den leistungsschwachen und bei den durchschnittlichen Schülern der stärkere Angstrückgang gefunden wurde. Effektmaße sind allerdings nicht berechnet worden. Außerdem fehlt in dieser Untersuchung eine Kontrollgruppe. Dadurch können die Ergebnisse nur vorsichtig interpretiert werden.

### *6.4.3 Rheinberg (1980 b) und Rheinberg & Peter (1982): Eine langfristig angelegte Interventionsstudie*

Diese Untersuchung zur Bezugsnormorientierung umfaßt einen Zeitraum von zwei Jahren. Zu Untersuchungsbeginn wurden die einzelnen Klassen neu zusammengestellt. Ein Teil dieser Klassen wurde von Lehrern mit individueller Bezugsnormorientierung, der andere Teil von Lehrern mit sozialer Bezugsnormorientierung unterrichtet. Als Meßinstrument für Schulangst wurde der AFS verwendet. Die erwartete Verringerung der Angstwerte konnte für die PA-Skala statistisch abgesichert werden. Für die MA-Werte zeigt sich zum ersten Meßzeitpunkt eine gleichlaufende, aber nicht signifikante Tendenz. Zum letzten Meßzeitpunkt (nach zwei Jahren) waren die Unterschiede zwischen den Gruppen stabil, außerdem gelang auch die statistische Absicherung der MA-Veränderung. Abgesehen von Fragen der Durchsetzbarkeit der individuellen Bezugsnormorientierung und eher marginalen Problemen des Bezugsnormorientierungswechsels ergeben sich durch diese Untersuchungen Hinweise dafür, daß Schulangst durch eine individuelle Bezugsnormorientierung verringert werden bzw. von vornherein teilweise verhindert werden kann.

## 6.5 Eine Interventionsstudie auf der Basis der Prüfungsangsttheorie von JACOBS

### *6.5.1 Jacobs & Bedersdorfer (1982): Reduktion von Ambiguität*

Jacobs & Bedersdorfer gehen davon aus, daß für einen Prüfling einmal Ambiguität hinsichtlich der Anzeichen bestehen kann, die einen Gefahrenstimulus ausmachen. Werden Individuen danach klassifiziert, ob sie eher optimistisch oder eher pessimistisch eingestellt sind, dann kann für letztere angenommen werden, daß sie in einer Gefahrensituation (Prüfung) stärkere Bedrohung wahrnehmen als optimistisch eingestellte Prüflinge. Besteht außerdem Ambiguität hinsichtlich des Problems, mit welchen Handlungsstrategien einer bereits vorliegenden Bedrohung zu begegnen ist, dann wird von Ambiguität im Secondary-Approach gesprochen. Nach Jacobs & Bedersdorfer führt eine solche Mehrdeutigkeit zwangsläufig zu einem Anstieg der wahrgenommenen Bedrohungsintensität. In ihrer Untersuchung versuchen die Autoren, Angst dadurch zu reduzieren, daß sie vor einer Prüfung (Klausur) die Transparenz für die Teilnehmer erhöhen. Als besonders intensive Gefahrenreize werden dabei die Klausurinhalte, die möglichen aversiven Konsequenzen der Prüfungsergebnisse und die Art und Weise der Prüfungsvorbereitung identifiziert. An diesen Faktoren setzen die transparenzerhöhenden Maßnahmen ein. Ziel ist die Reduzierung der Bedrohungswahrnehmung. Das Treatment besteht aus einem Informationspapier, das in der experimentellen Gruppe ausgeteilt wird. Bei Berücksichtigung der genannten Personenmerkmale ist die größte Angstverringerung dann zu erwarten, wenn zuvor bestehende ungünstige Erwartungen durch das »Info« widerlegt werden können. Zur Uberprüfung dieser Hypothesen wurde eine Experimental- und eine Kontrollgruppe gebildet ($n_E = 17$; $n_K = 15$). Die Prüfung hatte für beide Gruppen die gleiche objektive Bedeutung, die vorangegangenen Seminarinhalte waren für die beiden Gruppen jedoch verschieden. Zwischen beiden Gruppen bestand ein weiterer Unterschied dahingehend, daß die Kontrollgruppe eine Woche und die experimentelle Gruppe zwei Wochen Zeit zur Prüfungsvorbereitung hatten (d. h. die Experimentalgruppe erhielt zwei Wochen vor der Prüfung das »Info«-Papier). Beide Gruppen wurden zu Beginn der Untersuchung verglichen. Die Transparenzerhöhung durch das »Info« führte zu einer signifikanten Verringerung der Angst bis zum Klausurbeginn. Eine gleichlaufende, nicht signifikante Tendenz konnte allerdings auch für die Kontrollgruppe festgestellt werden. Bei Klausurbeginn konnten keine signifikanten Unterschiede zwischen den Gruppen festgestellt werden. Von einer eindeutigen Bestätigung der Hypothesen kann damit nicht gesprochen werden. Man kann allerdings erwarten, daß bei Berücksichtigung der in der Theorie genannten zusätzlichen Faktoren

Transparenzerhöhung in Kombination mit anderen Maßnahmen ein erfolgversprechendes Instrument zur Reduzierung von Schulangst sein könnte (JACOBS, BEDERSDORFER & BOHSE-WAGNER 1983).

## 6.6 OLECHOWSKI & SKRETENOVIC (1983): Innere Schulreform

Bei OLECHOWSKI & SKRETENOVIC u. a. wird Schulangst relativ global definiert als das Empfinden von Bedrohung und Verlust, ausgelöst durch die Institution Schule: Prüfungsangst ist dabei eine besondere Form allgemeiner Schulangst. Als konkrete Maßnahme gegen diese Angst wird eine »Innere Schulreform« angestrebt. Dabei soll den Schülern verdeutlicht werden, daß Prüfungen nicht per se einen angsterzeugenden Charakter besitzen, sondern diesen erst durch ihre institutionelle und soziale Bedeutung erhalten. Voraussetzung zur Realisierung dieses Ziels ist ein Lehrerverhaltenstraining. Dieses Training ist in mehrere Abschnitte untergliedert:

a) Verständlichkeitstraining: Prüfung von Lehrbuchtexten mit anschließender Umformulierung,
b) Prüfertraining: Training der Fähigkeit, Ermutigungen zu formulieren,
c) Training der individuellen Bezugsnorm,
d) Klimatraining: Training der Fähigkeit, ein allgemein angstfreies Klassenklima zu erzeugen. Dies kann beispielsweise durch die Verbalisierung von Angst im Unterricht ermöglicht werden.

Zusätzlich wurden noch konkrete Unterrichtsmaßnahmen durchgeführt:

a) Ausgabe eines Übungsblattes je Unterrichtseinheit,
b) Umgestaltung der schriftlichen Prüfungen.

Das Übungsblatt soll dem Schüler einerseits eine Rückmeldung über den jeweils erreichten Leistungsstand liefern und außerdem die Voraussetzungen dafür schaffen, mit gezielten Maßnahmen rasch intervenieren zu können. Die *schriftlichen Prüfungen* wurden in vier Punkten geändert:

1. Lehrzielorientierte Aufgaben,
2. Komplexitätsreduktion der Aufgaben,
3. Bewertung nach einem bekannten Notenschlüssel,
4. Vorgabe von Aufgabe mittlerer Länge. Dabei wird auf eine Zeitbegrenzung verzichtet.

An einer Stichprobe von 2500 Schülern des 6. Schuljahres wurde die Hypothese, daß durch diese »Innere Schulreform« Angst wirksam verhindert werden kann, überprüft. Außerdem nahmen 70 Lehrer an diesem Versuch teil. Vpn-»Schwund« reduzierte die Stichprobe auf 1420 Schüler. Die Lehrer wurden von den Schülern nach dem Ausmaß, in dem sie Angst (TASC) erzeugen, eingeschätzt. Anhand dieser Schätzwerte wurden sie dann in drei Gruppen eingeteilt (Parallelisierung):

A.: Lehrertraining, Information über die unterrichtsbezogenen Maßnahmen,
B.: Unterrichtsbezogene Maßnahmen, Lehrertraining,
C.: Kontrollgruppe.

Als abhängige Variablen wurden Angst (AFS/TASC), Anstrengungsvermeidung und Pflichteifer (beide über den Anstrengungsvermeidungstest AVT) sowie Schulleistung erhoben. Das Treatment selbst dauerte 6–12 Wochen. Die Hypothesen hinsichtlich der Reduktion von PA (Prüfungsangst) und MA (manifeste Angst) konnten nicht bestätigt werden. Als Grund dafür wird der kurze Interventionszeitraum vermutet.

## 6.7 Zusammenfassung und Auswertung

Im Rahmen dieses Berichtes soll keine ausführliche kritische Würdigung der referierten Studien vorgenommen werden. Wir beschränken unsere Auswertung auf einige, in unseren Augen jedoch wesentliche Aspekte:

- Fehlende theoretische Fundierung:
  In der Interventionsforschung hat sich in den vergangenen Jahren zunehmend die Auffassung durchgesetzt, daß sich effiziente und langfristige Einstellungs-, Motiv- und Verhaltensänderungen auf Dauer nicht ohne Berücksichtigung intern ablaufender Prozesse erreichen lassen. Obwohl einigen der vorgestellten Untersuchungen auf den ersten Blick theoretische Überlegungen zugrunde liegen (vgl. Verstärkungskonzept, Lernen durch Beobachtung), zeichnen sich diese durch weitgehend empirisches Vorgehen aus. Die in der Theorie postulierten internen Bedingungen bleiben letztendlich außer acht, oder aber es wird nicht reflektiert darüber, ob und inwieweit die externen Variablen die in der Theorie formulierten Konstrukte repräsentieren.
- Keine systematische Technologiebildung:
  Eine wissenschaftstheoretisch befriedigende Konzeption für die Technologiebildung im sozialwissenschaftlichen Bereich liegt bislang nicht vor, einige der in der Literatur diskutierten Modelle zeigen jedoch zumindest Möglichkeiten einer praktischen Handhabung auf (vgl. Schäfer 1982; Bohse-Wagner 1982). In keiner der Studien wird auf ein systematisches Konzept der Technologiebildung zurückgegriffen oder ein solches entwickelt. Bei der Formulierung und Entscheidung technologischer Aussagen bleiben die institutionellen Rahmenbedingungen von Schule ebenso unberücksichtigt

wie situative und längerfristige Merkmale von Angst. Ähnliches gilt für eine Einbeziehung von Lehrern in die Technologieplanung.

- Methodische Anmerkungen:
  Keine der Studien erfaßt die geplanten Veränderungen zu mehreren Meßzeitpunkten; Aussagen über längerfristig wirksame Effekte sind nicht möglich. Sofern bei der Konzipierung der Untersuchungen theoretische Überlegungen angestellt werden, werden diese im methodischen Aufbau und der Versuchsplanung nicht weiter berücksichtigt oder überprüft.

## 6.8 Ausgewählte Arbeiten zum Thema »Schulangst« seit 1984

### *6.8.1 1985*

**Knapp, Andreas (1985 a): Leiden Schüler unter großen Schulen?**
In einer Längsschnittuntersuchung an 23 Haupt- und Gesamtschulen wurde überprüft, ob sich die mit dem »Angstfragebogen für Schüler« ermittelte Schulangst von der Einschulung der Schüler an über ein Jahr hinweg an verschieden großen Schulen unterschiedlich entwickelt. Schulgröße wurde dabei als ein theoretisches Konstrukt konzipiert, das Räumlichkeiten, Sachmittelausstattung, personelle Ausstattung und Besonderheiten wie beispielsweise Schülergruppierungen umfaßte. In einer zweifaktoriellen Varianzanalyse mit den Faktoren Meßwiederholung und Schulgröße konnte der hypothetisch erwartete Einfluß der Interaktion auf die Schulangst nur in Hauptschulen nachgewiesen werden, in Gesamtschulen nicht. Es wird angenommen, daß die vermuteten Prozesse abhängig von der Schulart ablaufen. (Zeitschrift – ZPID)

**Knapp, Andreas (1985 b): Über die Auswirkungen des Organisationsklimas von Lehrerkollegien an großen und kleinen Schulen auf die Wahrnehmung des Lehrerverhaltens im Unterricht durch Schüler.**
In einer einjährigen Längsschnittstudie wird eine Hypothesenkette, die einen sukzessiven Einfluß der Schulgröße über die Variablen »Lehrerwahrnehmung von Schulleiterverhaltensweisen (Organisationsklima)« und »Schülerwahrnehmung von Lehrerverhaltensweisen« auf die Schulangst der Schüler vorhersagt, überprüft. Insgesamt wurden 390 Lehrer und 576 Schüler der fünften Klasse aus 48 verschieden großen Haupt- und Gesamtschulen befragt. Die Ergebnisse zeigen, daß nur in kleineren Hauptschulen ein negatives Organisationsklima in die Schulklassen übertragen wurde, was zu einer Veränderung der Schülerwahrnehmung und im Laufe der Zeit zu einer erhöhten Schulangst führte. Für die Gesamtschulen konnte die Hypothesenkette nicht bestätigt werden. Verschiedene Interpretationen für den schulartabhängigen Effekt werden diskutiert. (Zeitschrift/Michael Gerards – ZPID).

**Krämer, Helmut (1985): Pädagogisch-psychologische Hilfen für versagensängstliche Schüler – aufgewiesen an Fallbeispielen.**
Mit Hilfe eines Analyseschemas zur Erfassung von angstauslösenden Situationen im Schulbereich werden die komplexen Symptome und Ursachen versagens- oder schulängstlichen Verhaltens zusammengefaßt und pädagogisch- psychologische Hilfen aufgezeigt. An einzelnen Fallbeispielen wird insbesondere die Bedeutung von Beratungsgesprächen mit Eltern im Zusammenwirken mit der Individualbetreuung von Schülern verdeutlicht. (Michael Gerards – ZPID).

**Krohne, Heinz W. (1985): Angstbewältigung in Leistungsituationen**
Untersuchungsgegenstand ist die unterschiedliche Fähigkeit von Menschen, ihre Angst zu meistern. Es werden verschiedene Aspekte zum Thema Angstbewältigung vorgestellt, wie beispielsweise (1) Probleme der Messung von Angstbewältigung, (2) die Rolle der Situation, in der Angstbewältigung gefordert ist, (3) Angstbewältigung in typischen Streßsituationen des Alltags und (4) Entwicklungsbedingungen der Angstbewältigung sowie Möglichkeiten der Veränderung dieser Bedingungen.

**Tippelt, Rudolf (1985): Die emotionale und soziale Dimension im Unterricht.**
Es wird festgestellt, daß in der pädagogischen Unterrichtsforschung ein Defizit hinsichtlich der Analyse gefühlshaft bestimmten Verhaltens und Erlebens besteht. Anschließend wird auf einige Konsequenzen der Lernmotivationsforschung für ein aktives und engagiertes Schülerverhalten eingegangen. Die Beiträge diverser Sozialisationstheorien zur Erhellung emotionaler Sozialisation werden kurz dargelegt (phylogenetische, lerntheoretische, psychoanalytische, sozialkognitive und interaktionistische Ansätze). Eine besondere Gewichtung erfährt dabei der Beitrag der sozialkognitiven Unterrichtstheorie. Abschließend werden einige pädagogische Handlungsmöglichkeiten und curriculare Anregungen herausgearbeitet, die geeignet sind, Schulangst und Schulmüdigkeit entgegenzuwirken und ein interessenbezogenes Lernen zu unterstützen. (Autor – ZPID)

### *6.8.2 1986*

**Herrmann, Peter (1986): Validität von Angstindikatoren im Grundschulalter (1 b bis 3. Schuljahr).**
Untersucht wird Angst als emotionale Kategorie sowie als psychologisches Konstrukt in ihrer Qualität und in der Häufigkeit ihres Auftretens im Grundschulalter. Es werden Indikatoren aufgezeigt, die zur Fundierung einer psychologischen und psychometrischen Diagnostik der Angst dienen können. Die Arbeit stützt sich auf Daten zweier Untersuchungsreihen, die mit Hilfe des Angstbilderfragebogens (AFB 1–3) durchgeführt worden

sind. Insgesamt konnten die Befunde der Angstforschung zu alters- und geschlechtsspezifischen Differenzen bestätigt werden. Folgende Dimensionen der Angst im Grundschulalter konnten formuliert werden: 1. eine narzißtische Dimension als Ausdruck der Verlust- und Trennungsangst, 2. eine symbiotische (depressive) Dimension als Ausdruck der Angst vor Liebesverlust, 3. Leistungs- und Prüfungsangst als Ausdruck der Angst vor Strafe bei hoher Energetisierung, Psychosomatisierung und Aggressionsabwehr und 4. eine nur inhaltlich definierbare Angst vor dem Verlust der körperlichen Integrität. Als wichtigste Dimensionen erwiesen sich in der vorliegenden Altersstruktur symbiotische und narzißtische Ängste, die zugleich Ausdruck früher Ich- Störungen sind und sich auf weite Verhaltensbereiche generalisieren.

**Knapp, Andreas (1986): Der Zusammenhang von elterlichem Engagement für Schule und Schulleistung mit Einstellungen und Selbstwahrnehmungen der Kinder.**
In einer Untersuchung an 23 Haupt- und Gesamtschulen wurde bei insgesamt 301 Schülern und ihren Eltern überprüft, ob die Entwicklung des Selbstwertgefühls, der Angstfreiheit, der Einstellung zum Lernen und die prosoziale Motivation der Kinder durch das elterliche Engagement für Schule und Schulleistung beeinflußt wird. Elternengagement wurde nach Fend als Konstrukt definiert, das (1) das Ausmaß erfaßte, mit dem sich die Eltern bei Elternversammlungen, bei Lehrern und beim Kind über schulische Angelegenheiten informierten, und (2) Lob und Tadel bei Noten als das Engagement beschreibt, mit dem Eltern gute und bessere Schulleistungen ihrer Kinder zu erreichen versuchen. Bei den Kindern wurden zur Erhebung der abhängigen Variablen der »Fragebogen zum Selbstkonzept«, der »Angstfragebogen für Schüler«, der »Fragebogen Einstellung zum schulischen Lernen« und der »Konkurrenzfragebogen für Schüler« eingesetzt. In einer zweifaktoriellen Varianzanalyse konnte der hypothetisch erwartete Einfluß auf die abhängigen Schülereinstellungen und -wahrnehmungen nur bei Gesamtschülern nachgewiesen werden, bei Hauptschülern nicht. Das zeigt, daß die vermuteten Einflüsse abhängig von der Schulart wirken.

**Löser, Walter (1986): Einflußfaktoren bei (Schul-)Angst in der ersten Phase der Orientierungsstufe.**
Die Arbeit versucht anhand einer Feldstudie an 10- bis 11 jährigen Schülern insbesondere das Zusammenwirken kognitiver und psychologischer Aspekte zu erklären und zu berücksichtigen, die zu Schulangst führen. Da Schulangst weder auf Prüfungsangst noch auf Leistungsangst eingeengt werden kann, sondern i.A. eine Erfahrung darstellt, bei der soziale Bedrohungen im Mittelpunkt stehen, sieht der Autor eine schulartunabhängige einjährige Orientierungsstufe als überzeugendste Lösung an. Darüberhin-

aus müssen die Fortentwicklung des Selbstbewußtseins der Schüler sowie eine weitreichende Selbstbestimmung gefördert werden.

**SCHMITT, Dorothee (1986): Angst abbauen, anders prüfen.**
Im Mittelpunkt des Interesses steht die Entwicklung einer neuen, andersartigen Prüfungsform, die die subjektive Zufriedenheit des Schülers langfristig erhöht, ohne die Leistungen und die Leistungsbereitschaft selbst negativ zu beeinflussen. Es werden folgende wichtige Maßnahmen vorgeschlagen: (1) Förderung der Transparenz von Prüfungsanforderungen, – bedingungen und – modalitäten, (2) Förderung der Transparenz von Bewertungsrichtlinien und (3) Förderung der Transparenz der Konsequenzen der Leistungsbewertungsrichtlinien. Eine weitere fördernde Maßnahme zur Reduktion der Schulangst ist eine stärkere Gewichtung der sachlichen in Kombination mit der individuellen Bezugsnorm bei der Beurteilung von Schülerleistungen.

*6.8.3 1987*

**REICHART, Wilfried (1987): Geschlecht, Selbsteinschätzung, Zufriedenheit mit dem Lehrer, Lehrerurteil und Konkordanz als Determinanten der Schulangst.**
Die Bedeutung der fünf Variablen Geschlecht, Selbsteinschätzung, Zufriedenheit, Lehrerurteil sowie Kongruenz der Lehrer- und Schülerurteile auf die Höhe der Schulangst wird untersucht. Es fand eine Fragebogenerhebung an 805 Grundschülern statt. Als Ergebnis konnten in der Gesamtstichprobe statistisch signifikante Beziehungen zwischen den unabhängigen Variablen und den Schulangstwerten ermittelt werden. Bei Teilstichproben wurden diese Beziehungen nicht mehr in derselben Form gefunden: Mädchen zeigten im Vergleich mit Knaben durchschnittlich mehr Schulangst, waren aber gleichzeitig zufriedener mit ihren Lehrern und hatten eine positivere Selbsteinschätzung. Des weiteren wurden sie auch von ihren Lehrern als leistungsfähiger und integrierter eingestuft. Damit lagen über die quantitativen Unterschiede der Schulangst hinaus auch qualitative Unterschiede vor. Über geschlechtsspezifische Rollenerwartungen bei der Sozialisation wurden unterschiedliche Erwartungen herangetragen und verarbeitet. Die geschlechtsspezifischen Handlungsparameter werden folgendermaßen zu erklären versucht: Aus einer höheren sozialen Anpassungsbereitschaft wird bei Mädchen eine höhere Schulangst generiert. Aus dieser Angst heraus, nicht zu entsprechen, resultiert wiederum mehr soziale Anpassungsbereitschaft und verstärkte Leistungsorientierung. Für Knaben kann man annehmen, daß sie diese Dissonanz zwischen den Lehrer- und Elternerwartungen in ihrer Selbsteinschätzung nicht wahrnehmen und aus ihrer realistischeren Selbsteinschätzung in den sich selbst verstärkenden Regelkreis nicht eintreten.

**Dönhoff-kracht, Doris & DÖNHOFF, Knut (1987): Schulangst und Lernbehinderung – eine empirische Studie.**
Im Anschluß an eine Übersicht zu Befunden über Schulangst bei Lernbehinderten wird in einer experimentellen Studie überprüft, ob verschiedene Angsttests, die für den Einsatz bei Regelschülern konzipiert sind, auch bei lernbehinderten Schülern angewendet werden können. Dazu bearbeiteten insgesamt 588 Schüler der Klassenstufen sechs bis zehn den »Angstfragebogen für Schüler« (AFS), den »Kinder-Angst-Test« (KAT), den »Schulangst-Test« (SAT) und den »Fragebogen für Schüler« (FS 5–10). Zusammenhänge der Testergebnisse untereinander sowie geschlechts-, schulstufen- und altersspezifische Ausprägungen wurden analysiert und mit den entsprechenden Werten der Eichstichprobe verglichen. Für drei der Tests (AFS, KAT, FS 5–10) konnte die Einsetzbarkeit bei Lernbehinderten mit gewissen Einschränkungen nachgewiesen werden; für den SAT lagen keine Angaben über Gütekriterien vor. Bei Mädchen wurden allgemein höhere Angstwerte ermittelt als bei Jungen. Während sich zwischen bestimmten Angsttestwerten und Intelligenzwerten eine negative Beziehung ergab, konnten keine einheitlichen Zusammenhänge von Schulnoten und Angsttestwerten ermittelt werden. Durchgängig ließen sich keine Unterschiede zwischen den Werten der untersuchten Population und der Eichstichprobe feststellen.

**Fengler, Jörg (1987): Pädagogische Verhaltensmodifikation.**
Nach einer Erläuterung der theoretischen Grundlagen der Lerntheorie und Verhaltensmodifikation wird im Überblick über die Verhaltensdiagnostik und Verhaltensmodifikation bei verschiedenen pädagogisch relevanten Störungen informiert. Das diagnostische und therapeutische Vorgehen bei (1) Verhaltensauffälligkeiten allgemein, (2) Problemen beim Unterrichtsbeginn, (3) Störungen des Arbeitsverhaltens, (4) Störungen der Konzentration und Hypermotorik, (5) Störungen des Unterrichts, (6) Auffälligkeiten im Sozialverhalten und Aggressivität, (7) Störungen des Klassenklimas, (8) Schuleschwänzen und Schulangst sowie (9) Tics und motorischen Beeinträchtigungen wird im einzelnen beschrieben.

### *6.8.4 1988*

**Bedersdorfer, Hans-Werner (1988): Angstverarbeitung von Schülern. Bewältigung von Schulangst und ihre Beeinflussung durch ein pädagogisches Interventionsprogramm.**
Formen des Bewältigungsverhaltens von Schülern, deren Häufigkeit und Wirksamkeit werden untersucht. Dazu werden Dimensionen des Bewältigungsverhaltens auf inhaltliche Aspekte von Prüfungssituationen bezogen und differenziert. Ihre empirische Überprüfung erfolgt an einem pädagogischen Programm zum Abbau von Angst in schulischen Leistungssituatio-

nen. Zum Auftreten verschiedener Bewältigungsformen, zu ihren Beziehungen zu Personen- und Situationsmerkmalen, zu ihren Veränderungen im zeitlichen Verlauf und zu den differentiellen Auswirkungen des angewendeten pädagogischen Programms werden Hypothesen entwickelt und geprüft. Die Untersuchung zielt auf die Erkundung von Häufigkeit und Wirksamkeit bestimmter Bewältigungsformen und damit allgemein auf die Möglichkeiten zur Verminderung von situativer und allgemeiner Schulangst. – Aus dem Inhaltsverzeichnis: (1) Allgemeine theoretische Überlegungen zu Bedrohung, Angst und Bedrohungsbewältigung. (2) Ein Klassifikationsmodell möglicher Formen der Bedrohungsbewältigung. (3) Formulierung von Hypothesen auf dem Hintergrund handlungstheoretischer Überlegungen. (4) Die empirische Untersuchung. (5) Ergebnisse auf der Ebene der Bedrohungsbewältigungsreaktionen. (6) Ergebnisse auf der Ebene der Bedrohungsbewältigungsformen. (7) Ergebnisse über Veränderungen im zeitlichen Verlauf. (8) Auswirkungen des Treatments auf Präferenzen und Effizienzen verschiedener Copingformen sowie weitere Merkmale. (9) Zur Coping-Forschung. (10) Zur Beeinflussung der Bedrohungsverarbeitung durch Interventionen.

**FEND, Helmut & HELMKE, Andreas (1988): Zur Verarbeitung ängstigender Erfahrungen im sozialen Kontext: Zur relativen Bedeutung von Elternhaus und Schule.**
Einige ausgewählte Ergebnisse der sogenannten Konstanzer Studien zur schulischen Leistungsangst, in der Erscheinungsformen, Verbreitung, Entstehungsbedingungen und Folgen der Leistungsangst von Schülern untersucht wurden, werden mitgeteilt. Zunächst wird das diesen Studien zugrundeliegende theoretische Modell der Leistungsangst skizziert. Daran anschließend wird auf Probleme bei der Messung von Leistungsangst und angstinduzierender bzw. -mindernder Umweltaspekte eingegangen. Die zentralen erfaßten Variablen (Punitivität der Lehrer, Leistungsdruck, soziale Unterstützung, elterliche Strenge, elterliche Überforderung, elterliche Stabilität, Vertrauen) werden aufgeführt und durch Beispiel-Items illustriert. Die Ergebnisdarstellung bezieht sich auf folgende Aspekte: (1) Verbreitung von schulischer Leistungsangst, (2) schulischer Leistungsstand und Leistungsangst, (3) Rolle des interpretativen Umgangs der Lehrer mit Leistungserwartungen und deren Wahrnehmung durch die Schüler und (4) Bedeutung der Familie. Neben einer Fülle von Einzelergebnissen wurde deutlich, daß psychische Entwicklungen offensichtlich weniger von den sogenannten objektiven Verhältnissen abhängig sind als vielmehr dem individuellen und konkreten subjektiven Umgang mit diesen Verhältnissen.

**Koblitz, Joachim & WENZEL, Guido (1988): Klienteladaptiertes Testen – Entwicklung und Evaluation einer audio- visuellen Präsentationsform von Items zur Erfassung von Prüfungsangst.**
Im Rahmen der Erforschung klientelbezogener Diagnoseverfahren zur Erfassung von Schul- und Prüfungsangst wird zur Messung der Angst in Leistungssituationen ein von der Schriftsprache unabhängiges Erhebungsinstrumentarium entwickelt. Es stellt eine audio-visuelle Umsetzung der 15 Items der Prüfungsangstskala des »Angstfragebogens für Schüler« dar. Anhand eines vierfaktoriellen Designs mit den Variablen (1) Schultyp, (2) Grad der Lesefähigkeit, (3) Geschlecht und (4) Testverfahren ist geprüft worden, inwieweit die audio-visuelle Präsentation von Angstitems für eine bestimmte Schülergruppe, hier Lernbehinderte, der herkömmlichen Darstellungsform überlegen ist. Es zeigte sich, daß die neue Präsentationsform die geeignetere ist, denn sie erwies sich sowohl unter motivationalem als auch anschaulichem Aspekt als überlegen.

**Strittmatter, Peter (1988): Erziehung der Eltern und Schulangst ihrer Kinder.**
Es wird ein Überblick über die Befundlage zum Zusammenhang zwischen elterlichem Erziehungsstil und Schulangst der Kinder gegeben. Zunächst wird ein theoretisches Erklärungsmodell zu diesem Zusammenhang vorgestellt. Als wesentliche Einflußfaktoren werden elterliche Attributionen schulischen Erfolgs oder Mißerfolgs ihrer Kinder sowie die Strenge der schulischen Erziehungsmaßnahmen gesehen. Außerdem wird auf die Bedeutung der Zufriedenheit bzw. Unzufriedenheit der Eltern mit den schulischen Leistungen ihrer Kinder hingewiesen. Die aus diesem Modell abgeleiteten theoretischen Annahmen werden erläutert und einige Ergebnisse einer empirischen Studie werden diskutiert. Aus diesen Ergebnissen wird der Schluß gezogen, daß weniger die objektiven Leistungsergebnisse als vielmehr die subjektive Einschätzung der Leistungsfähigkeit Schulangst begünstigen.

### *6.8.5 1990*

**Strittmatter, Peter (1990): Angstfrei lernen**
Es wird zunächst die Entstehung von Schulangst erläutert und was man dagegen unternehmen kann. Danach werden 4 Bausteine beschrieben, die in enger Zusammenarbeit mit den Lehrern entwickelt wurden, die später diese Maßnahmen in ihrem Unterricht durchführten. Die Bausteine befassen sich mit (1) Angstabbau durch Veränderung der Lehrer-Schüler-Interaktion, (2) Unterrichtseinheit »Angst und Angstabbau«, (3) Angstabbau durch Veränderung im Leistungsbewertungsprozeß und (4) Lern – und Arbeitstechniken. Die Ergebnisse der Evaluation zeigen, daß das Oberziel »Abbau von Schulangst« erreicht worden ist, allerdings konnten die Zwischenziele nicht immer bestätigt werden.

*6.8.6 1994*

**Loibl, Sabine (1994): Schulangst – eine spezielle Lernstörung.**
Zunächst wird eine umfangreiche Definition des Phänomens »Schulangst« gegeben. Desweiteren werden Entstehungsbedingungen von Schulangst genannt, wie beispielsweise (1) das Elternhaus und (2) die Schule. Schließlich wird auf Interventionsmöglichkeiten zur Verminderung von Schulangst eingegangen. Im Mittelpunkt steht eine Interventionsstudie, die Bohse-Wagner und Strittmatter (1985/86) in einem Projekt erarbeiteten. Ziel dieser Bemühungen lag in den Veränderungen der Lehrereinstellungen und Lehrerverhaltensweisen, die für Schüler angsterzeugend wirken, sowie die Verbesserung der Kompetenz der Schüler, solchen Bedrohungen adäquat zu begegnen bzw. diese zu verarbeiten. Das Interventionsprogramm bestand aus den Bausteinen (1) Angstabbau durch Veränderungen der Lehrer-Schüler-Interaktion, (2) Unterrichtseinheit »Angst und Angstabbau«, (3) Angstabbau durch Veränderung im Leistungsbewertungsprozeß und (4) Lern- und Arbeitstechniken.

**Rankl, Gunther (1994): Schulangst.**
Zunächst wird Schulangst umfassend definiert. Was die Diagnose von Schulangst betrifft, werden Fragen behandelt, die sich auf die (a) Situationen, in denen Angst ausgelöst wird, (b) die Art der Äußerung der aktuellen Angsterlebnisse und (c) die Form der Verarbeitung der Angstgefühle beziehen. Schließlich werden auch Interventionsmöglichkeiten vorgeschlagen, wie beispielsweise (1) Vertrauensverhältnis zwischen Lehrer und Schüler als Basis, (2) ein vernünftiges Maß an Disziplin, Motivation und Kontrolle, (3) positive Bekräftigung des Schülers, (4) Ermöglichen von Transparenz, (5) Vermitteln von Lerntechniken, (6) Erarbeitung von Bewältigungsstrategien, (7) Annehmen von Angstgefühlen, (8) Kooperation zwischen Eltern und Lehrer und schließlich (9) Ergreifen therapeutischer Maßnahmen.

## 6.9 Literatur

ANTONS, K. (1976). Praxis der Gruppendynamik. Übungen und Techniken. Göttingen: Hogrefe.

ARBEITSGEMEINSCHAFT LERNMETHODIK (1982). So macht Lernen Spaß. Weinheim u. Basel: Beltz.

BANDURA, A. (1976). Lernen am Modell. Stuttgart: Klett.

BECKER, G. E. (1981). Lehrer lösen Konflikte: Ein Studien- und Übungsbuch. München: Urban & Schwarzenberg.

BEDERSDORFER, H.-W. (1984 a). Lern- und Arbeitstechniken Baustein IV, Teil 2: Informationsmaterial für Lehrer. Unveröffentlichtes Manuskript, Saarbrücken.

BEDERSDORFER, H.-W. (1984 b). Lern- und Arbeitstechniken. Baustein IV, Teil 3: Strukturierungsvorschlag für den Seminarleiter. Unveröffentlichtes Manuskript, Saarbrücken.

BEDERSDORFER, H.-W. (1986). Leichter lernen ohne Angst. Ein Lern- und Arbeitsprogramm zum Angstabbau. SchulPraxis, 6–2/86, 43–47.

BEDERSDORFER, H.-W. & BOHSE-WAGNER, N. (1983). Lehrer-Schüler-Interaktion. Baustein I, Teil 2: Strukturierungsvorschlag für den Seminarleiter. Unveröffentlichtes Manuskript, Saarbrücken.

BEDERSDORFER, H.-W. & JACOBS, B. (1983). Differentielle Analyse von Reaktionen auf die Bedrohung im Vorfeld einer Prüfung. Arbeitsbericht Nr. 17, Bd. 2 aus der Fachrichtung Erziehungswissenschaft. Saarbrücken: Universität des Saarlandes.

BEDERSDORFER, H.-W., BOHSE-WAGNER, N. & SCHÄFER, W. (1983). Lehrer-Schüler-Interaktion. Baustein I. Unveröffentlichtes Manuskript, Saarbrücken.

BEDERSDORFER, H.-W., BOHSE-WAGNER, N. & STRITTMATTER, P. (1984). Kurs »Leichter lernen« – Ein Programm für Schüler. Baustein IV, Teil 1: Lern- und Arbeitstechniken. Unveröffentlichtes Manuskript, Saarbrücken.

BEDERSDORFER, HANS-WERNER (1988). Angstverarbeitung von Schülern. Bewältigung von Schulangst und ihre Beeinflussung durch ein pädagogisches Interventionsprogramm. Juventa, Weinheim.

BOESCH, E. E. (1976). Psychopathologie des Alltags: Zur Ökopsychologie des Handelns und seiner Störungen. Bern: Huber.

BOHSE-WAGNER, N. (1982). Pädagogisch-technologische Überlegungen zum Abbau von Angst in Leistungssituationen. Unterrichtswissenschaft, 10(1), 33–50.

BOHSE-WAGNER, N. (1983). Modifiziertes SIK-System. Bestandteil der Trainingsunterlagen zu Baustein I: Lehrer-Schüler-Interaktion. Unveröffentlichtes Manuskript, Saarbrücken.

BOHSE-WAGNER, N. (1984). Lern- und Arbeitstechniken Baustein IV, Teil 1: Schülermaterial: Selbstdiagnostischer Fragebogen. Unveröffentlichtes Manuskript, Saarbrücken.

BOHSE-WAGNER, N. (1985). Weniger Schulangst (2) – Angstabbau durch Veränderung der Lehrer-Schüler-Interaktion. SchulPraxis, 5–6/85, 43–48.

BOHSE-WAGNER, N. (1988). Evaluation einer pädagogischen Intervention zum Abbau von Schulangst. Dissertation. Frankfurt a. M. (u. a.): Lang.

BOHSE-WAGNER, N. & STRITTMATTER, P. (1986). Angst in der Schule. Bericht einer Interventionsstudie. Unterrichtswissenschaft, 14(3), 232- 253.

BOHSE-WAGNER, N., GÖTZMANN, W., SCHMITT, D. & BEDERSDORFER, H.-W. (1984). Saarbrücker Angstforschungstests – Form SANFT L (Ein Schülerfragebogen zur Erfassung generalisierter Bedrohungseinschätzungen). Unveröffentlichtes Manuskript, Saarbrücken.

BORCHERT, J., HORN, F. & SCHMIDT, M. (1979). Angstreduktion durch Modellernen bei lernbehinderten Sonderschülern. Psychologie in Erziehung und Unterricht, 26, 193–198.

COOPERSMITH, S. (1967). The Antecedents of Self-Esteem. San Francisco: Freeman.

DECHARMS, R. (1973). Trainingsprogramm zum Erleben eigener Verursachung. In W. EDELSTEIN & D. HOPF (Hrsg.), Bedingungen des Bildungsprozesses (S. 60–78). Stuttgart: Klett.

DIENER, C. J. & DWECK, C. S. (1978). An Analysis of Learned Helplessness: Continuous Change in Performance, Strategy and Achievement Cognitions Following Failure. Journal of Personality and Social Psychology, 36, 451–462.

DÖNHOFF-KRACHT, D. & DÖNHOFF, K. (1987). Schulangst und Lernbehinderung – eine empirische Studie. Heilpädagogische Forschung, 13 (3), 142–163.

DWECK, C. S. (1975). The Role of Expectations and Attributions in the Evaluation of Learned Helplessness. Journal of Personality and Social Psychology, 27, 614–635.

ELBING, E. & ELLGRIN, J. H. (1977). Verminderung der Prüfungsangst durch Modellernen im Klassenzimmer. Psychologie in Erziehung und Unterricht, 24, 1–10

FAUST, E., HELMKE, A. & WENDER, I. (1979). Einfluß von Modellverhalten und Leistungsangst auf das Leistungs- und Imitationsverhalten von 9- 10 jährigen Schulkindern. Zeitschrift für Empirische Pädagogik, 3, 285–296.

FELKER, D. W. (1969). The Relationship between Anxiety, Self-Ratings and Ratings by Others in Fifth-Grade Children. Journal of Genetic Psychology, 115, 81–86.

FEND, H. & HELMKE, A. (1988). Zur Verarbeitung ängstigender Erfahrungen im sozialen Kontext: Zur relativen Bedeutung von Elternhaus und Schule. In:

J. Berndt, D. Busch & H. G. Schönwälder (Hrsg.): Schulstreß, Schülerstreß, Elternstreß. Universität-Publikations-Service Bremen, 169–194.

Fengler, Jörg (1987). Pädagogische Verhaltensmodifikation. In: J. Fengler, G. Jansen (Hrsg.): Handbuch der Heilpädagogischen Psychologie. Stuttgart, Kohlhammer, 229–258.

Fittkau, B. (1969). Dimensionen des Lehrerverhaltens und ihre Bedeutung für die Auslösung von Angst und Sympathie bei Schülern. Zeitschrift für Entwicklungspsychologie und Pädagogische Psychologie, 1(2), 77–92.

Fittkau, B. & Langer, H. (1974). Auswirkungen schriftlicher Ermutigungen auf Angst und Leistungen der Schüler. Psychologie in Erziehung und Unterricht, 21, 15–21.

Giovannetti, L. (1954). Max. Das Murmeltier, über das die Welt schmunzelt. München: Heyne.

Giovannetti, L. (1982). Max. Neue Abenteuer. München: Heyne.

Götzmann, W. (1984). Konkretisierung, Durchführung und Evaluation pädagogischer Maßnahmen zum Abbau von Angst in schulischen Leistungssituationen. Unveröffentlichter Sachbericht zum Forschungsprojekt, Saarbrücken.

Götzmann, W. (1985). Konkretisierung, Durchführung und Evaluation pädagogischer Maßnahmen zum Abbau von Angst in schulischen Leistungssituationen. Unveröffentlichter Sachbericht zum Forschungsprojekt, Saarbrücken.

Götzmann, W. (1986). Weniger Schulangst. Ein Unterrichtsprojekt zum Thema »Angst und Angstabbau«. SchulPraxis, 6–2/86, 20–26.

Götzmann, W. & Schmitt, D. (1984). Angstabbau durch Veränderung im Leistungsbewertungsprozeß. Ein Fortbildungsprogramm für Schüler. Baustein III. Unveröffentlichtes Manuskript, Saarbrücken.

Götzmann, W. & Schmitt, D. (1985 a). Interviewleitfäden zum Verlauf der Unterrichtseinheit »Angst und Angstabbau« (Schülerform). Unveröffentlichtes Manuskript, Saarbrücken.

Götzmann, W. & Schmitt, D. (1985 b). Interviewleitfäden zum Verlauf der Unterrichtseinheit »Angst und Angstabbau« (Lehrerform). Unveröffentlichtes Manuskript, Saarbrücken.

Grundke, P. (1975). Interaktionserziehung in der Schule. Modell eines therapeutischen Unterrichts. München: Juventa.

Hasselhorn, M. & Körkel, J. (1983). Gezielte Förderung der Lernkompetenz am Beispiel der Textverarbeitung. Unterrichtswissenschaft, 11(4), 370–382.

Heckhausen, H. (1980). Motivation und Handeln. Lehrbuch der Motivationspsychologie. Berlin: Springer.

Herkner, W., Pesta, Th., Maritsch, E & Massoth, P. (1980). Die Beziehungen zwischen Attributionen und Selbstverbalisierungen und die Wirkungen eines Attributionstrainings bei Leistungsstörungen. In W. Herkner (Hrsg.) (1980), Attribution – Psychologie der Kausalität. Bern: Huber, 397–427.

Herrmann, P. (1986): Validität von Angstindikatoren im Grundschulalter (1 b bis 3. Schuljahr). Dissertation an der Universität Essen – Gesamthochschule.

Höder, J., Tausch, R. & Weber, A. (1979). Die Qualität der Schülerbeiträge im Unterricht und ihr Zusammenhang mit drei personenzentrierten Haltungen ihrer Lehrer. Zeitschrift für Entwicklungspsychologie und Pädagogische Psychologie, 11(3), 232–243.

Hofer, M. (Hrsg.) (1981). Informationsverarbeitung und Entscheidungsverhalten von Lehrern. München: Urban & Schwarzenberg.

Holroyd, K. A. (1978). Effectiveness and ›Attribution Therapy‹- Manipulation with Anxiety. Behavior Therapy, 9, 526–534.

Hülshoff, F. & Kaldewey, R. (1976). Training Rationeller lernen und arbeiten. Stuttgart: Klett.

Immisch, P. (1972). Ein Versuch zur Verminderung der Angst bei Kindern während des Schulunterrichts. Schule und Psychologie, 19, 300–309.

Jacobs, B. (1981). Angst in der Prüfung. Ansätze zu einer Theorie der Prüfungsangst auf der Basis der Angsttheorie von Lazarus. Arbeitsbericht Nr. 2 aus der Fachrichtung Erziehungswissenschaft. Saarbrücken: Universität des Saarlandes.

Jacobs, B. (1981). Angst in der Prüfung – Beiträge zu einer kognitiven Theorie der Angstentstehung in Prüfungssituationen. Dissertation. Frankfurt: Fischer.

Jacobs, B. (1982). Überlegungen zu einer kognitiven Theorie der Angstentstehung in Prüfungssituationen. Unterrichtswissenschaft, 10(1), 3–18.

Jacobs, B. (1987). Die Auswirkungen transparenzschaffender Maßnahmen auf die aktuelle Angst der Schüler vor einer Klassenarbeit – Eine Metaanalyse zum Saarbrücker Schulangstprojekt. Empirische Pädagogik, 1(2), 139–160.

Jacobs, B. & Bedersdorfer, H.-W. (1982). Reduktion von Ambiguität der Prüfungsanforderungen, -bedingungen und -vorbereitung als eine pädagogische Maßnahme zum Abbau von Angst in der Prüfung. Arbeitsbericht Nr. 15 aus der Fachrichtung Erziehungswissenschaft. Saarbrücken: Universität des Saarlandes.

Jacobs, B. & Bedersdorfer, H.-W. (1983). Angstentstehung und Bedrohungsverarbeitung in Annäherung an eine Prüfung. Arbeitsbericht Nr. 17, Bd. 1 aus der Fachrichtung Erziehungswissenschaft. Saarbrücken: Universität des Saarlandes.

Jacobs, B. & Strittmatter, P. (1979). Der schulängstliche Schüler. München: Urban & Schwarzenberg.

JACOBS, B., BEDERSDORFER, H.-W. & BOHSE-WAGNER, N. (1983). Angstabbau durch Transparenz. Ein Feldexperiment zur ökologischen Validierung einer theoriegeleiteten Intervention zur Reduktion von Angst in der Prüfung. Arbeitsbericht Nr. 18 aus der Fachrichtung Erziehungswissenschaft. Saarbrücken: Universität des Saarlandes.

KELLER, G. (1982). Lernförderung in der Schule. Braunschweig: Agentur Pedersen.

KELLER, G., BINDER, A. & THIEL, R. D. (1981). Lern- und Arbeitsverhaltenstraining LAT. Braunschweig: Westermann.

KNAPP, A. (1985 a). Leiden Schüler unter großen Schulen? Zeitschrift für Pädagogik, 31(2), 239–254.

KNAPP, A. (1985 b). Über die Auswirkungen des Organisationsklimas von Lehrerkollegien an großen und kleinen Schulen auf die Wahrnehmung des Lehrerverhaltens im Unterricht durch Schüler. Psychologie in Erziehung und Unterricht, 1985, 32 (3), 201–214.

KNAPP, A. (1986). Der Zusammenhang von elterlichem Engagement für Schule und Schulleistung mit Einstellungen und Selbstwahrnehmungen der Kinder. Zeitschrift für Pädagogik, 32 (1), 115–128.

KOBLITZ, J. & WENZEL, G. (1988): Klienteladaptiertes Testen – Entwicklung und Evaluation einer audio-visuellen Präsentationsform von Items zur Erfassung von Prüfungsangst. Empirische Pädagogik, 2, 315–333.

KRÄMER, H. (1985). Pädagogisch-psychologische Hilfen für versagensängstliche Schüler – aufgewiesen an Fallbeispielen. Psychologie in Erziehung und Unterricht, 32 (3), 220–224.

KROHNE, H. W. (1985): Angstbewältigung in Leistungsituationen. Weinheim: VCH Verlagsgesellschaft.

KRUG, S. & HANEL, J. (1976). Motivänderung: Erprobung eines theoriegeleiteten Trainingsprogramms. Zeitschrift für Entwicklungspsychologie und Pädagogische Psychologie, 8, 274–287.

LAZARUS, R. S. (1966). Psychological Stress and the Coping Process. New York: MacGraw Hill.

LEFRANCOIS, G. R. (1976). Psychologie des Lernens. Berlin: Springer.

LOIBL, S. (1994). Schulangst – eine spezielle Lernstörung. Erziehung und Unterricht, Österreichische Pädagogische Zeitschrift, 144, 4, 227–232

LÖSER, W. (1986). Einflußfaktoren bei (Schul)Angst in der ersten Phase der Orientierungsstufe. Frankfurt/M.: Peter Lang Verlag.

MANN, T. (1930). Buddenbrooks. Verfall einer Familie. Berlin: Fischer.

METZIG, W. & SCHUSTER, M. (1982). Lernen zu lernen -Anwendung, Begründung und Bewertung von Lernstrategien. Berlin: Springer.

MINISTER FÜR KULTUS, BILDUNG UND SPORT (Hrsg.) (1977). Schüler-Enquete

»Streß in der Schule«. Saarbrücken: Referat für Presse und Öffentlichkeitsarbeit.

NISBETT, R. E. & SCHACHTER, S. (1966). Cognitive Manipulation of Pain. Journal of Experimental and Social Psychology, 2, 227–236.

OLECHOWSKI, R. & SKRETENOVIC, K. (1983). Schule ohne Angst. München: Jugend & Volk.

RANKL, G. (1994). Schulangst. Pädagogische Welt, 48, 102–106.

REICHART, W. (1987). Geschlecht, Selbsteinschätzung, Zufriedenheit mit dem Lehrer, Lehrerurteil und Konkordanz als Determinanten der Schulangst. Dissertation an der Naturwissenschaftlichen Fakultät der Universität Graz

RHEINBERG, F. (1980). Leistungsbewertung und Lernmotivation. Göttingen: Hogrefe.

RHEINBERG, F. & PETER, R. (1982). Selbstkonzept, Ängstlichkeit und Schulunlust von Schülern: Eine Längsschnittstudie zum Einfluß des Klassenlehrers. In F. Rheinberg (Hrsg.), Jahrbuch für Empirische Erziehungswissenschaft. Düsseldorf: Schwann, 143–159.

RHEINBERG, F., DUSCHA, R. & MICHELS, U. (1980 a). Zielsetzung und Kausalattribution in Abhängigkeit vom Leistungsvergleich. Zeitschrift für Entwicklungspsychologie und Pädagogische Psychologie, 12(2), 177–189.

RHEINBERG, F., KÜMEL, B. & DUSCHA, R. (1979). Experimentell variierte Schulleistungsbewertung und ihre motivationalen Folgen. Zeitschrift für Empirische Pädagogik, 3, 1–12.

RHEINBERG, F., KRUG, S., LÜBBERMANN, E. & LANDSCHEID, K. (1980 b). Beeinflussung der Leistungsbewertung im Unterricht: Motivationale Auswirkung eines Interventionsversuchs. Unterrichtswissenschaft, 8(1), 48–60.

ROGERS, C. R. (1973). Die klientbezogene Gesprächstherapie. München: Kindler.

ROGERS, C. R. (1974). Lernen in Freiheit. Zur Bildungsreform in Schule und Universität. München: Kösel.

ROSS, L., RODIN, J. & ZIMBARDO, P. G. (1980). Ein Beitrag zu einer Attributionstherapie: Angstreduktion durch induzierte kognitiv-emotionale Fehlattribution. In W. Herkner (Hrsg.), Attribution – Psychologie der Kausalität. Bern: Huber, 295–313.

ROST, D. (1977). Läßt sich (Schul-)Angst im Klassenzimmer durch Modell- bzw. Bekräftigungslernen reduzieren? Berichte und Arbeiten aus dem Institut für Grundschulforschung; Erlangen-Nürnberg.

ROTH, H. (1971). Pädagogische Anthropologie. Bd. 2. Hannover: Schroedel.

SARASON, S. B., DAVIDSON, K. S., LIGHTHALL, F. F., WAITE, R. R. & RUEBUSCH, B. K. (1971). Angst bei Schulkindern. Stuttgart: Klett.

SCHACHTER, S. (1965). The Interaction of Cognitive and Physiological Determinants of Emotional State. In P. H. Leiderman & D. Shapiro (Eds.), Psychobiological Approaches to Social Behavior. London: Tavistock, 138–173.

SCHÄFER, W. (1982). Problemlöseorientierte Interventionsplanung. Ein Paradigma der Anwendung erfahrungswissenschaftlicher Theorien auf die Lösung praktischer Probleme? Unterrichtswissenschaft, 10(1), 19–32.

SCHMITT, D. (1986). Angst abbauen, anders prüfen. SchulPraxis, 6, 16–19.

SCHMITT, D. & GÖTZMANN, W. (1984). Unterrichtseinheit »Angst und Angstabbau« – Ein Fortbildungsprogramm für Lehrer. Baustein II. Unveröffentlichtes Manuskript, Saarbrücken.

SCHMITT, D., GÖTZMANN, W., BOHSE-WAGNER, N. & BEDERSDORFER, H.-W. (1984). Saarbrücker Angstforschungstests. Formen SANFT $K_1$ und SANFT $K_2$ (Zwei Schülerfragebögen zur Erfassung situativer Bedrohungseinschätzungen). Unveröffentlichtes Manuskript, Saarbrücken.

STRITTMATTER, P. (1982). Erziehungsstil der Eltern und Schulangst ihrer Kinder. In F. Hiller (Hrsg.): Normen und Werte. Heidelberg: Carl Winter Universitätsverlag, 83–99.

STRITTMATTER, P. (1985). Weniger Schulangst – Basis und Perspektiven eines pädagogischen Programmes. SchulPraxis, 5–4/85, 16–19.

STRITTMATTER, P. (1986). Erziehungswissenschaftliche Forschung ohne Technologiebildung? Unterrichtswissenschaft, 14(3), 219–231.

STRITTMATTER, P. (1988). Erziehung der Eltern und Schulangst ihrer Kinder. In: J. Berndt, D. Busch, H.-G. Schönwälder (Hrsg). Schulstreß, Schülerstreß, Elternstreß. Universität, Publikations-Service, Bremen, 152–168.

STRITTMATTER, P. (1990). Angstfrei lernen. Lehrer Journal – Grundschulmagazin, 5, 9–13.

STRITTMATTER, P. & BEDERSDORFER, H. W. (1991). Pädagogische Interventionsforschung: Abbau von Angst in schulischen Leistungssituationen. In R. Pekrun & H. Fend (Hrsg.), Schule und Persönlichkeitsentwicklung. Stuttgart: Enke, 297–323.

STRITTMATTER, P., BLUG, A., BOHSE-WAGNER, N., JACOBS, B., MALTER, H.-P. & SCHÄFER, W. (1981). Entwicklung, Realisierung und Erprobung von pädagogischen Interventionen zur Reduktion von Schulangst und Steigerung von Interesse an der Schule. Zwischenbericht der ersten Projektphase. Arbeitsbericht Nr. 8 aus der Fachrichtung Erziehungswissenschaft. Saarbrücken: Universität des Saarlandes.

TAUSCH, A.-M., BARTHEL, A., FITTKAU, B., LANGER, I. & TEUNISSEN, R. (1969). Die Auswirkungen ermutigender Lehreräußerungen auf die Leichtathletikleistungen von Schülern. Zeitschrift für Entwicklungspsychologie und Pädagogische Psychologie, 1, 241–248.

TAUSCH, R. & TAUSCH, A.-M. (1979). Erziehungspsychologie. Göttingen: Hogrefe.

THORNDIKE, E. L. (1913). The Psychology of Learning. New Yorkork: Teachers College.

TIPPELT, RUDOLF (1985). Die emotionale und soziale Dimension im Unterricht. Pädagogische Rundschau, 39 (2), 203–225.

WAGNER, A. C., UTTENDORFER-MAREK, I., LAIBLE-NANN, R., UTTENDORFER, J., KAIS, P., MACK, J. & VOGEL, H. (1976). Schülerzentrierter Unterricht. München: Urban & Schwarzenberg.

WEINERT, F. E. (1983). Ist Lernen lehren endlich lehrbar? Unterrichtswissenschaft 11(4), 329–334.

WIECZERKOWSKI, W., FITTKAU, B. & NICKEL, H. (1968). Fragebogen zur Erfassung von ängstlichen Erfahrungen von Schülern. Unveröffentlichtes Manuskript des Psychologischen Instituts der Universität Hamburg.

WIECZERKOWSKI, W., BASTINE, R., FITTKAU, B., NICKEL, H., TAUSCH, R. & TEWES, U. (1969). Verminderung von Angst und Neurotizismus durch positive Bekräftigung von Lehrern im Schulunterricht. Zeitschrift für Entwicklungspsychologie, 1, 3–12.

**Folgende Abbildungen konnten wir freundlicherweise mit Genehmigung des Ferdinand Enke Verlages, von Urban & Schwarzenberg und der B&B Verlagsgesellschaft übernehmen:**

- Abb. 1 auf Seite 17: STRITTMATTER, P. & BEDERSDORFER, H. W. (1991), a. a. O., S. 299;
- Abb. 7 auf Seite 60: GÖTZMANN, W. (1986), a. a. O., S. 20;
- Abb. 14 auf Seite 74: GÖTZMANN, W. (1986), a. a. O., S. 24;
- Abb. 37 auf Seite 151: GÖTZMANN, W. (1986), a. a. O., S. 25;
- Tab. 3 auf Seite 153: STRITTMATTER, P. & BEDERSDORFER, H. W. (1991), a. a. O., S. 315